本书系下列研究项目成果：

1. 2022 年度湖北省社科基金一般项目（后期资助项目）：
（项目编号：HBSK2022YB298）

2. 2021 年度湖北省教育厅人文社科项目："产业链'链长
（项目编号：21Y226）

3. 2022 年度黄冈师范学院博士基金项目："企业效率改进的政治经济学研究"
（项目编号：2022030）

权力视角下的企业效率研究

李少武 —— 著

中国财经出版传媒集团

经济科学出版社

Economic Science Press

·北 京·

图书在版编目（CIP）数据

权力视角下的企业效率研究/李少武著 . －－北京：
经济科学出版社，2023.12
ISBN 978 － 7 － 5218 － 5440 － 4

Ⅰ . ①权… Ⅱ . ①李… Ⅲ . ①企业管理 － 研究 Ⅳ .
①F272

中国国家版本馆 CIP 数据核字（2023）第 248211 号

责任编辑：孙丽丽 撒晓宇
责任校对：杨 海
责任印制：范 艳

权力视角下的企业效率研究

李少武 著

经济科学出版社出版、发行 新华书店经销
社址：北京市海淀区阜成路甲 28 号 邮编：100142
总编部电话：010 － 88191217 发行部电话：010 － 88191522
网址：www. esp. com. cn
电子邮箱：esp@ esp. com. cn
天猫网店：经济科学出版社旗舰店
网址：http: //jjkxcbs. tmall. com
北京季蜂印刷有限公司印装
710 × 1000 16 开 18.25 印张 270000 字
2023 年 12 月第 1 版 2023 年 12 月第 1 次印刷
ISBN 978 － 7 － 5218 － 5440 － 4 定价：76.00 元

前 言
PREFACE

　　在人类经济和社会发展中，企业是一种改进生产效率的重要的组织方式，是国民经济的微观基础。自企业组织出现开始，经济学家持续对其本质进行探究。企业以权力机制替代市场价格机制被认为是新古典经济学企业理论和现代企业理论的"分野"。同时，众多经济学理论争论的焦点之一在于市场和企业配置资源是否和为何依赖权力，以及在企业内部权力①存在的情况下企业能否实现效率的问题。不同的理论派别对于企业内部权力和效率的阐述有何区别？不同的企业类型中不同的企业参与者应该获得何种权力？不同的权力结构下企业效率会有什么样的差异？什么动力推动着企业从古典企业到现代股份公司，再到后现代企业的演进过程？不同的企业组织结构、企业内部权力结构和相应的企业效率问题如何变化？伴随着由计划经济向社会主义市场经济的转变和改革开放持续深入，我国国有企业、民营企业的内部权力和效率问题又经历了哪些演变？对于上述重大的理论和实践问题，现在的企业理论并没有给出一个统一且无可争辩的答案。针对上述问题，本书以权力视角下的企业效率问题为题进行研究。

　　第一，本书对企业内部权力和效率的基本原理进行了论述，这是

---

　　① "企业内部权力"这一概念比通常所谓的"企业权力"概念更好地体现了本书所要表达的意图，因为本书所要表达的是企业内部参与者之间因占有或控制某些有价值的资源来影响企业生产剩余的创造和分配。通常所谓的"企业权力"则难以表达这一观点。

本书的理论基础。在整合不同学科并从"权力—支配""权力—依赖"的视角界定权力概念、权力来源和权力测度的基础上，系统性简述和评价了新古典经济学企业理论、早期制度经济学企业理论、新制度经济学企业理论、新奥地利学派企业理论、马克思主义企业理论和激进政治经济学企业理论关于企业内部权力和效率的观点，并从有无权力、权力主体、权力来源、权力目的、效率实现方式和效率损失等多维度比较了新制度经济学企业理论、新奥地利经济学派企业理论和马克思主义企业理论的异同，并指出新制度经济学强调剩余索取权或剩余控制权，"割裂"地看待企业缔约前后的交易费用；而马克思主义企业理论强调所有权及其分离的趋势，较为全面地考察了资本主义企业。

第二，本书提出了两阶段讨价还价的企业契约，构建了企业内部权力和效率的博弈模型和"技术—权力结构—效率"的博弈模型，是本书的立论基础和创新体现。两阶段讨价还价的企业契约便于综合考察企业缔约全过程和企业演进过程中的企业内部权力的变化趋势。在此基础上，企业内部权力和效率的博弈模型分析指出，企业内部权力应该与企业参与者的资产专有性程度和资产专用性程度相匹配。同时，当企业参与者一方资产专有性程度很低且资产专用性程度几乎为零时，会被另一方占有而缺乏退出的能力。同时，"技术—权力结构—效率"的博弈模型分析了长线技术对应的垂直组织、密集技术对应的水平组织，以及它们各自的权力结构和效率问题。

第三，本书初探了古典企业、现代股份公司和后现代企业三个不同企业阶段下的企业内部权力和效率问题，将理论用于实践检验。在古典企业、现代股份公司这两类权力集中的垂直组织中，权力集中者拥有并行使强制性权力侵占几乎无权者，造成企业效率损失。美国企业股权模式、日本企业福利模式、德国企业共决模式和瑞典企业团结工资模式等，提供了抑制企业内强制性权力提升企业效率的较为成功的参考。在后现代企业这一权力分散的水平组织中，企业创业者和管理者的理念利益之争、"另立门户"问题则需要通过类似"AB 股权"设置的方式来协调技术创新和管理之间的关系，以提高企业效率。

第四，企业是国民经济的微观基础。对于企业的研究不仅是一个重大的理论问题，也是一个涉及国计民生的实践问题。改革开放以来，我国国有企业经历了多轮企业改革，其治理能力和治理水平有了质的提升。在国有企业改革初期（1978～2001 年），国有大股东及其委托的监管者没有成为积极监督管理者的"真正的老板"，导致了国有企业内部权力和效率失衡问题。伴随着国有企业改革的不断深入（2002 年至今），国有企业内部权力和效率失衡问题得以纠正，逐渐向平衡转变。与之对应，我国民营企业也经历了从无到有、从少到多、从小到大、从弱到强的发展历程，并逐渐从古典企业向现代股份公司过渡。在我国改革开放初期（1978～2001 年），在财政分权制度下，地方政府和民营企业家在某种程度上形成了利益共同体，民营企业内部权力和效率失衡问题也日益严重。党的十八大以来（2012 年至今），伴随着一系列劳动权益保护政策法律的出台和落实，推动新时代劳资利益格局出现新局面，民营企业内部权力和效率也由失衡向均衡转变。

第五，本书指出权力集中容易产生权力不对称，而权力不对称会导致合作博弈困境。只有通过无权者联合、第三方强制力制衡、企业内组织嵌入式重构（如职工代表大会）等方式弱化权力不对称问题，才能形成合作博弈，提高企业效率。

简而言之，本书主要是理论创新，试图从新的角度将以往的相关研究向前推进一小步。尽管构建了企业内部权力和效率的博弈模型和"技术—权力结构—效率"的博弈模型并小心求证，但因能力所限，研究仍有待完善。

CONTENTS ▷
目　　录

第1章

导　　论

■ 1.1　选题背景和意义

在人类经济和社会的发展进程中，企业是一种改进生产效率的、重要的生产组织方式，以至于到近现代成为国民经济的微观基础。与其他经济现象具有各自的规律性一样，企业这种组织方式有其独特的、内在的运行规律。从企业组织出现开始，经济学家们就持续地研究其运行规律。新古典经济学企业理论研究的重点在于价格机制，而将企业抽象为生产函数，即视为没有权力而能自发实现效率的古典契约。与之不同，现代企业理论的开创者科斯认为，在交易费用为正的世界中，以"企业家—协调者"的权威和命令这一权力机制替代市场的价格机制，实现了交易费用的节约。同时，科斯认为，在企业内部权力下，"企业家—协调者"会将企业调整到生产可能性边界上，即实现了企业效率。在此基础上，现代企业理论引入了"资产专用性"这一核心概念，并认为资产专用性投资者可以基于GHM理论的事前激励和交易成本经济学的事后适应性治理，避免投机主义者占有资产专用性投资产生的准租金，实现企业效率。在科斯洞察企业内部权力的 70 年前，马克思已经从权力视角深入考察了资本主义企业。

与现代企业理论不同，马克思认为，资本家利用资本指挥和强制劳动，占有工人的剩余价值，有非效率性的一面。可见，众多企业理论争论的焦点之一在于市场和企业配置资源是否依赖权力这一本质差异和权力视角下的企业能否实现效率。本书也将沿着这一思路开展研究。

随着企业在国民经济中扮演越来越重要的角色，以及我国企业尤其是国有企业改革的理论需要，企业理论成为我国经济学界研究的主题之一，并形成了现代企业理论和马克思主义企业理论两个范式。前者强调企业内部存在着对等的权力关系，劳动契约缔结过程和执行过程没有本质区别，主张通过企业产权配置、激励机制和约束机制等，实现企业效率。但是，这些研究大多忽视了企业内部权力关系，实质上默认"企业的本质就是市场"，缺乏对企业的动态分析和权力不对称问题的深入研究。后者则在对新制度经济学批评性研究的基础上，详尽地分析了马克思主义企业理论。马克思主义企业理论中采取"技术—权力契约"的研究范式，认为企业是生产力—生产关系相互作用下的微观综合体。国内研究主要有三个方向，一是批判新制度经济学只将企业视为契约，主要研究企业内技术演化和分工协作深化，强调企业的生产属性；二是研究特定生产力水平下的企业契约安排；三是在权力框架下研究企业不对称的契约关系。如何兼顾技术和权力契约探究企业的本质和企业演进过程，具有理论研究的必要性。正是在后者思路的启发下，本书从生产力和生产关系的互相关系出发，构建了"技术—权力结构—效率"的博弈模型，并在此基础上分析了企业演进过程和不同类型企业内部权力和效率问题。

如何认识企业内部权力和效率既是一个理论问题，又是一个实践问题。对企业内部权力和效率问题的研究既要得出规律性结论，并最终要指导和服务实践。我国国有企业关系到国民经济命脉的重要领域，在整个国民经济中起到了主导和控制作用。改革开放以来，我国国有企业经历了国有企业改革初期（双轨制治理阶段和公司制治理阶段）和国有企业深化改革（纵深推进阶段和持续深化阶段），其治理能力和治理水平有了质的提升，企业内部权力和效率也经历了由失衡阶段（1978~2001年）向平衡

（2002 年至今）转变。与此同时，我国民营企业数量急剧增加、规模逐渐扩大，民营企业的内部权力和效率也经历了由问题初显阶段（1978～1991年）、问题凸显阶段（1992～2001 年）、严重失衡阶段（2002～2011 年），向平衡阶段（2012 年至今）转变。论述我国企业内部权力和效率由失衡向平衡的演变过程，以及从权力视角阐述效率损失问题和企业内部权力和效率由失衡向平衡转变的原因具有重要的理论和实践意义。

1.2　研究思路和结构安排

1.2.1　研究思路

本书界定了权力和效率等相关概念，梳理了以往经济学企业理论对于企业内部权力和效率的认识。在此基础上，本书分析了基于权力的企业契约和两阶段讨价还价过程的企业契约。构建了企业内部权力和效率的博弈模型。同时，以马克思主义企业理论的观点，即将企业视为生产力和生产关系相互作用下的微观主体。从"技术—制度（权力契约）"的层面，构建了"技术—权力结构—效率"的博弈模型，探究了长线技术对应垂直组织、密集技术对应水平组织下的权力结构和效率问题。

在上述两个博弈模型的基础上，本书系统性地初探了古典企业、现代股份公司和后现代企业三个演进阶段下各自的企业内部权力和效率问题，并分三章分别探究了上述三种企业类型下企业内部权力的形成、企业内部权力的运作以及基于权力参与双方的视角分析了权力下的效率损失问题。

为了使理论更好地服务实践，本书分析了我国国有企业内部权力和效率失衡阶段（1978～2001 年）的治理问题，及由失衡阶段向平衡阶段（2002年至今）的治理问题；以及民营企业内部权力和效率失衡阶段（1978～2011 年）的治理问题，以及由失衡阶段向平衡阶段（2012 年至今）的原因。

本书认为权力集中容易形成权力不对称，而权力不对称使得合作博弈面临困境。于是，弱化权力不对称是解决企业效率问题的关键。解决这一问题的主要途径是以几乎无权者联合和第三方强制力制衡权力集中者。当然，企业内部组织架构可以形成相对制衡的权力。例如，职工代表大会强调劳动者民主参与，是符合我国国情的一种弱化权力不对称的方式。对于我国国有企业主要的权力和效率问题，本书结合最近的国有企业改革，有针对性地提出了意见和建议。

1.2.2　结构安排

本书始终基于权力的视角探究企业效率问题，共分 12 章。具体而言：

在第 1 章研究背景和意义的基础上，第 2 章从"权力—支配"和"权力—依赖"两个视角界定了权力和企业内部权力这两个关键概念，并探究了权力的来源、权力的测度，后又界定了企业效率的概念。

第 3 章分析了新古典经济学企业理论、早期制度经济学理论、新制度经济学企业理论、新奥地利学派企业理论、马克思主义企业理论和激进政治经济学企业理论关于企业内部权力和效率的观点。同时，本章对比了新古典经济学企业理论、新制度经济学企业理论、新奥地利学派企业理论和马克思主义企业理论的异同。

第 4 章分析了基于权力的企业契约。新制度经济学企业理论可以大致将企业契约分为团队生产理论强调剩余索取权的事后交易费用契约，以及交易费用理论和 GHM 理论强调剩余控制权的事前交易费用契约。上述理论割裂了企业缔约的整个过程。与之不同，马克思主义企业理论强调所有权，考察了资本主义企业劳资之间在平等契约下的不平等的占有关系。在此基础上，本节认为企业契约应该包含两阶段讨价还价过程。这一分析角度既说明企业缔约前后都有交易费用，也可以较为全面地反映出企业演进过程中所有权及其分离的趋势，以及企业演变过程。这一分析视角为后文研究作了理论铺垫。

第5章构建了企业内部权力和效率的博弈模型。在该模型中，企业参与者根据资产专用性程度和资产专有性程度分享企业生产剩余，实现企业效率。不过，在企业参与者中一方的资产专用性程度很低并且资产专有性几乎为零的情况下，另一方则可以侵占其创造的生产剩余，并因生产剩余激励不足而造成企业效率损失。

第6章在生产力和生产关系、技术和制度的辩证关系下，本书构建了"技术—权力结构—效率"的博弈模型。在此基础上，分析了长线技术对应的垂直组织、密集技术对应的水平组织，以及二者存在的权力和效率问题。

第7章以历史维度探析不同类型企业内部权力和效率问题，以验证本书的逻辑观点。本书通过分析指出，古典企业阶段和现代股份公司阶段是典型的长线技术下的垂直组织。在这类企业中，企业内部权力不对称，导致权力集中者占有几乎无权者的利益，并造成效率损失。在后现代企业阶段是典型的密集技术下的水平组织，企业内部权力不对称的问题不突出，却存在着其特有的"另立门户"等问题。

第8章分析了在古典企业中，物质资本所有者为何拥有强制性权力，物质资本所有者如何运用权力占有普通工人的生产剩余，企业效率损失的原因，物质资本所有者和普通工人的视角下企业效率损失的具体表现，以及如何应对这一效率损失问题的理论分析和国外经验借鉴。

第9章分析了在现代股份公司中，作为人力资本所有者的管理者为何拥有强制性权力，管理者如何运用权力占有股东利益，企业效率损失的原因，管理者和股东的视角下企业效率损失的具体表现，以及如何应对这一效率损失问题的理论分析和国外经验借鉴。

第10章分析了在后现代企业中，存在着前期资本所有者和技术专家之间的矛盾、创业的技术专家与外部资本所有者之间的矛盾。这些矛盾既有二者的利益之争，又有理念之争。需要根据后现代企业所处的发展阶段，统筹考虑技术创新和完善管理之间的关系，提升企业效率。

第 11 章分析了我国国有企业的改革历程，以及我国国有企业由失衡阶段（1978~2001 年）向平衡阶段（2002 年至今）的演变过程；分析了我国民营企业的发展历程，以及我国民营企业由失衡阶段（1978~2001年）向平衡阶段（2002 年至今）的演变过程。

第 12 章分析了权力不对称下会导致合作博弈困境，指出可以通过几乎无权者联合、第三方强制力制衡、企业内组织嵌入式重构（如职工代表大会）等弱化权力不对称，进而形成合作博弈。

1.3 研究方法

本书采用了下列研究方法：

首先，综合运用了规范分析和实证分析。规范分析用价值判断评价经济现象，侧重解决"应该是什么"的问题；而实证分析在于陈述和分析经济行为的实际过程，侧重回答"是什么"的问题。例如，本书运用规范分析研究了企业内部权力集中很可能产生权力不对称，而权力不对称容易产生合作博弈困境的"假设"，并通过企业演进过程这一历史维度加以实证分析。

其次，运用了比较分析法。企业内部权力和效率之间的关系并不是一成不变的。在生产力和生产关系的相互作用下，企业经过了一个历史演进的过程。在"技术—权力结构—效率"的博弈模型下，本书分析了古典企业、现代股份公司和后现代企业内部权力和效率问题。通过比较分析，可以得出长线技术对应着垂直组织，往往权力集中在少数重要的参与者手中，并与大多数的几乎无权者形成了不对称的权力关系，导致了二者难以进行合作博弈。与之不同，密集技术下的水平组织，权力不对称问题不明显，有着"另立门户"等效率问题。

最后，采取了数理分析法。本书构建了企业内部权力和效率的博弈模型，阐述了企业参与者在不同的权力结构下会采取两种不同的行动，并产生两种截然不同的企业效率。同时，本书还构建了"技术—权力结构—效率"的博弈模型，分析了不同的技术条件下企业不同的权力结构，及其对应着不同的效率问题。

1.4　国内外相关研究简述

1.4.1　国外相关研究简述

第2章详细介绍了新古典企业理论、早期制度经济学企业理论、新制度经济学企业理论、新奥地利学派企业理论、马克思主义企业理论和激进经济学派企业理论关于企业内部权力和效率的观点。如激进经济学派企业理论中布雷弗曼的两种管理控制手段实现资本强制权力，弗莱德曼的不同工人采取责任自治和直接控制的两种不同的管理策略（控制策略），埃德沃兹的资本主义企业由简单控制方式向技术控制和官僚控制等结构控制转变，以及布洛维关于资本主义企业"制造认同"原因和机制分析等关于资本主义企业内部权力和效率的看法（参见后文）。

除了经济学分析以外，国外组织社会学集中研究了组织与市场的核心区别——权力，并对权力和效率关系问题有所阐述。其中最具代表性的是组织社会学代表人物埃哈尔·费埃德伯格（2017）的《权力与规则——组织行动的动力》和詹姆斯·汤普森（2007）的《行动中的组织》。

埃哈尔·费埃德伯格（2017）的《权力与规则——组织行动的动力》一书指出，"权力可被定义为行动的诸种可能性的不均衡交换，也就是说，一群个体之间行为的可能性的不均衡交换或集体行动者之间行为的可能性的不均衡交换"，并阐述了权力的两个来源，一是行为可能性的实行效力，二是其他人进入交易的自主领域（决定着相互行为的可预期性）。同时，组织参与者的行动能力（讨价还价能力）与四个因素相关：一是拥有关键资源的程度；二是能够用其他人替代其合作伙伴的难易程度；三是涉及所有相关行动者所接受并掌握的测量技术的效力；四是相关行动中把诸种成本转移到第三方身上的能力。此外，作者还研究了具体行动中的"管辖权"（在某一领域因应对诸种不确定性能力而获得的控制权）与组织效率损失的问题。管辖权的正当使用无疑有助于诸种行动体系高效有序的运作。不过，在行动中，有管辖权的人总是倾向于过度使用这种权力，而权力的过度使用非常容易造成人为垄断，权力向某些行动者手中集中，导致组织结构失衡和畸形发展，使得整个行动系统的运行效能在相当大的程度上受制于有管辖权的行动者的控制。①

　　詹姆斯·汤普森（2007）在《行动中的组织》一书中，从"权力—依赖"的视角考察了权力的概念，即在一个由 A 和 B 组成的系统中，A 和 B 具有同时增加对于对方权力的可能性，即增长的相互依赖导致净额的权力增长。同时，他指出，在"权力—支配"的视角中，假设在一个由 A 和 B 组成的系统中，A 的权力就是对 B 的剥夺。权力本身处在"零和"的状态，即否认了 A 和 B 同时增加对于对方权力的可能性，也就是说缺乏净额的权力增长。同时，该书分析了技术、管理和制度三个组织层次，以及长线技术、协同技术和密集技术三种技术类型。在此基础上，该书研究了不同技术情况下的组织内如何获取、运用和限制权力的理性策略。②

1.4.2　国内学者的研究

　　国内学者对企业和市场本质区别的权力进行了研究。卢周来（2009）主要阐述两大问题：一是结合"资本雇佣劳动""劳动管理型企业"和从古典企业到现代公司中劳资关系变化等对资本和劳动二者之间的权力关系

---

　　① 埃哈尔·费埃德伯格. 权力与规则：组织行动的动力［M］. 上海：格致出版社、上海人民出版社，2017.
　　② 詹姆斯·汤普森. 行动中的组织：行政理论的社会科学基础［M］. 上海：上海人民出版社，2007.

进行了解释；二是对企业内部权力关系的政治经济学分析，认为在财产权不平等的情况下，工人缺乏退出自由，就不得不忍受资本家以解雇为要挟，而资本家就可以独占生产剩余。① 张屹山、王广亮（2014）认为，企业是物质资本和人力资本以契约方式组成的经济组织，其内部权利结构依赖于物质资本和人力资本的权力博弈。要素市场上的供求以及不同要素市场之间的对比大致决定了物质资本和人力资本的收益。② 张晓鲁（2018）构建了"O – SEA"模型，其中 O、S、E 和 A 分别代表所有权、专用性资产、专有性资源、资源配置方式形成的组织结构。这四种类型的权力作用分别体现为确定最初产权关系，保护和激励以实现效率，妥协、分享和限制，以及激励和保护资源。在该模型的基础上，该书论述了各种权力与公司治理的关系。③ 王越子（2017）从"分工、知识、资本和企业内部权力"这一宏观层面和"演化经济学视角下的权力配置和权力博弈"这一微观层面研究了企业内部权力。④ 王海杰（2019）认为，基于主体性的企业内部权力来源观强调企业内部权力源自各要素主体的主体性，有伦理支持。要素主体的主体性来源于对劳动力产权的确证和对正义原则的满足，可以通过分享剩余索取权、剩余控制权和治理参与等方式实现。⑤

在探究企业内部权力问题的同时，国内学者还研究了权力和效率的关系。张维迎（2000）认为，我国国有企业的产权安排产生了一个主要弊端就是将企业由一个经济组织转换为一个政治组织，从而诱使企业内部人员更多地将时间和精力用于权力斗争以获得控制权，而不是从事生产性活动。需要进行产权制度改革，以降低国有企业"内耗"和增加企业效益。⑥ 卢锐（2017）研究指出，与一般企业相比，在管理层权力大的企业中，高管团队内部的薪酬差距、核心高管与全体员工的薪酬差距都更大，

① 卢周来. 缔约视角下企业内部权力之谜 [M]. 北京：中国人民大学出版社，2009.
② 张屹山，王广亮. 资本的泛化与权力博弈 [J]. 中国工业经济，2014（7）：71 – 76.
③ 张晓鲁. 基于权力视角下的公司治理研究 [D]. 济南：山东大学，2018.
④ 王越子. 企业内部权力论 [D]. 成都：西南财经大学，2017.
⑤ 王海杰. 企业内部权力的来源和配置：批判与重建 [J]. 经济经纬，2019（3）：91 – 94.
⑥ 张维迎. 产权安排与企业内部的权力斗争 [J]. 经济研究，2000（6）：41 – 50.

业绩却没有更好。同时，高管团队内部的薪酬差距有利于提升绩效，但核心高管与全体员工的薪酬差距却没有相应的效果，说明公司总体薪酬差距过大产生的公平性问题可能影响绩效。① 庄志晖（2021）以马克思主义企业理论的观点研究企业内部权力认为，资本主义企业生产方式生产了产业后备军，形成了资本单边权力，使得资本可以对劳动进行强制。劳动者在实际的劳动过程中具有一定的自由裁量权，使得资本主义企业无法实现效率最大化。"鞍钢宪法"可以减弱劳资之间的权力不对称，是一种缓和企业内部权力和效率紧张关系的可能性的制度安排。②

在上述研究的基础上，本书通过权力和效率的博弈模型指出，权力和效率矛盾难以调和的关键在于存在少数的权力集中者和大多数的几乎无权者，二者的博弈必然结果是前者占有后者生产剩余，进而导致效率损失。同时，本书认为，企业是生产力和生产关系相互作用的微观矛盾综合体。从"技术—制度（权力契约）"的角度，构建了"技术—权力结构—效率"的博弈模型，分析不同技术结构下的组织形态，及其对应的权力结构和效率问题。在此基础上，通过企业、演化进程加以验证。此外，本书指出，需要几乎无权者联合、第三方强制力制衡和企业内民主管理等机制弱化权力不对称导致的合作博弈困境，实现企业效率。

1.5 创新点和不足

1.5.1 创新点

（1）本书构建了企业内部权力和效率模型，并试图解决两个问题：一

---

① 卢锐. 管理权力、薪酬差距与绩效［J］. 南方经济，2017（7）.
② 庄志晖. 企业内部权力：马克思主义的现代观点［D］. 成都：四川大学，2021.

是谁应该拥有生产剩余的控制权和索取权？二是企业参与者之间存在何种权力差异时会出现效率损失？经过模型分析得出，企业参与者应该按照资产专用性程度和资产专有性程度来分享相应的企业生产剩余。同时，当企业参与者资产专用性程度很低并且资产专有性几乎为零时，其生产的生产剩余会被另一方无偿占有，二者难以形成合作博弈，进而产生效率损失。

（2）企业是生产力和生产关系相互作用下的微观矛盾综合体，是"技术—制度（权力契约）"相结合的产物。于是，本书构建了"技术—权力结构—效率"的博弈模型。在该模型中，长线技术对应着权力集中垂直组织，少数权力集中者和大多数的几乎无权者形成了权力不对称，产生合作博弈困境。密集技术下的权力分散的水平组织，则权力不对称问题不明显，却有着"另立门户"等效率问题。为分析企业的历史演进过程和不同阶段的企业内部权力和效率问题提供了理论依据。

（3）本书基于"技术—权力结构—效率"的角度，较为系统地分析了企业演化进程，并指出古典企业和现代股份公司是长线技术对应的、权力集中的垂直组织，而后现代企业是密集技术对应的、权力分散的水平组织。在此基础上，本书较为全面地分析了这三种典型的企业类型下的权力和效率问题。

（4）基于企业内部权力和效率模型和"技术—权力结构—效率"，系统地分析了我国国有企业内部权力和效率由失衡阶段向平衡阶段（2002年至今）演变，以及我国民营企业内部权力和效率由失衡阶段（1978～2001年）向平衡阶段（2002年至今）演变。

1.5.2　不足

（1）本书所构建的"技术—权力结构—效率"的博弈模型只是企业内部权力的一个粗浅的分析框架。尽管从企业演进的历史视角进行了论证，难以涵盖所有企业类型，及其对应的企业内部权力和效率问题。其次，尽管长线技术和密集技术的分类在现实中十分明显且容易理解，不排除以其中某一技术形态为主而兼有另一技术形态的问题。可以更好地或更加详尽地区分技术形态，使之更具独立性，无疑是一个更好的选择。

（2）由于笔者不具备量化技术的理论知识，本书构建的"技术—权力结构—效率"的博弈模型无法对技术及其对应的组织形态、权力结构和效率等进行量化研究。如果用数理方法进行实证检验，可以为企业治理提供一种有力的工具。

第 2 章

基本概念释义

只有对相关概念进行科学和严谨的界定，才能顺理成章地开展后续的理论研究和实践分析。于是，本节将探讨权力、企业内部权力、企业内部权力的来源、企业内部权力的测度和企业效率等核心概念。

2.1 权力的界定

加尔布雷斯说："很少有什么词汇像'权力'一样，几乎不需要考虑它的意义而又如此经常地被人们使用。"① 那么，到底什么是权力呢？企业内部权力的来源是什么？如何根据企业内部权力设计相应的治理结构？回答这一系列问题的前提在于界定权力的概念。在英语中，权力（power）一词通常被视为技巧（skill）、能力（capacity）、禀赋（talent）的同义语，是人对外界产生某种效果的一切物理行为或心理行为的统称。在中文中，权力一般是指在一定职责范围内的领导力或支配力。

关于权力的概念，专家和学者都认为，权力是一种力量，借助这种力量可以或可能产生某种特定的结果。托马斯·霍布斯认为，权力是"获得

---

① K. 加尔布雷斯. 权力的分析［M］. 石家庄：河北人民出版社，2010：1.

未来任何明显利益的当前手段"。① 丹尼斯·朗也将权力定位为"权力是某些人对他人产生预期效果的能力"。波特兰·罗素指出,权力是"预期效果的产生"。② 不过,"权力本质上是一个可争辩的概念",尽管对权力概念的分析交叉涉及了社会学、政治学、法学、哲学、管理学、经济学等多个学科,但是仍然可以从"权力—支配(压抑)"视角和"权力—依赖"视角来理解权力概念最主要的区别。于是,本节将从"权力—支配"和"权力—依赖"视角,糅合不同的学科对权力的定义,来理解并得出权力的概念。

2.1.1 "权力—支配"视角下的权力界定

在"权力—支配"视角中,假设在一个由 A 和 B 组成的系统中,A 的权力就是对 B 的剥夺。在这一框架下,权力本身处在"零和"的状态,即否认了 A 和 B 同时增加对于对方权力的可能性,也就是说缺乏净额的权力增长(Emerson,1962;Parson,1960)。同时,在这一视角中,权力外在体现为强制性或冲突。

亚里士多德最早在政体理论中间接地从强制性或冲突的角度理解权力,认为权力是"一种普遍的强制性力量"。③

从这一角度继续阐述并影响最为深远的是马克斯·韦伯。他认为"权力是某社会关系中一个行动将处于不顾反对而贯彻自己意志的地位的概率,不管这种概率所依据的基础是什么"。④ 他还将合法的支配型权力分为传统型、超凡魅力型和法理型三种类型,并认为因为世袭和传统而产生的权力实际存在的真实起因要么是政治领袖的个人魅力,要么是规范的法律制度。⑤

---

① Thomas Hobbes. *Leviathan*, *Parts* Ⅰ *and* Ⅱ. Indianapolis: Bobbs – Merrill, 1958: 78.
② Gilbert Ryle. *The Concept of Mind*. New York: Barnes and Nobel, 1949: 117.
③ 卢梭. 社会契约论 [M]. 上海: 上海译文出版社,2020: 4.
④ 马克斯·韦伯. 社会组织和经济组织的理论 [M]. 北京: 中国人民大学,2011: 152.
⑤ 赵全军,陈艳艳. 权力概念的多面解读 [J]. 云南社会科学,2004,14 (4).

罗伯特·达尔在《社会科学国际百科全书》中"论权力"一文指出，"A 拥有支配 B 的权力，在某种程度上是他能够使 B 做某些 B 否则不会去做的事情"。①

R. H. 陶奈从"不对称"关系上定义了权力，即一个人（或集团）按照他所意愿的方式改变他人（或集团）的行为，以及防止他的行为按照他不愿意的方式被改变的能力。

罗伯特·比尔施太特认同将实施暴力以及这一行动的潜力作为权力定义的一个核心要素："权力本身是一种实施暴力的倾向或潜在的能力。只有拥有权力的集团才能用暴力进行威胁，而这威胁本身就是权力。权力是使用暴力的能力，而不是暴力的实际使用；是使用制裁的能力，而不是制裁的实际使用。权力是把暴力用于社会范围的能力，它是暴力的引入……权力象征着在任何社会范围中都可行使的暴力，象征着对权威的维护。因此，权力既不是暴力也不是权威，在某种意义上，它是两者的综合。"②

作为后现代解构主义翘楚的米歇尔·福柯（Michel Foucault）从"权力—支配"角度总结了 20 世纪对权力概念非经济分析的"赖希—尼采命题"，即从势力关系上分析权力，将权力双方视为斗争的双方，力量对抗的结局是一方战胜另一方，进而形成一种势力对另一种势力的支配和压抑。③

经济学家鲍尔斯（2008）认为，权力包含四个层面：一是权力发生在人与人之间，是人与人之间关系的体现，而非单个人的特征；二是行使权力的手段包括威胁和使用制裁；三是权力的后果具有不确定性，既可能带来帕累托改进，也可能带来效率损失；四是在经济学分析中，权力博弈应该维持纳什均衡的形式。同时，鲍尔斯将权力界定为"A 拥有对 B 的权力，需要满足：通过对 B 施加威胁或者施加惩罚，A 能够使 B 按照增进 A

---

① 转引自卢克斯. 权力：一种激进的观点 [M]. 江苏：凤凰出版传媒集团、江苏人民出版社，2008：3.

② 转引自丁一凡. 权力二十讲 [M]. 天津：天津人民出版社，2008：311.

③ 米歇尔·福柯. 权力的眼睛 [M]. 上海：上海人民出版社，2021：223–226.

的利益方式行事，而 B 缺少类似的手段”。①

2.1.2 "权力—依赖"视角下的权力界定

詹姆斯·汤普森（2007）在爱默森（Emerson，1962）的"权力—依赖"视角的基础上提出，组织和环境要素（包括构成组织的要素）之间的关系：（1）与组织对该要素所提供资源的需求成正比，（2）与其他要素提供相同资源的能力成反比。由此定义不难看出，组织对某种要素的依赖是权力的反面。一个组织相对于其任务环境内的要素权力，取决于在多大程度上组织有能力满足该要素的需求并且将这种能力垄断。同时，詹姆斯·汤普森认为，"权力—依赖"视角可以避免"零和"的权力概念，在一个由 A 和 B 组成的系统中，A 和 B 具有同时增加对于对方权力的可能性，即增长的相互依赖导致净额的权力增长。② 在这一分析框架下，组织参与者之间在大多数情况下采取的策略是合作，这时的权力是参与者实现集体目标的手段。同时，权力更多的外在体现为非强制性或非冲突的互惠性。当然，也不排除参与者之间可能因权力过于悬殊而产生的强制性和冲突。

帕森斯提出了一个与马克斯·韦伯从冲突角度全然不同的权力观点，即将权力视为"一种保证集体组织系统中各个单位履行具有约束力的义务的普遍化的行为"。③ 在这种视角下，帕森斯用组织参与者的"一致性"替代了韦伯的组织参与者之间的"冲突"，将权力视为实现系统中集体目标的必要手段。

汉娜·阿伦特（Hannah Arendt，1970）在其权力定义中更加强调集体利益为首要原则，即"权力相当于人的能力，不仅是行动能力，而是协调

---

① Bowles Samuel Gintis Herbert. *Power in New Palgrave Encyclopedia of Economics* ［M］. Mcmillan，2008.
② 詹姆斯·汤普森. 行动中的组织：行政理论的社会科学基础 ［M］. 上海：上海人民出版社，2010：37 – 39.
③ 转引自查理德·马丁. 权力社会学 ［M］. 北京：商务印书馆，1992：84.

行动的能力，权力绝不是个人财产，它属于一个集团，而且只有在该集团保持一致时才能继续存在"。①

詹姆斯·S. 科尔曼系统研究了社会资本理论，并且从系统组织的视角认识权力，指出"法人参与者，从自然人那里获得他们的资源，包括'自然人'在内，这些人为了追求共同的目标，利用权力把他们的资源集合起来，从而建立团结和组织这样的一些新的集体资源"。②

埃哈尔·费埃德伯格在《权力和规则——组织行动的动力》一书中认为，权力是构建利己的协商性行为的能力。"人们进入权力关系，目的是让其他人进入合作，以实施一项计划，无论其属性如何（达到一个共同的目标，解决一个或多或少已被其他人明确地感受到的问题等）。与人最初的直觉相反，权力与合作并不相互冲突，反之，一方是另一方自然的产物。"当然，"权力是利用交换的各种机遇和制约力量，使对自己有利的条款发生作用"。③

卢克斯（2008）认为，认为权力有三个维度，即除了强制性和威胁外，还应该包含两种形态：一是权力的所有者可以排除某些对方关心的议题，即让对方失去对某些自身利益被讨论的机会，以不作为的形式出现；二是权力的所有者可能在一致性同意的基础上运用。④

巴纳德从组织管理的角度对权力做出了具有广泛影响的定义，"权力是正式组织沟通（命令）特性，它的效力通过参与行为控制过程的组织成员的认可来体现"。在这一定义下，权力包含了两个维度：发布命令的权力主体和作为权力接受者的权力客体。同时，巴纳德认为有效的权力运作需要权力主体和权力客体之间有效的沟通（命令）。巴纳德认为，"如果一个命令下达给了命令的接受者，命令对他的权威就被确定或确认了。这

① Hannah Arendt. *On violence* [M]. New York：Harcourt, Brace And world, 1970：44.
② James S. Coleman, Loss of power [J]. *American sociological Review*, 1973（38）：2.
③ 埃哈尔·费埃德伯格. 权力与规则：组织行动的动力 [M]. 上海：格致出版社、上海人民出版社, 2017：119, 121.
④ 卢克斯. 权力：一种激进的观点 [M]. 江苏：凤凰出版传媒集团, 江苏人民出版社, 2008：3.

成为行动的基础。如果他不服从这个命令，就意味着他否定这个命令对他有权威。因此，一个命令是否有权威决定于接受命令的人，而不决定于'权威者'或发命令的人"。这种权力有效运作需要满足四个客观条件：（1）沟通（或命令）必须足够清晰，能够为接受者所理解；（2）接受者认可沟通（或命令）与组织目标一致；（3）接受者认可沟通（或命令）与自己的偏好相一致；（4）接受者的身心可以顺从这种沟通（或命令）。① 可见，一个命令是否有权威的基础是相互同意，而且权威来自下属的接受和同意，即使是最低层次的同意，即权威和命令是参与者相互同意的组织安排的可能集合（巴纳德称之为"无差异区"或自然而然接收的"无关心区"）内。同时，巴纳德认为，"纯诱因的存在是任何一个命令被认为有权威的唯一理由。"如果权威"完全不符合个人的动机，他就不会服从这个命令，最常见的情况是巧妙的回避"。②

在法学中，权力制衡也是一个关键性问题。在法学范畴中最重要和最基本的两个概念是权力（power）与权利（right）。权力和权利的结构源于罗马时代的公法和私法之分，实质上是个人利益和公共利益的分化。权利是一个"对等性"的概念，是指资源主体所具有的权力以及与权力相适应的利益关系，即权力与利益对等。权力则没有强调与之衍生的利益关系的"对等性"，即权力所产生的利益可能与权力主体应得的利益不一致，可能会因权力而谋求更多的私利。法律在其产生之日就开始异化，在利益调节中更多倾向于维护专权特权统治秩序。③ 现代法理学强调权力治理和权力制衡，进行形成责权利对等的利益主体。可见，在现代法学中，权力更多的是基于"权力—依赖"视角，目的是增加组织内所有参与者的共同利益。

在新制度经济学企业理论中，分析的是企业产权属性。产权概念本身

---

① 切斯特·巴纳德. 经理人员的职能 [M]. 北京：中国社会科学出版社，1997：92.
② 切斯特·巴纳德. 经理人员的职能 [M]. 北京：中国社会科学出版社，1997：129，132，134.
③ 邦雅曼·贡斯当. 古代人的自由与现代人的自由 [M]. 上海：上海人民出版社，2017：28.

就强调双方博弈并形成有利于二者的均衡，而非所有权强调既定的势力格局。同时，新制度经济学家强调剩余索取权与剩余控制权的对应关系，而剩余索取权或剩余控制权往往对应的是资产专用性投资者。也就是说，资产专用性投资者以资产专用性程度形成的讨价还价能力为基础，获得相应的企业剩余索取权或剩余控制权。可见，新制度经济学企业理论是在"权力—依赖"框架下分析企业内部权力关系的。

2.1.3　本书对权力的界定

在企业所有者拥有绝对权力时，企业内部权力服务于企业所有者的利益，而不会有意识地服务于企业其他参与者，并以企业所有者个人利益最大化（或利润最大化）为唯一的目标。当企业所有者利用自身强制权实现利润最大化的过程中，必然抑制其他参与者实现其权力，并获得相应的利益。这一行动既会使得其他参与者以隐瞒生产潜能的隐形方式对抗，也可能引发其他参与者以罢工等显性方式抗争。可见，企业所有者的利润最大化并不代表企业已经实现了效率。同时，当企业所有者拥有绝对权力时，其他参与者不愿意展现自己的生产潜能，以避免企业所有者以这一生产潜能为标准强制其他参与者进行剩余生产，即企业所有者和其他参与者之间难以达成可置信承诺以分享生产剩余。也就是说，在企业所有者拥有绝对权力时，企业内部权力类型是"权力—支配"，而此时的权力本身处在"零和"的状态，在很大程度上否认了企业所有者和非企业所有者增加对于对方权力的可能性，即缺乏净额的权力增长，而权力的外在表现为强制性和冲突。

不过，随着生产力的发展，企业所有权会出现分离的趋势。此时，众多企业参与者会凭借各自的物质资本投资或人力资本投资而拥有各自的讨价还价能力。为了激励企业参与者持续投入物质资本或人力资本，他们不得不在一定情况下采取合作策略。此时，权力则往往是"权力—依赖"视角下的增加对于对方权力的可能性，以实现净额的权力增长。此时，权力是参与者实现集体目标的手段，权力更多的外在体现为非强制性或非冲突的互惠性。当然，在这一阶段，不排除在组织参与者之间的权力过于悬殊而导致的强制性和冲突。

可见，在生产力发展的不同阶段，权力往往展现出不同的侧面，前期主要以"权力—支配"下的强制和冲突为主，而后期则逐渐展现出"权力—依赖"下的非强制性或非冲突的互惠性。因此，权力的界定也必须要全面涵盖"权力—支配"和"权力—依赖"视角，而不应该过于偏颇。

由上述分析可知，"权力—支配"和"权力—依赖"视角界定企业权力都具有一定的适用范围。可见，综合考虑二者，而非偏颇一方是一种较为理性和明智的选择。于是，本节给出对权力概念的界定，即参与者 A 和参与者 B 占有或控制某些有价值资源，并以此通过强制性或诱致性的方式改变对方的行为预期。

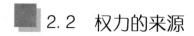

2.2　权力的来源

结合"权力—支配"和"权力—依赖"视角可知，权力是 A 和 B 占有或控制有价值资源，并通过强制性或诱致性的方式改变对方的行为预期。权力的目的在于塑造对自己有利的或多或少是持久性的交换过程。为自身利益而对那一交换过程进行塑造的能力决定了权力。埃哈尔·费埃德伯格（2017）在《权力与规则——组织行动的动力》一书中对权力的来源进行了详尽的阐述。① 具体分析如下。

2.2.1　参与者在行动中可能产生的实际效力

每一个参与者都会采取行动来解决或至少是应对、控制那些会阻碍其

—————————

① 埃哈尔·费埃德伯格. 权力与规则：组织行动的动力 ［M］. 上海：格致出版社，上海人民出版社，2017：121 – 132.

实现目的或愿望的问题。对于那些阻碍参与者达成目的的问题，参与者在某一程度有能力采取解决问题的有效行动。参与者拥有这种能力越大，那么他的行动对于其他参与者的实际效力也就越大。为了解决或应对阻碍其实现目的的问题，其他参与者将不得不给予拥有解决这一问题的参与者更多的权力作为交换。

例如，在企业中，主管拥有相应的地位，通常可以帮助下属晋升、奖励或认定工作业绩。这样一来，主管对于某一（或某几）方面感兴趣下属具有实际效力。如果该主管的下属对于晋升不感兴趣，那么他则失去这一方面的实际效力。如果下属对晋升不感兴趣，却对认定工作业绩感兴趣，那么他则具有认定工作业绩这一方面的实际效力。当然，主管必须通过上级认可、制定相关规章制度、实际帮助某一（或某些）下属等各种行动来尽力让下属相信他具备这一能力，以及证实其拥有这一能力的范围。假设该主管的上述努力并没有获得成功，那么他对于感兴趣的下属则没有实际效力。

从专家对于权力的分类可以看出，权力是为了达成某一目的可能拥有的实际效力。马克斯·韦伯认为，合法的支配型权力可以分为传统型、超凡魅力型和法理型三种类型，并认为因为世袭和传统而产生的权力实际存在的真实起因要么是政治领袖的个人魅力，要么是规范的法律制度。[①] 可见，超凡魅力和法理都会给予其拥有者具有达成某一目的的实际效力而产生权力。组织管理学家弗伦奇和雷文（1959）区分了五种公司权力：因职位而带来的法定权力（legitimate power），因惩罚或控制能力而获得的强制权力（coercive power），因可以满足需求的积极效应而带来的奖赏权力（reward power），基于知识、技能而获得的专家权力（expert power），因个人性格魅力、独特禀赋而产生的比照权力（referent power）。[②] 同理，上述五种类型的权力也是提供了一种可能达成某一目的的实际效力。

---

① 赵全军，陈艳艳. 权力概念的多面解读［J］. 云南社会科学，2004（4）：35.
② John R. P. *French and Bertram Raven*，*The Bases of Social Power*［M］. Michigan：University of Michigan Press，1959：150 – 167.

威廉姆森认为资产专用性投资者获得企业剩余控制权的观点与本节中参与者因在行动中可能产生的实际效力而拥有权力的观点十分契合。资产专用性是指用于特定用途后便被锁定很难再改作他用，若移作他用则价值会降低甚至变得毫无价值的资产。尽管杨瑞龙和杨其静（2001）指出，"'专用性'不但不是当事人分享生产剩余的谈判力基础；而且恰恰是'专用性'削弱了当事人的谈判力，因为专用性资产的价值依赖于团队其他成员，当事人的退出威胁难以令人相信，甚至会导致'下赌注者'（资产专用性投资者）的准租金在事后遭到剥削"。[①] 不过，从资产某一目的的实际效力来看，资产专用性的确可以为其投资者提供权力。企业参与者必须为资产专用性投资者提供某些激励，否则专用性资产无法提供其价值实现的实际效力。一般来说，资产专用性越强，其创造的准租金越大，企业参与者为资产专用性投资者提供的控制权就越高，即其参与企业的约束条件也随之越为严格。

2.2.2　参与者行为的不确定性

在组织中，参与者行为的不确定性（或不可预测性）增强讨价还价能力。如果组织结构紧密、环境严苛以至于参与者行动必须尽可能地具有确定性时，拥有稀缺资源的某一参与者行动的不确定性（尤其有退出的可能性）会极大增加其讨价还价能力。如果组织结构松散、环境不甚严苛时，拥有稀缺资源的某一参与者往往不愿意选择退出。不过，这一参与者拥有退出的终极威胁，并会充分利用这一威胁，提高自身在讨价还价过程中的筹码。在组织的权力关系中，不同的企业参与者面临着既相互补充又相互矛盾的策略：一种是进攻策略，每一个参与者都尽力减少其他参与者行为的不确定性，从而使其行为尽可能具有确定性；另一种是防御策略，每一个参与者都试图全方位地维护自己行为的不确定性，并尽可能地扩大自己

---

① 杨瑞龙，杨其静. 专用性、专有性与企业制度［J］. 经济研究，2001（3）：6.

行为的不确定性。

严格地说，组织中的参与者必须在最低限度内拥有不确定性（或不可预测性），否则他们之间的讨价还价或协商性交易则没有任何意义。也就是说，对于组织中的其他参与者而言，某一参与者的行动至少在潜在的意义上具有不确定性。如果某一参与者的行为完全可以预期并且自动完成，那么没有任何一个其他参与者会为这一参与者的行为担忧，也就不会有任何一个其他参与者会为这一参与者提供任何东西。在上例中，假设在某一企业中，晋升完全按照年资而业绩评定完全按照产品数量，并有工会监督和约定俗成的程序限制，那么该主管对于对晋升和业绩评定感兴趣的下属也无能为力。

诸多经济学从不同层面阐述了这一权力来源。在亚当·斯密的《国富论》中就指出，劳动者和资本家的"利害关系绝不一致"。"劳动者盼望多的，雇主盼望少给"。在二者的讨价还价过程中，"雇主的需要没有劳动者那样迫切"，在争议中，"雇主总比劳动者更持久"，"因为大多数劳动者为了目前生计而不得不屈服"。[①] 可见，在劳资关系中，雇主的行为更具有不确定性，提高了其讨价还价能力。相反，劳动者的行为则具有确定性，并降低了其讨价还价能力。

又如，马克思的《资本论》认为资本主义企业中"资本雇佣劳动"的关键在于劳动者的行为具有近乎完全的确定性。（1）资本家拥有全部生产资料。然而，工人除了出卖劳动力一无所有。"起初，工人因为没有生产商品的物质资料，把劳动力卖给资本，现在，他个人的劳动力不卖给资本，就得不到利用"。[②]（2）劳动工人技能的重要性被严重降低了，"社会生产过程的五光十色的似无联系的和已经固定化的形态，分解成为自然科学的自觉按计划的和为取得预期有用效果而系统分类的应用"。[③]（3）劳

---

① 亚当·斯密. 国民财富的性质和原因的研究：上 [M]. 北京：中国人民大学出版社，2022：61.
② 马克思. 资本论：第 1 卷 [M]. 北京：人民出版社，2018：399.
③ 马克思恩格斯全集：第 23 卷 [M]. 北京：人民出版社，2001：533.

动者的退出威胁的空间被极大地压缩了。广大"产业后备军"的存在，极大地压低了在岗工人退出的可置信威胁。同时，马克思"产业后备军"的来源不是外生性的人口增长，而是内生化的资本主义产业后备军生产机制，即相对过剩人口增加的速度与资本有机构成成正比，使得"劳动生产力越是增长，资本造成的劳动供给比资本对工人的需求越是增加得快。工人阶级就业部分的过度劳动，扩大了它的后备军的队伍，而后者通过竞争加在就业工人身上的增大的压力，又反过来迫使就业工人不得不从事过度劳动和听从资本的摆布"。①

为了解决资产专用性与依赖性之间的关系，Alchian 和 Woodward（1992）提出"唯一性"（exclusive），杨瑞龙和杨其静（2001）提出资产专有性的概念。专有性资源是指为企业所必须并且难以被替代的一类资源，即该资源一旦退出企业，就会导致组织生产能力降低，甚至危及企业生存。资产专有性越强，其所有者的讨价还价能力越强。资产专有性可以分为两大类：一是资本稀缺下的货币资本所有者；二是具有一定流动性和"话语权"人力资本所有者，这类人力资本投资某一（些）方面是针对企业，更可能在更大的层面是提升其在该企业所在行业的竞争力，主要包括企业高级经营管理者、核心技术员工、掌握关键渠道的客户经理等。可见，相较于资产专用性强调实力效力，资产专有性则更强调退出的可置信威胁，即参与者行为的不确定性。

2.3 权力的测度

在确定权力的定义和来源的基础上，可以对权力进行测度。权力的测度有利于对权力概念有一个基本的理解和把握，尽管这一测度仅仅是理论上抽象的和大概的。虽然无法精确地用数值以"基数"的形式测定权力的

---

① 马克思. 资本论：第 1 卷［M］. 北京：人民出版社，2018：697 – 698.

大小，但是可以借鉴微观经济学中"序数"的观点给出权力大小的相对排序。首先，权力与参与者行动可能产生的实际效力正相关。因此，可以将权力（P）表示为参与者行动可能产生的实际效力（e）的函数，即 $P = f(e)$。

由上述分析可知，权力大小不仅与参与者行动可能产生的实际效力，还与参与者行动的不确定性有关。用"序数"分别表示在企业中参与者 A 行动可能产生的实际效力和其行动的不确定性总和比参与者 B 更大，则说明参与者 A 的权力比参与者 B 更大。于是，可以得到

$$P = \sum_{i=1}^{n} u_i f_i \tag{2.1}$$

其中，u 表示参与者的不确定性程度。

如果按照权力分类则可以将权力函数表示为：

$$P = f[s(K, L, l, c, r_1, e_1, r_2, \cdots), p(K, L, l, c, r_1, e_1, r_2, \cdots)] \tag{2.2}$$

其中，s 表示资产专用性程度，并以此来表示参与者可能产生的实际效力。p 表示资产专有性程度，并以此来表示参与者投入各种资源后行动的不确定性。K 和 L 分别表示参与者的资本和劳动这两种基本投入量，l，c，r_1，e_1，r_2 则是弗伦奇和雷文（1959）对于权力细分，分别表示参与者带来的法定权力，因惩罚或控制能力而获得的强制权力，因可以满足需求的积极效应而带来奖赏权力，基于知识、技能而获得的专家权力，因个人性格魅力、独特禀赋而产生的比照权力等权力细分。[1]

由上述分析可知，从参与者可能产生的实际效力和参与者行动的不确定性两个方面可以界定权力。相较而言，式（2.1）没有精确地列明参与者投入资源的种类，式（2.2）则较为详细地区分了企业参与者各种可能产生实际效力或不确定性的权力类型。

---

[1] John R. P. French and Bertram Raven. *The Bases of Social Power* [M]. Michigan：University of Michigan Press，1959：150－167.

2.4 企业内部权力的界定

在2.1节中,通过"权力—支配"和"权力—依赖"视角梳理了各个学科关于权力代表性的解释。同时,本书认为二者并不是绝对对立和不可调和的,而是分别强调了权力的两个层面。一方面,如果有一方具有过于强势的地位,则可以对另一方形成强制性威胁,并以这一方式改变他人行为来实现自身利益。另一方面,参与者之间基于权力形成相互制衡和相互影响的依赖关系。从实际出发,应该兼顾权力的两个层面,并得出较为全面的权力概念。在此基础上,本节由权力的概念推导出企业内部权力的概念。

通过前文分析,可以得出权力具有如下特性:(1)权力实质上描述的是参与者之间的一种社会经济关系;(2)权力的来源依赖于对于资源的占有和控制;(3)权力的行使方式可以是强制或制裁的,也可以是契约或诱致的;(4)权力实质上描述了权力主客体之间对称性关系或非对称关系;(5)权力主客体之间不对称关系的实质是占有或控制资源的不同而造成的。同理,企业内部权力也具有类似的特征:(1)企业内部权力的来源依赖于对企业所需资源的占有和控制;(2)企业内部权力描述的是企业参与者之间的经济关系;(3)企业内部权力的行使方式有强制性的一面,但更多的是诱致性;(4)权力实质上描述了企业参与者之间对称性关系或非对称关系;(5)从表面上看,企业内部权力的非对称性是由正式契约或隐含契约规定的,但本质上则是由占有或控制资源的巨大差异造成的。

企业内部权力本质上是企业内参与者占有和控制不同的有价值资源而形成的讨价还价能力。这种讨价还价能力有两种行使方式,一种是由于双方讨价还价能力过于悬殊,使得一方可以采取强制性手段改变另一方的行为预期,即令其做出对自己有利的行为;另一种是因双方权力相互制衡而采取诱致性手段,获得各自认可的利益。与一般性权力相比,作为生产和创造的基础单位的企业,其权力更加需要从"权力—依赖"视角加以分析。也就是说，企业内部权力更加强调一方通过诱致性方式来改变另一方的行为预期而使他遵守某项命令。同时，企业内部权力的最终目的不是工资等正常支出，而是企业剩余，而且还兼具了剩余分配和剩余创造两个功能。因此，剩余分配和剩余创造才是企业各个参与者关注和争夺的焦点，也是企业治理的最终目的。

根据前文分析可以得出企业内部权力的概念，即企业内参与者占有或控制某些有价值资源，通过强制性和诱致性方式改变对方的行为预期，并对企业剩余价值创造和剩余分配产生影响。

2.5 企业效率的界定

在探讨企业问题时，"企业效率"无疑是讨论次数最多和最重要的话题之一。按照《辞海》的解释，"效率"泛指日常工作中所消耗的劳动量与所获得的劳动效果的比率。在平常使用时，"效率"一词既宽泛又含义模糊，常与"效益""绩效""能干""性能"等概念混为一谈。即便在学术研究中，学者往往"盲人摸象"地看待某些社会经济现象或行为，就以偏概全地冠以"效率"之名。这使得对于"效率"的研究像魔术师手中神奇的"黑手套"，而不是带有严谨逻辑论证的科学分析，并带来争议四起和逻辑混乱，以至于有学者认为"效率得了一个坏名声"，[①] 由效率衍生出来的"企业效率"亦是如此。于是，本节界定企业效率概念就显得十分必要。

2.5.1 企业效率的层次性分析

帕森斯（1960）的企业层次论为界定企业效率提供了一种分析工具。

---

① Mintzberg H. A note on the dirty word "Effieieney" [N]. Interfaces, 1982, 12 (5): 101－105.

帕森斯认为，企业存在技术、管理和制度三个层次。① 同时，每个层次具备不同的责任和控制，也对应着相应的企业效率问题。本节以这一视角分析不同层次的企业效率和它们之间的联系。

1. 不同层次下的企业效率

第一个层次是技术性层次，致力于技术功能的有效运作，是由技术任务的本质决定的，比如必要的原材料和能源、机器的充分运转、资金的运作以及相应的劳动和产品要求。这一层面的企业效率往往通过一系列的技术指标进行衡量。例如，原材料和能源的技术指标有材料利用率和材料损耗率、能源有效利用率和能源消耗率、热效率、无功功率、有功功率、负荷率等；机器设备的技术指标有设备利用率、设备时间负荷率、设备强度负荷率、设备完好率等；财务管理的技术指标有资金利用率、资金周转率、利润率和利税率等；员工管理的技术指标有劳动生产率、出勤率和缺勤率等；产品角度的技术指标有制成率、产品等级系数、合格品率和废品率等。

第二个层次是管理性层次，包括：（1）采购实施技术功能所必需的资源；（2）协调资源配置满足技术运作这两个方面所涉及的组织机制、行为过程和人际关系等。这一层面的企业效率往往体现在管理思想和管理策略。探究管理性层次的企业效率最为典型的管理思想是科学管理、霍桑实验和"X效率"等。例如，泰勒的科学管理强调管理者拥有整个劳动过程的构想（概念）、管理者制定所有关于劳动过程的构想（亦称为手与脑相分离或概念与执行相分离）、管理者实现工人技能与劳动过程相分离等三项基本原则，实现企业效率。与之相反，霍桑实验通过照明实验、福利实验、访谈实验和群体实验等指出，以科学管理为代表的管理思想过于强调管理的科学性、纪律性和合理性，却忽略了管理中人的因素和作用，因而

---

① Parsons T. *Structure and Process in Modern Societies* [M]. New York: The Free Press of Glencoe, 1960.

需要将视野从"经济人"转向"社会人",以构建新型人际关系,改进企业效率。1966 年,莱宾斯坦提出"X 效率"并认为,企业决策的基本单位是个人,而不是传统微观经济学中的企业;个人具有选择性理性,而非传统微观经济学假设中的完全理性;每个劳动者的努力是一个不确定的、可以自行决定的量;个人在一定程度上存在惰性,企业内个人努力的程度取决于企业内部的管理与协调性。此外,有一些激进政治经济学派企业家对资本主义企业的车间管理和管理策略的变迁作了较为详尽的研究。罗伊《一家计件机械厂的产量限制研究》发现资本主义车间存在着隐藏自身工作潜能的非正式规则,以至于没有工人愿意违反这一非正式规则去接受更高的工资率。同时,他指出,这一问题的关键在于管理方会在工人达到某一新的工资率时,重新评估工作标准,调低整体工资率。① 弗莱德曼在《工业与劳动》一书根据英国近 200 年企业管理的变化指出,资本主义企业对核心工人采取责任自治、对边缘工人采取直接控制这两种不同的控制策略,并根据技术等因素在这两类控制策略范围内做出动态调整。② 1979 年,埃德沃兹在《充满斗争的领域》一书中分析了美国 IBM、AT&T、GE、宝丽莱和福特汽车等大型企业的资料后指出,随着竞争资本主义向垄断资本主义过渡,企业的控制方式由资本家亲自控制和等级控制等简单控制方式向技术控制和官僚控制等结构控制转变,并对上述控制方式作了详细的界定和大量的例证。③

第三个层次是制度层次,包括企业内部和企业外部使得企业获得合法性、必要支持和融洽性的各个方面,进而有助于企业目标的实现。这一层面的企业效率往往体现在组织架构和制度安排。制度性层面主要包括工会、利润分享制、日本企业的"三大神器"(终身雇佣、年功序列、企业

---

① 转引至米勒. 管理困境:科层的政治经济学 [M]. 上海:上海三联书店,上海人民出版社,2014.

② Friedman A. L. *Industry and Labour:Class Struggle at Work and Monopoly Capital* [M]. Ism, London and Basingstoke:The Macmillan Press,1977.

③ Edwards R. *Conflict at Work:A Materialist Analysis of Workplace Relations* [M]. Oxford:Blackwd Ltd. 1979.

内工会）的组织架构和企业民主管理的制度安排、股东—董事会（监事会）—管理者的公司治理机制等。这些企业组织结构和制度安排及其良性运作，可以提供不同参与者对话的平台、参与企业监督和（或）企业管理的可能性，降低协调成本、形成趋同的个人利益认识、保障参与者的利益，提高企业效率。

2. 不同层次下企业效率的关系

在上述三个层次的两个连接点上，由于每个层次的功能存在本质上的区别，所以企业"线性"权威的简单连续性出现了质的中断。次级层次的功能并非高级层次功能在较低等级上的简单复写，不同层次及其功能的连接依赖双向的互动。① 同时，在上述三个层次上，企业效率也有质的不同。技术性层次的企业效率往往体现在能否在某一时期或时点上到达技术层面上的某一或某些显性的技术标准，并非最佳的"投入—产出"。管理性层次的企业效率往往体现在适度的监督和协调机制实现企业所有者的利益，或者使得企业参与者的个人利益尽可能地趋同于企业整体利益。制度性层次的企业效率则试图形成一定的组织架构和制度安排，为保障企业参与者的权力提供了沟通和协调的渠道，弱化参与者之间的对立关系，缓和强弱双方的权力对比，以便形成共同接受的规则，持续的实现企业效率。

在企业层次论中，技术虽处在最底层，却最具有决定性。企业效率的最终目的是调动一切管理和制度因素，配置人力资源和物质资源，实质性的实现技术最优化。同时，技术的不断进步，也促使管理和制度的不断演进。当然，尽管技术的特征极大地影响和反映了配套的管理特征和制度特征，但是技术层面并不能完全决定管理层面和制度层面。同时，管理层面和制度层可以反过来影响企业技术的创新和现有技术的顺利实施。于是，应该从上述三个层次统筹考虑企业效率，而非过于偏颇地强调某一层面，

---

① Parsons T. *Structure and Process in Modern Societies* [M]. New York: The Free Press of Glencoe, 1960.

才能更好地研究企业效率理论和指导企业实践。

2.5.2 规范性和实证性下的企业效率

企业效率既可以视为一个规范性概念，也可以看作实证性概念。巴泽尔指出，"一种选择的有效或无效总是与涉及其利益的特定的某一组人密切相关，也与特定的某一组的选择紧密相关"。[①] 与特定人和特定选择密切相关，企业效率的界定具有与人主观判定有关的特征。如果特定人和特定选择已经确定的话，企业效率就是一个可实际测定的概念。

1. 规范性分析下的企业效率

就企业效率的规范性分析而言，当企业参与者之间存在目标冲突时，对某一企业参与者有利的制度设计可能对另一企业参与者是无效率的。如在一个企业中，对资方利润最大化有效的制度设计可能对劳方而言是无效的。反之亦然。除了追求自身利益，众多企业参与者联接为企业这一组织形式，必然有着通过团队生产获得大于单干时收益加总（两者之间的差额是生产剩余）这一目的。从这一意义上说，企业是一种基于参与者自利基础上实现共赢的"合作制"。也就是说，生产剩余是一个企业在与市场或其他企业竞争中"适者生存"的必然要求，不同企业参与者在实现企业生产剩余这一共同目标上具有共同的利益诉求。当然，在生产剩余这一共同利益诉求下，却也存在着企业内参与者中的一方利用权力占有另一方生产剩余，而另一方则降低生产剩余的努力程度，导致企业非效率的问题。于是，如何使得企业内部权力制衡，即如何降低企业参与者一方强制性占有另一方而导致的非效率，增加参与者之间合作生产剩余是企业效率规范性分析的关键。

---

① 保罗·米尔格罗姆，约翰·罗伯茨. 经济学、组织与管理 [M]. 北京：经济科学出版社，2004：22 - 23.

2. 实证性分析下的企业效率

（1）一般性的理论论述。

当企业效率的规范性标准既定时，就可以对企业效率这一概念进行实证性分析。巴泽尔（1997）认为，经济学研究的首要任务是解释经济现象之所以存在合理性，而这一问题的关键在于找出约束经济现象存在，尤其是约束经济行为主体行为的规则。如果将新古典经济学中的"帕累托最优"视为判断经济现象是否有效率的标准，那么现实社会中存在的任何经济现象都是缺乏效率的。因此，应该在当前或既定的约束条件下，考察资源配置是否最优化，并以此来判断经济现象是否有效。可见，经济学考察的重点不在于资源最优化配置这一结果，而在于对经济现象本身的约束条件。于是，企业效率的关键取决于约束企业行为的前提条件是否存在增加生产剩余的余地。"如果人们在其活动中及在安排其事务的方法中都寻求效率的话，那么效率就成为一种实证概念。""规范组织的存在及其结构、政策和程序的具体细节都反映出在协调和激励中取得效率的尝试。"于是，经济学家提出效率的实证性界定，"如果人们能够有效地共同协商，并能有效地实施其决策，那么经济活动的结果将趋于有效"。[①]

（2）简述企业效率的测度方法。

由于在既定的约束条件下，企业效率具有一定的可测性和可比性。于是，可以通过对企业生产行为、组织机制、组织行为和人力关系等进行度量，以数理的方法对企业效率进行测评。企业效率测评的主要方法有参数法的指数分析（ratio analysis）和随机前沿方法（Stochastic Frontier Approach，SFA）以及非参数法的生产函数回归分析（regression analysis）和数据包络分析（Data Envelopment Analysis，DEA）四类。目前，在企业效率的实践中，多使用以 SFA 为代表的经济计量分析和以 DEA 为代表的数

---

① 保罗·米尔格罗姆，约翰·罗伯茨. 经济学、组织与管理 [M]. 北京：经济科学出版社，2004：24 - 25.

学规划分析。其中，数据包络分析针对具有多指标投入和多指标产出的同类型部门，不必事先设定"投入—产出"的权重和函数形式，而其权重由线性规划自然生成，可以相对客观和有效地对企业效率进行综合评价。SFA 分析包括随机前沿成本分析和随机前沿产出函数分析，分别分析一定产出下的最小成本和一定投入下的最大产出。

2.5.3　本书对企业效率的界定

在资本主义企业阶段，企业内部权力直接体现为企业所有者权力，企业的管理和制度都围绕着如何实现企业所有者的利益。在这一阶段，科学管理的泰勒制成为管理学的主流。这一理论强调管理者知道一切，设计一切和实现一切劳动过程和执行方式，使得工作过程变成积木式的组合，而工人则变成"工具"。在这一阶段，企业所有者行使个人权力获得企业利润最大化，而这一利润最大化明显地包含了工人怠工等隐形对抗和罢工等积极对抗的不必要成本。不过，企业所有者没有动力去改进这一企业效率损失。一方面，技术条件决定了企业所有者的强制性监管虽然"简单粗暴"，却可以带来较为稳定的利润。另一方面，企业所有者无法让工人相信其提高努力程度便可以获得相应收益。或者说，企业所有者会理性地选择将工人提高努力程度后的新标准界定为一般标准，从而降低整体工资率。于是，在这一阶段中，企业内部权力的强制性和冲突性注定了企业存在效率损失。

不过，随着生产力的发展，企业所有权会逐渐出现分离的趋势。此时，众多的企业参与者根据各自的物质资本投资或人力资本投资而拥有相应的权力。在这一情况下，权力拥有者之间往往不得不由采取强制策略转为选择一定程度的互惠性合作。于是，企业内部权力呈现出强制性、冲突性与互惠性合作长期共存，而又此（强制性和冲突性）消彼（互惠性合作）长。同时，企业技术层次、管理层次和制度层次也发生着类似的变化，更多的企业参与者的利益被考虑，更多地强调利益共享的管理观点被阐释，更多的民主管理的组织架构和激励性的制度安排被提倡。当然，这一互惠性合作并不是"牢不可破"的和普适性的。一旦企业参与者之间的权力过于悬殊，强制性策略往往会成为双方博弈的均衡解。

同时，在交易费用为零的虚拟世界中，个人被简化为与其他人没有摩擦的"质点"，无法消除个人之间权力界定的"公共领域"，从而使得个人的行为决策在自行决定的权力空间，即个人的私人利益和群体的共同利益是存在冲突的。同时，不同企业参与者之间既存在相互冲突的替代性，又存在着相互依存的互补性，形成了既有利益冲突又有共同利益的经济关系。因此，企业效率提升的约束条件是个人的私人利益和群体的共同利益。于是，无论从规范性分析，还是实证分析的角度来说，作为一种追求效率的制度安排，企业契约必须实现激励参与者合作和减少冲突。

结合企业内部权力、企业层次论、规范性和实证性等对企业效率进行探究，本书认为可以将企业效率界定为：通过统筹考虑技术、管理和制度三个层面，构建相对制衡的企业内部权力，或尽可能地弱化企业内部权力不对称，减少企业参与者使用强制性威胁的机会，强加诱致性和互惠性的可置信程度，尽可能地促进企业生产剩余的创造和合理分配。

2.6 小　结

在总结和提炼社会学、组织管理学、经济学和法学等多学科关于权力的定义后，本书从"权力—支配"和"权力—依赖"两个视角对权力进行定义，即参与者 A 和参与者 B 占有或控制有价值资源，并通过强制性或诱致性的方式改变对方的行为预期。本节从参与者在行动中可能产生的实际效力和参与者行动的不确定性两个方面界定了权力的来源，并从"序数"的观点对权力进行了理论上的测度。在此基础上，由权力概念类推了企业内部权力概念。最后，本节从企业层次论、规范性分析和实证性分析等角度界定了企业效率。

第3章

企业理论中权力视角下的效率观述评

在对企业这一经济组织形式的分析中，有没有探讨权力（权威或命令）这一核心问题是新古典经济学和新制度经济学企业理论的"分野"。马克思主义企业理论和作为其后继者的激进政治经济学派企业理论形成了一套与上述经济学企业理论具有本质区别的权力视角下的企业效率观。同时，作为现实中普遍存在并且具有持久活力的组织形式和国民经济的微观基础，任何企业理论必须对企业效率问题做出解释。

新古典经济学认为，在没有权力的基础上企业可以自发地实现效率。新制度经济学企业理论则指出企业存在权力是企业与市场的本质区别，[①]企业可以基于权力而实现效率。马克思主义企业理论及其后继者的激进政治经济学派企业理论认为，在存在权力的情况下，资本主义企业存在着效率损失问题。下面将对各个企业理论中权力视角下的效率观进行具体的述评。

 3.1 新古典经济学中的无权力的效率观述评

新古典经济学因为"希望获得一个最小的'概念性工具'（a minimal

---

① 现代企业理论中的团队生产理论不认为企业内存在权力，而威廉姆森指出，团队生产理论中作为集中契约的企业在某些情况下优于作为非集中契约的市场的根源在于企业存在权力。也就是说，团队生产理论研究的企业中已经有权力了。

conceptual apparatus）对市场行为进行分析"。[1] 新古典经济学家在选择如此少的基本变量时需要极大的"灵感"，"通过增加足够的自变量"，"总可以解释各种行为"，进而可以解释更多的经济现象。[2] 不过，在如此小的基础变量下，新古典经济学只能将企业视为一个投入产出的"黑箱"，无法解释企业与市场的性质的不同，也就无法在理论上解释企业这一组织形式存在的客观事实。因此，考虑了企业理论体系本身的完整性和新古典经济学的对照作用，本章首先探讨了没有权力而自动实现企业效率的新古典经济学。

3.1.1 瓦尔拉斯模型的简介

新古典经济学的数学表述就是瓦尔拉斯均衡模型。理解新古典经济学的关键在于理解瓦尔拉斯均衡模型。通过此模型，可以很好地了解新古典经济学对于权力和效率的观点。在瓦尔拉斯均衡模型中：（1）生产者追求利润最大化，消费者追求效用最大化；（2）要素供给量、消费者偏好、生产函数不变；（3）消费者收入全部来自要素收入，并且全部用于消费；（4）在完全竞争和出清状态等前提下，产品市场和要素市场可以实现交换均衡、生产均衡和市场均衡。

1. 交换均衡方程式

设参加交换的人数为 n，参加交换的产品种类为 m，交换者购买的产品量为 x，交换者出售的产品量为 x'，产品价格为 P，交换者的收入和支出为 M，效用为 U，同时，消费者所有收入都用于支出。可得：

$$\sum_{j=1}^{m} P_j(x_{ij} - x'_{ij}) = 0 \quad (i = 1, 2, \cdots, n) \tag{3.1}$$

① Mas-Colell M. D. and Jerry，R. G. *Microeconomic Theory* ［M］. Oxford：Oxford University Press，1995：127.

② Tirole J. *The Theory of Industrial Organization* ［M］. Cambridge：The MIT Press，1988.

为了效用最大，消费者的效用函数必须满足如下条件：

$$\frac{MU_{i1}}{P_1} = \frac{MU_{i2}}{P_2} = \cdots = \frac{MU_{im}}{P_m} \tag{3.2}$$

2. 生产均衡方程式

假设从事生产的厂商数量为 s。当 x 表示产品数量时，其值为正；当 x 表示要素数量时，其值为负。那么，第 k 个厂商的生产函数为：

$$f_k(x_{k1}, x_{k2}, \cdots, x_{km}) = 0 \quad (k = 1, 2, \cdots, s) \tag{3.3}$$

为了利润最大，生产者的目标函数必须满足如下条件：

$$\frac{MU_{k1}}{P_1} = \frac{MU_{k2}}{P_2} = \cdots = \frac{MU_{km}}{P_m} \tag{3.4}$$

3. 交换均衡方程式

为了达到市场均衡，每种产品（或要素）的市场需求量必须等于其市场供给量，即：

$$\sum_{k=1}^{s} x_{kj} = \sum_{i=1}^{n} (x_{ij} - x'_{ij}) \tag{3.5}$$

瓦尔拉斯均衡模型是新古典经济学思想最直接和最简明的数学表达。也是以数学化的形式完美地表述了亚当·斯密"看不见的手"的市场机制。从上述三个联立方程组不难看出，整个经济体系内消费者、生产者和交换者都类似物理中的"质点"，具有即时性（现在的行为不影响未来）、独立性（个人行为与其他人行为完全独立）和确定性（至少可计算），并在此基础上形成了个体的、可逆的、最优的资源配置观。①

3.1.2 新古典经济学中无权力的效率观的简述

新古典经济学中没有给权力留下任何存在的空间，整个经济社会和

---

① 刘金石，王贵. 公司治理理论：异同探源、评介与比较 [J]. 经济学动态，2011（5）：80－85.

作为经济基础单位的企业都能自发地实现效率最大化。具体分为如下三个层面：

从整个经济社会来看，瓦尔拉斯均衡模型可以清楚地表现出新古典经济学对权力的彻底否定。在完全市场的条件下，模型中的理性经济人具有完全信息，可以根据价格信号自主做出符合自身利益的最佳决策，以至于没有任何外力干预（甚至影响）其行为。在这一过程中，通过市场竞争自发的形成价格机制可以准确无误地在供应者和需求者之间传递产品价格、产品种类、产品数量、消费者效用等一切信息，调节社会资源和社会财富的分配。于是，一切行为人的决策只是对市场价格指令的反映，没有给权力留下任何存在的空间。在这些假设前提下，社会资源必然会得到最佳配置，经济效率自发的实现最大化。

从企业角度来看，企业只是经济体系的一个元素，充其量是一个生产函数。也就是说，在一定的技术条件下，在劳动力和资本这两个外生性变量给定的情况下，企业必然会形成一个最优的规模和与之相对应的最优产量，即企业自发地实现了生产效率最大化，企业参与者的权力结构并不重要。弗里德曼认为，竞争市场可以自动淘汰利润非最大化者，即在完全竞争市场中，企业自然是效率最高的。

从企业内部来看，新古典经济学企业理论将企业内部的各个主体抽象为相互独立的、没有利益冲突的"质点"。在新古典经济学中，作为瓦尔拉斯均衡的企业内部的各个生产要素都具有完全信息，以至于没有任何生产要素所有者掌握权力。某一企业参与者必须按照另一企业参与者的实际市场价值支付给对方报酬，价值交换和商品交换并无实质上的差异。于是，商品生产过程可以忽略不计，只有商品等价交换的过程。同时，所有的生产要素市场都是出清的，任一企业参与者都可以自由退出，不存在任何资本投入的减损问题。于是，新古典经济学中无权力的企业效率最大化是自然而然达成的。

3.1.3 新古典经济学中无权力的效率观的评论

1. 将企业视为类市场的交换关系

新古典经济学回避了对企业和市场的本质性区别，即忽视了企业内部权力关系。在没有权力的视角下，新古典经济学只能将企业等同于市场，只有纯粹的交换关系，进而可以按照价格机制自发地实现效率。因此，在新古典经济学中，企业作为一个自发实现效率的生产函数就可以了，其本身（如不同企业参与者关系）和企业之间关系（如收购和兼并等）并没有任何理论研究的意义。

新古典经济学将经济关系的本质界定为纯粹的交换关系，企业也是如此。"在自愿交换组成的社会中，由许多单位自由交换所组成的经济构成了一个发生作用的模型……这类社会包含着许多独立的家庭……每个家庭利用他所控制的自愿来生产物品和劳务并与其他家庭所生产的物品和劳务进行交换，而这种交换是根据双方意愿进行的。"[①] 在自发、自愿、互利的交换关系中，不存在一方拥有超越另一方的权力，人与人之间呈现出一种相对或是绝对的平等关系。就整体经济社会而言，"在一个竞争的社会中，无人能够拥有权力。在许多所有者之间，只要财产是分开的，没有任何一个行动的人有独享的权力去决定特定人群的收入和地位——除非和其他人相比，这个人可以提供较好的条件，否则没有任何人受制于他"（哈耶克语）。[②] 就企业内部而言，新古典经济学中的企业并没有任何一方通过权力占有任何另一方的利益，企业被视为一个自发追求效率的、整体性的工具，因而无法揭示出企业内部要素所有者的权力结构和要素市场结构

---

① E.K. 亨特. 经济思想史：一种批判的视角 [M]. 上海：上海财经大学出版社，2007：149.

② 戴维·杨. 权力在经济学理论中的含义与作用 [A]//制度与演化经济学现代文选：关键性概念 [C]. 北京：高等教育出版社，2005.

之间的差异。"要知道在一个完全竞争的市场，谁雇佣谁没有任何关系，劳动雇佣资本也可以。"①

2. 与现实中的企业存在很大的偏差

新古典经济学只能较好的解释近似于完全竞争条件下的企业行为，而不能解释绝大多数企业的大多数行为。在现实世界中，一些接近完全竞争市场（如农产品市场）中的企业有着类似瓦尔拉斯均衡的企业行为。市场竞争十分激烈，买者和卖者的数量极多，生产产品的差异很小，市场信息完全，买方和卖方均为价格的接受者，生产中的物质资本或人力资本投资者都可以很自由地退出（更主要的体现为专用性资本投资很小，甚至为零）时，企业内部要素所有者的权力很小，甚至可以忽略不计。不过，在科斯的企业理论看来，新古典经济学解释在接近于完全竞争条件下的企业行为实质上是无权力的行使价格机制的市场行为，而非真正意义上的行使权力机制的企业行为。

在真实世界中，企业内部的要素所有者在拥有权力的基础上，追求企业效率。新古典经济学关于企业效率的讨论没有触及权力这一根本问题，必然导致其企业理论与现实之间存在很大的偏差。新古典经济学下的企业是一个可以根据边际收益和边际成本而自发实现效率最大化的生产函数，而这一计算方法不具有实际意义，进而使得这一意义上的企业效率无从谈起。霍尔和希奇基（1939）对英国企业的实证研究表明，企业在实际运营中不按照利润最大化原则来计算边际收益和边际成本，通行的是平均成本原则，即在平均固定成本和平均可变成本的基础上加上一个正常利润。②

新古典经济学中的企业参与者是没有利益冲突的类似物理中的"质点"，而实际上的企业内部的各个利益主体之间存在巨大的利益冲突，并通过权力运作在动态博弈中追求尽可能多的个人收益。艾瑞克·菲吕博顿

① Samuelson P. Wages and Interest: A Modern Dissection of Marxian Economic Models [J]. *American Economic Review*, 1957 (47): 884 – 921.

② Hall and Hitch. Price Theory and Business Behaviour [J]. *Oxford Economic Papers*, 1939 (2).

（1998）指出，企业内部的不同要素所有者都追求自身收益最大化，而每一个人决策的结果都取决于其他人如何做出选择。因此，企业不存在稳定的目标函数，利润最大化或成本最小化也就无法成为企业行为的指导原则。"虽然一个组织牺牲生产效率换取其他目标的行为在某种程度上可能受到限制，但是决策仍可能对那些在企业内拥有显著影响力（或谈判力量）的人有利。"[1] 德姆塞茨（1996）也明确指出，"经济理论中的企业与现实中的企业不可混为一谈"，"因为新古典经济学主要目的是理解价格体系，而将企业视为黑箱"，"现实中的企业内的各个缔约者追求自己效用最大化，而非企业利润最大化"。[2]

正是由于新古典经济学以企业内部不存在权力为前提，与交易费用为正的现实世界完全不符。这种"拙劣的过度简化"，使得新古典经济学企业理论"在分析厂商边界的确定、雇佣关系的性质、金融工具的适当选择、公司治理机制、事业部制等问题时"，"有些力不从心"。[3]

3.2 早期制度学派中基于权力的效率观的述评

3.2.1 早期制度学派中基于权力的效率观的简述

以凡勃伦为代表的早期制度主义学派从制度演化的整体主义分析了企业内部权力，并构建了"制度—技术"决定的社会演化理论。"人类在社

---

① 埃里克·弗鲁博顿，［德］鲁道夫·芮切特，［德］鲁道夫·芮切特. 新制度经济学：一个交易费用分析范式 ［M］. 上海：上海人民出版社，2012：28.

② Demsetz H. The Structure of Ownership and the Theory of the Firm ［J］. *Journal of Law and Economics*, 1983, 26（2）：375－390.

③ 奥利弗·E. 威廉姆森. 效率、权力、权威与经济组织 ［A］//约翰·克劳奈维根. 交易成本经济学及其超越 ［C］. 上海：上海财经大学出版社，2002：16.

会中的生活，正同种生物的生活一样，是生存的竞争，因此是一种淘汰适应过程，而社会结构的演进，却是制度上的一个自然淘汰的过程。"① 凡勃伦认为，社会变革或进化，受制于人的本能倾向，是一种适应性调整过程的产物。同时，人的本能倾向受到社会习惯、规范、文化和风俗等多方面的制约。制度就是"一种流行的精神态度或者一种流行的生活方式"。② 一旦外部力量，尤其是经济力量促使环境改变，则会迫使个人的思维习惯和制度与此相适应。其中，技术进步是经济力量的首要推动力。"人类制度和人类性格的一些已有的与正在取得的进步，可以概括地认为是出于最能适应的一些思想习惯的自然淘汰，是个人对环境的强制适应过程，而这种环境随着社会的发展，随着人类赖以生存的制度的不断变化而逐渐变化。"③

基于人性论和社会变迁论，凡勃伦从工业和商业两类来探究企业内部权力。在手工业时期，"只有在手工业者能很好掌握这两种能力（技术和利润），并且在技术需要允许他们合起来发挥作用的情况下，手工业制度才是一种经济生活的切实可行的方法"④ 随着生产力的迅速发展，技术进步使得绝大多数的手工业困于财富约束而无法建立工厂。相反，在利润的驱使下，有产阶级凭借金钱控制权，组织手工业者，获得了对工业的支配地位。"从货币文明的早期阶段即野蛮阶段向以后的商业阶段的转化预示着中产阶级的出现，其数量之众，以至于不久就对文明体制的工作安排进行了改造，使和平的商业（有利可图的交易）成了社会的主要兴趣——增加工业的利润是这一阶级有意识的追求，而且正如这一目的与工业的生产能力相关联一样，它也与技术的改进相关联，尽管关联的程度没有那么直接。"⑤ 同时，在商业时期，技术进步还促成了不同的本能倾向和思维习惯，工程师和技术人员注重科学、关注效率，而商业有产阶级注重追求个人财富最大化。

---

① 凡勃伦. 有闲阶级论：关于制度的研究［M］. 湖北：武汉大学出版社，2019：138.
②③ 凡勃伦. 有闲阶级论：关于制度的研究［M］. 湖北：武汉大学出版社，2019：139.
④ 转引自鲍曼. 现代公司与美国的政治思想：法律、权力与意识形态［M］. 重庆：重庆出版社，2001：117.
⑤ 转引自鲍曼. 现代公司与美国的政治思想：法律、权力与意识形态［M］. 重庆：重庆出版社，2001：118.

在凡勃伦主义的"制度—技术"的二分法中，资本主义社会中的企业也存在财产所有权或金钱制度和物质生活的生产技术或工具供给相互对立。与之对应的是，工业和商业之间的矛盾是剥削阶级牟利的兴趣与社会公众对充分生产、有效利用技术和资源的兴趣之间的矛盾。于是，资本主义各种矛盾的根源是存在着商业领袖和技术人员和工程师这两个阶级对立而导致公司权力的错位。为了解决这一矛盾，凡勃伦提出，由技术人员、工程师和科学家组成"技术员苏维埃"替代商业领袖来掌握企业控制权，以适应技术发展的时代要求。

遵循凡勃伦"技术—制度"二分法的传统，加尔布雷思从技术变革着手分析工业社会企业内部权力的来源和趋势。他认为，技术是一种独立存在的力量，是现代社会的创造者。技术进步和专业化分工，决定了企业内部权力的结构和性质，促使经济权力的基础产生改变。同时，权力掌握在"最难获得或最难代替的要素"所有者手中。具体而言，当封建经济向资本主义经济转变后，权力逐渐由拥有土地的地主"交到"了拥有资本的资本家手中。当企业内部所有权与经营权分离后，权力由资本家"交到"了"具备各种技术知识、经验或现代工业技术和计划需要的其他才能的人的联合"的手中，并逐渐"从现代工业企业的领导人延伸到劳动力"。由上述分析还可以看出，企业内部权力由高层管理者或董事会逐渐转移到"技术专家"手中，企业内部权力基础和结构发生了根本性改变。[1] 同时，加尔布雷思是典型的技术决定论者，带有极强的宿命论色彩。"他的现代工业社会分析取代了进步时代充满希望的乐观主义。从他的分析中，人们感到一个以法人的形象重新塑造的世界正等待着厄运（人类可能成为技术的'奴隶'）的即将来临。"[2]

---

[1] 转引自鲍曼. 现代公司与美国的政治思想：法律、权力与意识形态 [M]. 重庆：重庆出版社，2001：224 – 225，231 – 232.

[2] 转引自鲍曼. 现代公司与美国的政治思想：法律、权力与意识形态 [M]. 重庆：重庆出版社，2001：235.

3.2.2　早期制度学派中基于权力的效率观的评论

早期的制度经济学家认为，在现实世界中，完全的自由市场是不存在的，权力控制是企业的基本特征。同时，他们通过"技术—制度"的二分法揭示了资本主义经济制度存在着根本矛盾和这一矛盾的具体表象，打破了那种认为资本主义市场经济和私有制完美、自由、和谐的神话。同时，他们从演化角度分析了企业权力的来源，企业内部权力关系与企业利益分配、生产技术等之间的相互关系，并提出了解决权力抑制生产技术的思路。

不过，早期的制度经济学家将制度视为惯例、习俗和文化等的集合体。于是，早期的制度经济学不能从经济关系的层面来理解企业内部权力和利益关系，而是将之看作人们习惯、社会价值观、信念的反映。[①] 究其原因，"他们只限于指出人的社会思想和目的，而不善于把这些思想和目的归结于物质的社会关系"。而"只有把社会关系归结于生产关系，把生产关系归结于生产力水平，才能有可靠的根据把社会形态的发展看作自然历史过程"。[②] 由于早期的制度经济学家不能把企业权力作为特殊经济关系的实现形式，难以从本质上对公司权力关系及其演进做出回答，也影响了其对企业效率的解释力。

3.3　科斯的企业理论中基于权力的效率观的述评

3.3.1　科斯的企业理论中基于权力的效率观的简述

新古典经济学企业理论无法解释在市场机制起作用的情况下，企业为

---

① 刘凤义，沈文玮. 制度经济学与马克思主义经济学：企业理论方法论的比较 [J]. 当代经济研究，2014（11）.

② 列宁全集：第1卷 [M]. 北京：人民出版社，1984：110.

什么会存在这一关键性问题。作为新制度经济学企业理论创始人的科斯最大的贡献在于将企业作为一种有别并替代市场的组织形式，并用企业内部权威和命令表示企业的性质。在承认企业内部权力（权威和命令）机制的基础上，科斯的企业理论研究了企业效率问题。

科斯将权威和命令看作企业的本质。科斯认为，现实世界中的市场机制存在着正的交易费用，而"在企业内，市场交易被取消"，即以"一系列的契约被一个契约替代"方式，实现了交易费用的节约，① 企业组织也因此得以存在。这种交易费用节约的原因在于与市场中价格机制"作为一种协调工具"相对应的是，企业内部由"命令"和"允许某个权威，即'企业家—协调者'（entrepreneur-coordinator）来支配资源"。② "若一位工人从部门 Y 转到部门 X，其调动并非由于相对价格变化，而是服从命令"。③

科斯在认定企业内部权力关系是企业的本质的同时，认为企业内部权力之所以能够存在的原因是其具有效率，即可以替代市场的价格机制实现交易费用的节约，而非其他原因。首先，科斯认为，纯粹的花钱以指挥或控制别人不是企业内部权力的根源。人们"支付给别人多于价格机制下所得到的报酬，从而达到指挥这些人的目的"。这种"为了能够指挥别人而付钱，而不是以指挥别人来赚钱，显然在大多数情况下不现实"。④ 这就是说，这一为了指挥别人而付钱却不为挣钱的做法，明显不具有效率，也就不具有普遍的经济学意义。同时，科斯并不认同奈特将不确定性视为企业内部权力的原因。奈特认为，"当存在不确定性时，而且决定做什么和怎么做这一任务具有支配地位时……这种决策和控制功能的集中化是必不

---

① 奥利弗·E. 威廉姆森，西德尼·E. 温特. 企业的性质：起源、演进和发展［M］. 北京：商务印书馆，2020：26.
② 奥利弗·E. 威廉姆森，西德尼·E. 温特. 企业的性质：起源、演进和发展［M］. 北京：商务印书馆，2020：24－25.
③ 奥利弗·E. 威廉姆森，西德尼·E. 温特. 企业的性质：起源、演进和发展［M］. 北京：商务印书馆，2020：23.
④ 奥利弗·E. 威廉姆森，西德尼·E. 温特. 企业的性质：起源、演进和发展［M］. 北京：商务印书馆，2020：25.

可少的，'首领化'的过程是不可避免的"。"在这种体制下，让自信的人和爱冒险的人来承担风险或确保有疑虑的人和胆小的人有一定的收入，以这种方式作为对实际成果进行分配的报偿"，① 与之不同，科斯认为，对"不确定性""有自信的人和爱冒险的人"既然可以通过生产获得"确保有疑虑的人和胆小的人有一定的收入"的收益，② 那么就可以通过出售"建议或知识"的市场方式获得相应的收益，即不确定性对企业是否存在不具有符合经济效率的解释。

不过，科斯在认可企业存在内部权力的同时，却认为企业内部权力结构并没有丝毫妨碍企业效率。作为企业内部权力拥有者的"企业家—协调者"按照交易费用的高低不断的比较"外购还是自造"交易，多控制一点或者少控制一点交易，从而维持均衡。企业的边界"直至企业内部组织一笔额外交易的成本，等同于在公开市场中进行此项交易的成本，或在另一企业中组织此交易的成本为止"，③ 进而优化了社会资源的配置。同时，科斯不认同有能力（相对好的判断力和相对多的知识）的人在企业中可以获得额外的收益，甚至认为其可以不需要通过生产，只通过市场机制就获得相应的收益，进而不能影响企业自发地实现效率。科斯指出，"某些人有并不意味着他们只能通过自己参加生产活动来取得收入"。"我们可以想象这样一个体制，所有的建议和知识都可以按需求量购买"。④

3.3.2 科斯的企业理论中基于权力的效率观的评论

科斯将企业内部的权力结构视为企业的本质，找到了打开企业这一

---

①④ 奥利弗·E. 威廉姆森，西德尼·E. 温特. 企业的性质：起源、演进和发展［M］. 北京：商务印书馆，2020：32－33.

② 事实上，"自信的人和爱冒险的人"难以确保不确定性必然带来收益，也不一定是不确定性后果的唯一承担者。如果"自信的人和爱冒险的人"使用的是外部资本，那么不确定性预测失败后果的最终承担者是外部资本。即便"自信的人和爱冒险的人"使用的是自有资本，"有疑虑的人和胆小的人"也有可能承担不确定性预测失败的部分后果。

③ 奥利弗·E. 威廉姆森，西德尼·E. 温特. 企业的性质：起源、演进和发展［M］. 北京：商务印书馆，2020：29.

"黑箱"的钥匙，进而开拓了新制度经济学企业理论。相对于过度抽象化和理想化的新古典经济学，科斯理论无疑可以称为"科斯革命"。新古典经济学范式向抽象和演绎转变的这种"李嘉图恶习"，使其仅仅着眼于经济学本身的易处理性，而非经济现象本身的现实性，因此科斯将新古典经济学视为是一种"黑板经济学"，即"人们可以将图表写满黑板，而无需找出任何现实世界中出现的情况就能混满讲课时间"。① 从科学哲学视角看，科斯对新古典经济学理论假设的批评就是对传统经济学内在封闭性和忽视现实性的否定。于是，科斯从现实性出发，将"企业家—协调者"的权力视为企业的本质。"科斯把雇佣或计划关系中的权力看作是企业的本质，把没有这种权力或通过独立的契约订立活动的治理看作是市场的本质。"②

不过，科斯对新制度经济学企业理论的开拓性研究，必然存在着某些问题。由于受到新古典经济学的影响，科斯坚持了传统的新古典经济学分析方法——边际分析法和比较静态分析法，在强调企业内部权力的同时，却又把企业自发效率视为必然的结果。科斯认为，企业的边界"直至企业内部组织一笔额外交易的成本，等同于在公开市场中进行此项交易的成本，或在另一企业中组织此交易的成本为止"。③ 同时，科斯将企业内部权力由"企业家—协调者"完美的分配（包括完美决策和无摩擦执行），以实现企业效率。"企业家—协调者"对"外购还是自造"进行决策的一系列活动，按照交易费用的高低不断地比较"外购还是自造"交易，多控制一点或者少控制一点交易，从而维持均衡。不过，这一均衡点的存在是建立在完全自给自足方式与有市场交易的企业组织生产方式不存在差异的基础之上的，即生产不受技术进步、分工协作、规模等一系列因素的影响，否则这一均衡点是不存在的，即使存在也是非稳定、非连续的。④

① 科斯. 论生产的制度结构［M］. 上海：上海三联书店，1994：268.
② Putterman L. and Kroszner R. S. *The economic nature of the firm*［M］. Cambridge University Press，1996：25.
③ 奥利弗·E. 威廉姆森，西德尼·E. 温特. 企业的性质：起源、演进和发展［M］. 北京：商务印书馆，2020：29.
④ 黄桂田，李正全. 企业和市场：相关关系及其性质：一个基于回归古典的解析框架［J］. 经济研究，2012（1）.

同时，科斯的企业理论分析了与风险相对应的"不确定性"，以及由此产生的一般劳务交易。科斯指出，"不确定性""有自信的人和爱冒险的人"可以通过出售"建议或知识"的市场方式获得相应的收益。不过，这一理论没有考虑彻底的不确定性以及由此产生的企业家创新的交易费用问题。科斯指出的可以以出售"建议或知识"进行交易的不确定性是与风险相对应的不确定性，而非与企业家创新相关的彻底的不确定性。事实上，由于企业家创新直接定价的交易费用过高，往往会采取以企业生产最终产品这一间接定价方式，企业家的企业随之产生。杨小凯（2000）的间接定价理论也持有类似观点。他指出，"企业的功能类似专利制度的功能，他能有效地保护知识产权，减少生产知识财产的活动卷入分工的交易费用"，即企业是具有"不确定性"的企业家的间接定价装置。①

由上述分析可知，科斯的企业理论突破了新古典经济学仅将企业视为一个生产函数的桎梏，将"企业家—协调者"的权威和命令这一权力视为企业的本质，开拓了新制度经济学企业理论，无疑可以称之为"科斯革命"。不过，科斯的企业理论忽视了彻底"不确定性"和企业家的企业，降低了对企业家权力的认识。同时，科斯坚持新古典经济学分析方法，边际分析法和比较静态分析法，认为拥有权威和命令的"企业家—协调者"可以准确地制定并执行契约，把企业自发效率视为必然的结果，具有妥协性和非现实性。

3.4 团队生产理论中无权力的效率观的述评

3.4.1 团队生产理论中无权力的效率观的简述

1972 年，阿尔钦和德姆赛茨在《生产、信息成本与经济组织》一书

① 杨小凯，张永生. 新兴古典经济学和超边际分析［M］. 北京：人民大学出版社，2000：92.

中提出团队生产理论，认为企业的本质特征在于"团队生产"和拥有
"剩余索取权"的"中心签约人"。①

团队生产理论承认"中心签约人"拥有剩余索取权，却认为作为集中
契约结构的企业契约和非集中契约结构的市场契约没有本质性区别，即二者
都是契约结构，而非科斯意义上企业是科层治理的权力结构。"中心签约
人"具有：（1）享有剩余索取权；（2）观察要素所有者的行为；（3）与
其他所有要素所有者签约；（4）改变其他团队成员的资格；（5）拥有出
售企业所有权的权力等。尽管"中心签约人"拥有剩余索取权，并且有权
出售这一权力的权力。不过，阿尔钦和德姆赛茨认为，团队生产是一种维
持其他团队成员与"中心签约人"持续再谈判的一种契约结构，而非科斯
意义上企业是权力结构。因此，虽然企业内部存在着各种"短视"的机会
主义问题，但是"企业的权威与纪律，与市场上任意两个人所商定的契约
之间丝毫没有区别……（与其说雇主）管理、指导、指定工人做不同的工
作……还不如说雇主用两方面都能够接受的用语不断地重新商定契约"。②

团队生产理论承认"中心签约人"拥有剩余索取权和作为集中契约的
企业之所以存在的原因在于可以提高团队生产的效率。由于许多生产活动
都具有团队生产的性质，即：（1）整个生产活动需要多个不同的生产要素
所有者参与；（2）由于每一种生产要素对其他生产要素的边际生产力都有
影响，那么整个产出不能由各个生产要素贡献简单相加。因此，除非报酬
与个体努力程度容易观察，否则自利的生产要素所有者会发现自己只承担
逃避责任行为的部分损失，却独享该行为的所有好处。为避免成员的偷懒
动机和"搭便车"心态使得团队生产的优势丧失，需要引进"与所有投
入品签约者"兼"剩余索取者（防止其偷懒动机）"的"中心签约人"作
为第三方充当监督者，并根据监督成员的努力程度给予相应的报酬。于

---

① Alchian A. and Demsetz H. Production, Information Costs, and Economic Organization ［J］. *American Economic Review*, 1972, 62 (5): 77 - 795.
② 哈罗德·德姆塞茨. 所有权、控制与企业：论经济活动的组织 ［M］. 北京：经济科学出版社, 1999: 147.

是，企业就被视为一个比非集中契约更有效的解决团队生产中逃避责任行为的"监督装置"。霍尔姆斯特朗（1982）的研究表明，由于生产要素贡献具有不可分离性和不可相加性，如果没有企业这一团队生产的组织形式，生产要素所有者的"搭便车"心态可能会导致偷懒行为，使得生产效率降低。具体研究如下。

假设有 n 个参与者组成一个团队进行生产活动。第 i 个参与者的行动 a_i 不可观测，并带来非货币化的私人成本 $C_i(a_i)$，其中 $C_i(0)=0$，$C_i'>0$，$C_i''>0$。团队生产函数为 $X=X(a)$，其中 $X_i(0)=0$，$X_i'>0$，$X_i''>0$。若第 i 个参与者从总产出中分配到 $S_i(X)$，那么其效用是 $U_i=S_i(X)-C_i(a_i)$。

如果总产出在 n 个参与者之间分配，则 $\sum_{i=1}^{n} S_i(X)=X$，且 $\sum_{i=1}^{n} S_i'(X)=1$。其中，$i=1, 2, \cdots, n$。　　　　　　　　　　　　　（3.6）

同时，如果每个参与者通过独立行动 a_i 实现效用最大化，纳什均衡解应该满足 $a^*=\text{argmax}\left[S_i(X(a))-C_i(a_i)\right]$，其中，$i=1, 2, \cdots, n$。

并由此可得

$$S_i'X_i'-C_i'=0 \qquad\qquad (3.7)$$

而帕累托最优的分配结果是

$$X_i'-C_i=0 \qquad\qquad (3.8)$$

由式（3.7）和式（3.8）可得，

$$S_i'=1 \qquad\qquad (3.9)$$

只有当 $S_i'=1$ 时的非合作的纳什均衡解才是帕累托均衡。这显然与 $\sum_{i=1}^{n} S_i'(X)=1$ 相矛盾。也就是说，仅在团队内实现预算平衡，则不可能实现帕累托最优，而且纳什均衡时的努力水平严格小于帕累托最优时的努力水平。

上述情况发生的原因是团队参与者偷懒导致了"搭便车"问题。可见，团队生产可以防止参与者规避责任的问题，使得集中契约比非集中契约更优效率。这也意味着如果没有企业这种非集中契约的组织形式，市场这种非集中契约形式可能存在着某种程度的效率损失。

综上所述，与新古典经济学认为企业内部参与者是相互独立并且没有利益冲突的"质点"的观点不同，团队生产理论强调团队生产和组织租金，并且承认企业内部利益主体之间存在偷懒这一重大的利益冲突。同时，尽管团队生产理论认可科斯的企业是"一个契约替代""一系列的契约"的观点，但放弃了科斯以企业内部权威和命令标示企业的性质，认为企业是一种集中性的契约结构，而非科层治理的权力结构。于是，在创新性框架下，团队生产理论实现了"科斯革命"向新古典经济学的回归。

3.4.2 团队生产理论中无权力的效率观的评论

由于否认企业内部权力的存在，团队生产理论得出企业契约和市场契约没有本质性区别的观点。这一观点不被新制度经济学企业理论所接受。威廉姆森指出，雇佣合同与商业合同有本质性的不同：一是雇主不需要谈判就可以单方面补充规定，并且只要规定合理（有利于经营效率又无损于公平）就可以被执行下去；二是尽管在市场和技术变化后，雇佣合同和商业合同都可以商定一个命令的可接受范围，并在该商定范围内顺利执行命令，不需要再谈判。"与雇佣合同相比，商业合同中讨价还价而不是适应对方要求的机会要多得多。其结果是，'内部组织优于市场'这一结论即告成立。"①

虽然团队生产理论承认了"中心签约人"拥有剩余索取权，但是却将企业仅界定为集中契约结构，而非科层治理的权力结构。在这个基础上研究企业效率问题必然存在局限性。团队生产理论中"中心签约人"能够精确地观察投入者的行为，并在改变他人的团队资格和出售那些用来定义企业所有权的权利的行为中，做到追求团队组织租金最大化。可见，这一

---

① 奥利弗·E. 威廉姆森. 资本主义经济制度：论企业签约与市场签约 [M]. 北京：商务印书馆，2020：345 - 346.

"中心签约人"的假设太强，不具有现实性。团队生产理论多被用作解释古典企业，而难以解释其他类型的企业也是一个佐证。除了团队生产理论强调监督这一因素外，相对现代股份公司等企业形式，古典企业规模较小，采取"中心契约人"与其他签约人这种"一对多"集中契约形式成本较低；同时古典企业多是人力资本通用性或专用性较少的劳动者，以便"中心签约人"较为精确和低成本地观察投入者的行为。于是，现代股份公司，律师行、会计师事务所等合伙企业，风险投资基金等企业类型则难以用团队生产理论解释。

综上所述，在创新的分析框架下，团队生产理论放弃科斯用权威、命令与价格机制区隔了企业和市场的观点，并认为企业契约与市场契约无本质区别，重新回归新古典经济学。不过，威廉姆森指出，团队生产理论中作为集中契约的企业在某些情况下优于作为非集中契约的市场的根源仍然是企业内部存在权力。也就是说，团队生产理论研究的企业中已经有权力了。同时，团队生产理论中"中心签约人"的假设过强而多运用于解释古典企业，限制了该理论的运用范围。

3.5　交易费用理论中基于权力的效率观的述评

3.5.1　交易费用理论中基于权力的效率观的简述

在综合科斯的"企业是一种以权威和命令为本质的契约并以节约交易费用为目的"观点以及团队生产理论的剩余索取权概念的基础上，威廉姆森等提出了交易费用理论，即强调资产专用性投资者拥有剩余索取权，进行事后适应性治理，以达到节约交易费用的目的。

交易费用理论延续了科斯对企业内部权力的看法，并引入了资产专用性这一关键性的概念。交易成本经济学之所以将企业视为某种不完全契约的治理结构，就是因为企业因权威或命令而作为市场替代物。威廉姆森认为，仅在静态的交易费用概念下，难以说明某些交易在企业内部进行，而另一些交易在市场上完成。只有引入资产专用性的概念，才能使得交易费用概念动态化，也可以更好地对企业和市场进行经济学分析。"如果资产没有专用性，交易成本经济学就没有了说服力。"① 可见，威廉姆森引入资产专用性、交易频率和不确定性等刻画交易属性的维度后，完善了科斯的企业理论的权力观点。从企业内部权力的视角看，在资产专用性高且交易频率高的交易中，企业可以更好地利用权力，更容易进行事后的适应性治理，进而使得企业比市场的交易费用更低，更有效率。因为作为治理结构的企业：（1）可以提供更多、更有力的控制手段。（2）以权威和命令形式解决冲突的成本远低于无休止的讨价还价。企业可以利用科层结构，减少产权界定的谈判费用，防范信誉差带来的风险。（3）企业内长期共处，具有沟通经济、信息经济、观察经济和预期集中等效果。

与科斯的观点类似，交易费用理论认为，企业内部权力应该给予资产专用性投资者，以实现企业效率。资产专有性投资具有"双刃剑"的效果。一方面，有着大量沉没成本的资产专用性投资常常可以提升企业效率；另一方面，资产专用性投资会产生一个事后准租金（quasi-rent），制造了一个激励资产专用性弱的一方对准租金进行占有的机会主义诱惑，即资产专用性投资者因预期事后准租金面临"敲竹杠"的风险而产生投资的负面激励，导致来自资产专用性的潜在生产力缩水。因此，为防止准租金被"敲竹杠"，企业控制权应在资产专用性投资者手中。于是，交易费用理论根据资产专用性程度、交易频率和不确定性，以最大限度地节约交易费用为原则，以"制造—购买"的决策方式实现权力集中在资产专用性投资者的手中，实现了企业效率。在交易费用经济学中，假设：（1）市场可以实现规模经济和范围经济，有效的满足各种需求；（2）市场可以高能激

---

① 奥利弗·E. 威廉姆森. 资本主义经济制度：论企业签约与市场签约 [M]. 北京：商务印书馆，2020：83.

励，能够更有效地减少官僚成本；（3）企业可以运用多种治理手段，进行事后适应性治理；（4）最优治理结构实现生产成本和交易费用之和最小。

假设对于一个固定产出，企业内部的官僚成本为 $B(k)$，市场治理成本为 $M(k)$，k 为资产专用性指数。根据假设（2），$B(0) > M(0)$。根据假设（3），$B'(k) > M'(k)$，其中 $k > 0$。令 ΔG 为组织费用，即企业治理成本与市场治理成本之差，$\Delta G = B(k) - M(k)$。可知，$\Delta G > 0$ 且是 k 的减函数，$\overline{k}$ 表示企业治理成本和市场治理成本相等。令 ΔC 为生产费用，即自己生产和市场购买静态成本之差，且是 k 的减函数。$\Delta = \Delta G + \Delta C$ 即总的交易费用。$\hat{k}$ 标示企业交易费用与市场交易费用相等时对应的资产专用性程度（见图 3 - 1）。于是，最优治理结构应该满足：

$$\max_{k} \Delta = \Delta G + \Delta C$$

$$s.t. \Delta G > 0, \ \Delta C > 0$$

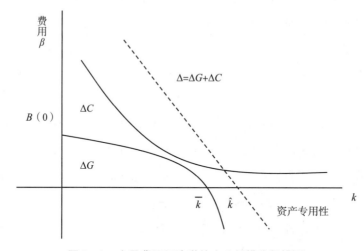

图 3 - 1　交易费用经济学的企业规模边界模型

假设存在一个理论上最优的资产专用性水平 k^{*}，可以推导出如下命题：

（1）当最优资产专用性水平很低，即 $k^{*} < \hat{k}$ 时，市场在规模经济、范围经济和治理等方面均有优势，通过市场机制来组织一项交易更为经济。

（2）当最优资产专用性水平很高，即 $k^* > \hat{k}$ 时，企业可以更好地进行适应性治理，通过企业来组织一项交易更为经济。

（3）当资产专用性 k^* 接近 $\hat{k}$ 时，就会出现各种非标准化的契约。这也很好地解释了"企业和市场会并存"的难题。

（4）在生产成本方面，相对于市场的高能激励，企业往往只能选择低能激励而存在劣势，因此除非 k^* 明显大于 $\hat{k}$ 时，纵向一体化才能发生。

（5）其他条件不变，较大的企业由于存在内部规模效应，总交易成本曲线 Δ 相对左移，因此大企业比小企业更容易进行纵向一体化。

（6）其他条件不变，实行事业部的 M 型公司比单一制的 U 型公司更能减少官僚成本，也就更容易进行纵向一体化。

由上述分析可知，交易费用理论认为需要根据交易属性的维度设计契约，其中企业契约就是针对资产专用性高且交易频率高的交易而专门设计出来的。同时，交易费用理论认为，企业净剩余主要源于专用性投资，因而契约设计的关键在于保护专用性资产投资。这样，交易成本最小化等同于保护资产专用性而形成的剩余总量最大化，也等同于企业利润最大化。于是，企业内部权力运作的根本目的在于实现企业效率。

3.5.2 交易费用理论中基于权力的效率观的评论

交易费用理论沿袭了科斯的企业理论关于企业内部权力的观点，并用资产专用性这一核心概念，深化了对企业内部权力的认识。在交易属性的维度（资产专用性、交易频率和不确定性等）下，将企业视为针对交易频率高且资产专用性程度高的交易而设计出的一种有别于市场的治理结构，即将企业看作一个激励"资产专用性"投资的"装置"，即"把工商企业看作一种治理结构，而不是一个生产函数"。① 在此基础上，交易费用理

---

① 奥利弗·E. 威廉姆森：资本主义经济制度：论企业签约与市场签约［M］. 北京：商务印书馆，2020：30.

论进一步深化了对于企业效率的认识，企业的目的从"追求利润最大化"的口号，变成了更为务实的"资产专用性投资者免受投机之苦"。威廉姆森认为"如果理性是有限的，又存在投机思想，而资产又具有专用性"的情况下，企业就因为可以"把各种交易组织起来，才能经济合理地运用有限的理性，同时又能保护他们免受投机之苦"而存在。"这样一个命题，比起那个'最大限度地获取利润！'的口号来，使我们能够从一个新的角度，以更广阔的视野来看待各种经济问题。"①

同时，交易费用理论代表人物廉姆森认为，因为资产专用性投资可以为企业带来"准租金"，所以理性的参与者之间会选择合作，实现企业效率。威廉姆森认为"有远见的缔约者"（farsighted contractor）为设计出缔约各方获得持久收入的契约，不得不约束自身机会主义倾向，并使得企业契约自我实施。"通过自我实施（self-enforcing）协议，承诺具备了可信赖性。自我实施合同通过合同各方的效用计算获得有效性。""可靠的承诺用于支持结盟、促进交换，而说话算数的威胁只有在冲突和对抗的条件下才会形成。"②

不过，由于受到科斯的企业理论忽视"不确定性"的影响（见前文分析），威廉姆森也忽视了对参与者行动不确定性的考量，较片面地认为"企业治理结构"与"资产专用性程度"成正比，资产专用性程度越高越需要保护，还认为企业效率以企业内部"合作"的形式必然出现。事实上，与资产专用性程度高且资产专有性程度高的投资者相比，资产专用性投资程度低且资产专有性程度几乎为零的投资者，其资产专用性投资往往在企业内无法通过"合作"的形式得到应有的保障，甚至引发暴力冲突，导致企业效率难以实现。同时，这类投资者积极地以结盟的形式，增强讨价还价的能力。同时，20世纪90年代以来，在美国工会会员中，蓝领工

① 奥利弗·E. 威廉姆森：资本主义经济制度：论企业签约与市场签约 [M]. 北京：商务印书馆，2020：50 – 51.
② 奥利弗·E. 威廉姆森：资本主义经济制度：论企业签约与市场签约 [M]. 北京：商务印书馆，2020：232.

人所占比例在47%以上，远高于他们在总劳动人口中30%的占比。同时，美国白领工人大多数没有工会化，而且20世纪80年代以来，白领工会的选举活动急剧下降，并且在选举中的成功率也降低了。[①]

　　由于交易费用理论认为企业治理结构最终可以保护资产专用性投资者并且实现企业效率，政府和法律等第三方强制力在企业内部参与者专用性资产保护方面没有发挥作用的空间。威廉姆森认为，"企业内部治理是私人秩序，不同于司法中心主义……企业是一个自治岛。其自我执行机制不受法庭干预或其他外部审查机构的干扰。"[②] "与一般契约不同，雇佣契约是自我约束的隐形合同……应该排除通过国家程序——法庭和管理机构——来解决纠纷的作用"。[③] 威廉姆森进一步指出了原因，一是内部纠纷双方具有深刻的知识，而想将这一知识告知法院需要支付高昂的费用，二是允许内部纠纷提交法庭并由其判决，将降低层级制组织的完整性和效力。然而，前文指出资产专用性投资程度低且资产专有性程度几乎为零的投资者难以在企业内部以"合作"的形式获得资产专用性投资的保护，需要第三者强制力加以保护，以实现企业效率和社会效率。面对世界各国越来越多、越来越详细的关于企业治理立法的现实，这一理论明显缺乏解释力。于是，在交易成本经济学的分析中，威廉姆森虽然提到了官僚成本，却无法得出为什么需要政府，以及如何产生官僚成本等一系列的问题。

　　由上述分析可知，交易费用理论用资产专用性等深化了科斯的企业理论对企业内部权力的认识，使得企业效率不是空洞的利润最大化，而只是保护资产专用性投资者免受投机之苦。不过，交易费用理论只强调了关系契约下的企业自发实现效率，而没有探究资产专用性投资程度低且资产专

　　① Mills C. W. *Letters and Autobiographical Writings* [M]. Berkeley: University of California Press, 2000: 46.

　　② Williamson, Comparative economic organization: the analysis of discrete structural alternative [J]. *Administrative Science Quarterly*, 1991 (36): 348 – 249.

　　③ 威廉姆森. 资本主义经济制度: 论企业签约与市场签约 [M]. 上海: 商务印书馆, 2020: 348 – 349.

有性程度几乎为零的投资者的效率损失问题，进而难以解释工会和法律、政府等第三方强制力对于企业治理的意义，使得交易费用理论解释企业效率时具有局限性。

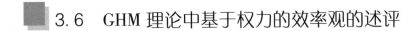

3.6　GHM 理论中基于权力的效率观的述评

3.6.1　GHM 理论基于权力的效率观的简述

在集成新制度经济学企业理论关于权力的观点后，GHM 理论提出了自己的企业内部权力观，即在契约不完全的情况下，企业中的资产专用性投资者拥有剩余控制权。在综合科斯的企业是一种以权威和命令为性质的契约、团队生产理论关于剩余索取权观点以及威廉姆森资产专用性观点的基础上，格罗斯曼、哈特和莫尔等提出了 GHM 理论（亦称新产权学派）。GHM 理论的基础出发点是契约不完全，原因主要有三：一是在不确定性的环境中，人们难以预料未来的所有情况；二是即便能够预料，各个缔约方也难以在契约中对其进行具体描述；三是即便缔约达到，在出现契约纠纷时，第三方难以加以证实。也就是说，除了事前能够通过契约明确界定的权力外，仍然存在无法事前言明的、大量的剩余权力。同时，GHM 理论认为企业涉及资产专用性投资的契约是不完全的，但这并不意味着所有权力都含糊的。格鲁斯曼和哈特把所有契约权力分为两类：一类是初契约中明确规定的具体权力，另一类是初始契约中没有明确规定的，拥有剩余索取权的一方可以按照任何不与先前契约、惯例、法律和法规等相悖的方式决定资产用法的剩余权力。

此外，与传统产权理论强调剩余索取权不同，GHM 理论强调资产专用性投资者以购买的方式获得剩余控制权，也就必然强调了物质资本的作用，进而将剩余控制权作为所有权的象征。GHM 理论的代表人物哈特认为，从物质资产的角度定义企业，便可以解释企业权威和命令的来源。如果中止合作关系，雇主可以选择性解雇任何一个雇员并带走全部非人力资产，而独立签约人只能解除全部契约关系，并带走属于他的一部分非人力资产。于是，一个企业兼并另一个企业，作为兼并方必须拥有物质资本作为"粘结物"（glue），以便粘住工人，否则企业只不过是一种幻影。同时，哈特通过 GHM 数学模型证实，资产专用性投资者拥有剩余控制权，其中，物质资产较多的参与者更有理由拥有剩余控制权，以便更好地进行事前激励，实现效率最大化。哈特（1995）归纳了格鲁斯曼和哈特（1986）、哈特和穆尔（1990）的观点，并通过纳什均衡解或夏普利值的合作博弈构建 GHM 数学模型证明，产权应该安排给资产专用性相对重要的一方、或相对不可或缺的一方。同时，将严格互补资产的所有权集中配置要好于分离配置。此外，该 GHM 数学模型指出参与者的物质资产越多，外部选择权越大，讨价还价能力越强，拥有的剩余控制权越大，获得的剩余索取权越多，资产专用性事前投资的激励越大。

不过，GHM 理论最近的理论研究强调了物质资本所有者和人力资本所有者，而非只强调物质资本所有者。邱（Chiu，1998）、德—梅泽和洛克伍德采取鲁宾斯坦因轮流出价谈判解的非合作博弈构建 GHM 数学模型并指出，当存在外部选择权且外部选择权有约束作用时，拥有较少物质资产的参与者反而有更强的专用性资产的事前投资激励。为了应对 GHM 数学模型的质疑，哈特和霍尔姆斯特朗最近将企业定位为一种包含非物质资产要素的活动（activities），而非物质资产集，并用私人收益（private benefits）取代剩余控制权，进而将没有或拥有较少物质资产的管理者和工人纳入分析之中，即将企业本质由物质资本集合扩展到包括人力资本的资产集合，企业内部权力的所有者也随之由物质资本所有者扩展到物质资本所有者和人力资本所有者，而不再过于强调物质资产在获得剩余控制权的重要性。此外，Rajian 和 Zingales 在对 GHM 理论的再审视中，提出了用优先进入权替代剩余控制权的观点，即一旦某个资产专用性投资者获得了优先进入权，可以与先前已经存在的专用性资产相结合，创造一个对关键性资源的控制力，增加自身退出威胁的讨价还价能力。Rajian 和 Zingales 的优先进入权包括了操作或使用关键资源（critical resource）（人、实物资产和思想）的能力，而不仅仅是实物资产。[①]

在此基础上，GHM 理论指出资产专用性投资者应该拥有剩余控制权或所有权，进行事前专用性投资激励，以实现企业效率。当然，与交易费用理论探讨资产专用性投资者的事后激励不同，GHM 理论考虑的是资产专用性投资者的事前激励。于是，当剩余权力谈判成本十分昂贵时，GHM 理论强调资产专用性投资者（如果双方都是资产专用性投资者，那么资产专用性投入高的一方）作为兼并方以购买的方式获得剩余控制权，就可以在与被兼并方的谈判中拥有更大的讨价还价能力，从而在双方组织租金中获得更大的部分。在特定的情况下，兼并方甚至可以对被兼并方进行"敲竹杠"。于是，如果一体化导致事前专用性投资激励的增加程度超过相应激励的减少程度，那么一体化就可以降低投资激励的扭曲，提高了效率。此外，Rajian 和 Zingales 在研究中注意到避免所有权可能产生占有组织租金的道德风险问题，以优先进入权替代剩余控制权来确保权力拥有者进行资产专用性投资，以实现企业效率。

3.6.2 GHM 理论基于权力的效率观的评论

作为不完全契约的 GHM 理论同样也存在着与交易费用理论类似的关于权力和效率的问题。GHM 理论只强调了企业自发实现效率，而没有探究资产专用性投资程度低且资产专有性程度几乎为零的投资者的企业效率损失问题，也难以解释工会和法律、政府等第三方强制性契约对于企业治理的意义，使得 GHM 理论解释企业效率时具有局限性。详细分析见前文交易费用经济学。

---

① Rajan R. and Zingales L. Power in a Theory of the Firm [J]. *Quarterly Journal of Economics*, 1998, 113 (2): 387 – 432.

与交易费用理论不同的是，GHM 理论不仅将权力与资产专用性相匹配，还在一定程度上强调其与物质资本相匹配，并在此基础上阐述企业效率。然而，如果说企业内部权力与资产专用性相联匹配，又要物质资本相匹配，二者必然会产生冲突。二者冲突调和的关键在于物质资本所有者总有能力购买到其所需的资产专用性的人力资本。按照 GHM 理论的逻辑不难得出，如果物质资本所有者获得了剩余控制权，人力资本所有者因害怕被"敲竹杠"而不会事前投资于其专用性人力资本，也就不会产生超过外部市场的额外收益。作为物质资本所有者的兼并方不能从兼并中获得好处，也就丧失了纵向一体化的动力。同时，作为人力资本所有者因没有投入专用性人力资本，也就可以无专用性资本减损地离开企业。这样，企业内部权力将没有意义。在此基础上，真正的企业并没有实现效率。Rajian 和 Zingales 对 GHM 理论再审视中，以关键资源的优先进入权使得资产专用性投资者可与企业原有的关键资源相结合，提升了资产专用性投资者的讨价还价能力，还规避了以所有权分配权力可能产生占有组织租金的道德问题。不过，Rajian 和 Zingales 在理论中未能给出关键资源的优先进入权中的"关键资源"的定义和衡量，以及"关键性资源"与专用性资产之间的关系，也没有涉及关键资源的优先进入权如何设计和执行，难以仅通过关键资源的优先进入权替代剩余控制权来激励资产专用性投资和解决企业内部权力配置，进而难以实现企业效率。

3.7 新奥地利学派企业理论中权力下的效率观的述评

3.7.1 新奥地利学派企业理论中权力下的效率观的简述

新制度经济学忽视彻底的"不确定性"，对与风险相对应的"不确定性"也重视不足。科斯认为，"不确定性""有自信的人和爱冒险的人"可以通过出售"建议或知识"的市场方式获得相应的收益。这一不确定性必然是与风险相对应的不确定性，而非与企业家创新相关的、彻底的不确定性。威廉姆森提出"资产专用性"。不过，这一核心概念突出了企业参与者行动的实际效力，而忽视了对其行动的不确定性。与新制度经济学企业理论不同，奥地利学派强调不确定性，尤其是彻底的不确定性。没有不确定性引发的知识问题，就不存在发现契约伙伴、起草契约、监督生产、建立契约保护机制等交易费用的产生。在彻底不确定性的基础上，企业家发现市场的过程被称为新奥地利学派企业理论的核心。

企业家是市场和市场价格机制的制造者和完善者，创立了现实中绝大多数的企业。① "经济体系是一张由节点和路径组成的网……企业家的活动就是通过扩张市场来使这张网变得更加通畅……把网扩展到那些原本模糊和不完全的区域……用相对清晰的路径和节点去替代那些现存的相对模糊的路径和节点"。② 企业家的行为特点不仅在于最有计算，更重要的是在不断试错、修正错误和想象力突破原有的行为框架，在解决问题的同时改变了原来的环境，形成企业并促进企业不断发展。在这个意义上，柯兹纳将人类历史上的创新活动统称为"企业家活动"。③

在彻底不确定性的世界中，因为分散知识、默会知识、惊奇性和个人性等原因，市场过程一直处于非均衡的状态。企业家在人群中非均匀的分布，并可以发现这种非均衡状态中蕴含的商业机会，进而通过构建企业将商机转为盈利。"企业家的判断"主导并协调了企业参与者的知识和行为，配置了生产要素，减少了企业和外部市场的无知。一方面，企业家对某种获利机会的判断或知识大多属于默会知识，既难以申请专利保护，其交易

---

① 杨其静. 企业家的企业理论 ［M］. 北京：中国人民大学出版社，2005.
② Leibenstein H. Entrepreneurship and Development ［J］. *The American Economic Review*，1968，58（2）：77.
③ Kirzner I. M. *Competition and Entrepreneurship* ［M］. Chicago：University of Chicago Press，1973：15.

过程又存在严重的"阿罗信息悖论"①（除非买者知晓信息，否则无法判断该信息所具有的价值。不过，一旦知晓，他已经免费获得这一信息）。另一方面，企业家的判断只有建立在机敏、想象力、判断力、坚毅、冒险精神等先天条件，并具备善于调集资源、识贤用能、激发下属进取心、培养忠诚意识、协调人际关系等领导艺术和人格魅力，才能将个人对某种获利机会的判断或知识转化为现实中的企业。可见，企业家的判断可以克服纯粹的无知导致的彻底不确定性和调整战略框架，企业家的判断既是企业内部权力的来源，又是企业存在和获利的基础。企业家判断这一权力体现根据其判断为企业制定目标、规则，进而形成惯例和文化，为参与者提供知识交流和共享的环境，进而解决默会知识和分散知识等问题，以低成本协调参与者行为和有效整合资源。

3.7.2 新奥地利学派企业理论中权力下的效率观的评论

新古典经济学企业理论强调股东利益最大化，新制度经济学则强调资产专用性投资者利益最大化。与之不同的是，新奥地利学派企业理论则是强调企业家的企业发现商机并且实现盈利。更为通俗地说，新奥地利学派企业理论主张通过企业家创新、协调参与者和整合资源等获得核心竞争力和实现企业长期可持续的发展。从某种意义上说，在微观层面上，现实中的企业目标与奥地利学派的观点更加契合。在宏观层面上，企业核心竞争力和长期可持续发展才是经济增长的不懈的动力来源。

新奥地利学派企业理论强调彻底的不确定性，使得企业激励等治理机制变得困难。企业家的创新具有严重的"阿罗信息悖论"，以及企业家的独特先天条件和后天的领导艺术和人格魅力，对其进行监督或激励面临着两难困境：第一，激励创新行为本身的无效性，激励可能面临到底是激励

---

① Teece D. J. Towards An Economic Theory of the Multiproduct Firm ［J］. *Journal of Economic Behavior and Organization*，1982（3）：52.

创新，还是激励企业家侵占企业财产的问题。第二，监督创新行为本身的无效性。例如，企业治理设置所谓的财务承诺机制，也会面临两难困境：一是事后的创新失败，可能导致事前的财务承诺无法兑现；二是硬性的财务承诺可能使得产生巨大利益回报的创新在某一阶段难以推进，甚至导致这一创新中途夭折。这种企业家之外激励的无效性限制了该企业理论的运用范围。同时，由于新奥地利学派企业理论只强调企业家的作用，忽视了企业其他参与者的作用。新奥地利学派企业理论只把其他参与者看作在很大程度上积极配合企业家协调行为和整合资源，愿意在企业家营造的共享知识的氛围中表达真实信息和交流知识，并形成了稳定的预期。这种其他参与者配合的方式往往意味着他们是具有对企业有重要作用的默会知识而形成的知识共享型团队，也限定了该理论的运用范围。因此，新奥地利学派企业理论往往解释现实中企业家（团队）主导的创新型企业，对于传统的企业及其治理解释力度有所不足。

3.8　马克思主义企业理论中基于权力的效率观的述评

3.8.1　马克思主义企业理论基于权力的效率观的简述

现代西方企业理论强调在非强制性和制衡的权力关系下的企业自发实现效率。与之不同，马克思主义企业理论是"资本统治劳动的企业理论"。[①] 资本家占有工人的剩余价值，并导致资本主义企业有非效率性的情况。

---

① 左大培. 从当代企业理论的角度看《资本论》［A］. 载张宇、孟捷、卢荻. 高级政治经济学：马克思主义经济学的最新发展［N］. 北京：经济科学出版社，2002.

1. 资本指挥和强制劳动

资本主义企业的实质就是资本指挥和强制劳动。"资本是自行增殖的价值，是能够带来剩余价值的价值。"① "资本主义生产——实质上就是剩余价值的生产，就是剩余劳动的吸取。"② "资本主义生产的全部性质，是由预付资本价值的增值决定的。"③ 只有"在同时还充当剥削和统治工人的手段的条件下，才成为资本"④，"在生产过程中，资本发展成为对劳动，即对发挥作用的劳动力或工人本身的指挥权"，"资本发展成为一种强迫关系，迫使工人阶级超出自身生活需要的狭隘范围而从事更多的劳动"。⑤

马克思并非抽象地分析企业，而是从历史的视角，全面地考察简单协作、资本主义工场手工业和机器大工业，其结论认为企业区别于市场协调在于内部的计划性和权力控制关系。在协调经济的运行方式上，市场与"独立的商品生产者互相对立，他们不承认任何别的权威，只承认竞争的权威，只承认他们相互利益的压力加在他们身上的强制"；而企业则是"以资本家对人的绝对权威为前提，人只是资本家所占有的总机构的部分"，"工场手工业分工的前提是资本家对于他所拥有的总机构的各个肢体的人们拥有绝对的权威"。⑥ 在市场协调中，"偶然性和任意性发挥着自己杂乱无章的作用"，但同时存在"一种内在联系把各种不同的需要量联结成一个自然的体系"，并"在事后作为一种内在的、无声的自然必然性起着作用，这种自然必然性可以在市场价格的晴雨表的变动中觉察出来，并克服着商品生产者无规则的任意行动"；而企业内部的协调则是"有计划的规则在起作用"。⑦

同时，马克思分析了资本主义社会及其之前的社会中企业和市场的

---

① 马克思恩格斯全集：第23卷 [M]. 北京：人民出版社，2001：176－177.
② 马克思恩格斯全集：第23卷 [M]. 北京：人民出版社，2001：295.
③ 马克思恩格斯全集：第23卷 [M]. 北京：人民出版社，2001：92.
④ 马克思恩格斯全集：第23卷 [M]. 北京：人民出版社，2001：835.
⑤ 马克思恩格斯全集：第23卷 [M]. 北京：人民出版社，2001：343－344.
⑥ 马克思. 资本论：第1卷 [M]. 北京：人民出版社，2018：394.
⑦ 马克思. 资本论：第1卷 [M]. 北京：人民出版社，2018：394－395.

演化及其规律，即随着社会权威的下降，企业内部权威逐渐上升。"在资本主义生产方式的社会中，社会分工的无政府状态和工场手工业分工的专制是互相制约的，相反地，在职业的分离自然发展起来、随后固定下来、最后由法律加以巩固的早期社会形态中，一方面，呈现出一幅有计划和有权威地组织社会劳动的图画，另一方面，工厂内部完全没有分工。或者分工只是在很狭小的范围内，或者只是间或和偶然地得到发展"。① "社会内部的分工越不受权威的支配，工厂内部的分工就越发展，就越从属于一人的权威。因此，在分工方面，工厂里的权威和社会上的权威是互成反比的。"②

此外，资本家拥有绝对权威仅限于企业内部。在流通领域或商品交换领域，劳动力的买和卖只是取决于劳动者本身的自由意志，似乎是"天赋人权的真正乐园"，同时劳动力的买卖双方都只支配自己的东西，是以"自由的、在法律上平等"的人和等价交换为前提缔结契约的，这当中"使他们连在一起并发生关系的唯一力量，是他们的利己性，是他们的特殊利益，是他们的私人利益"。③ 不过，一旦进入生产领域，资本生产关系就得以确立："原来的货币所有者成了资本家，昂首前行。劳动力所有者成了他的工人。尾随其后，一个笑容满面，雄心勃勃；一个战战兢兢，畏缩不前，像在市场上出卖了自己的皮一样。只有一个前途——让人家来揉。"④

2. 资本指挥和强制劳动的原因

在资本主义社会的企业中，资本指挥和强制劳动之所以能够形成在于劳资双方过于悬殊的权力对比，即资本家拥有绝对的控制权，而工人则几乎没有任何讨价还价的余地。

在资本主义企业中，资本家投入了生产所需的物资资本，对企业生产

---

① 马克思. 资本论：第 1 卷 [M]. 北京：人民出版社，2018：395.
② 马克思. 资本论：第 1 卷 [M]. 北京：人民出版社，2018：130 – 131.
③ 马克思. 资本论：第 1 卷 [M]. 北京：人民出版社，2018：18.
④ 马克思. 资本论：第 1 卷 [M]. 北京：人民出版社，2018：19.

起到了重要作用，以资金和实物资产作为"后盾"的资本家拥有宽松的退出机制，在与劳动者的讨价还价过程中处于绝对优势。（1）资本家投入的物质资本是企业生产的关键性要素。在机器大工业阶段，机器设备是当时社会生产力发展水平的"物化"结果。"从机器体系随着社会知识和整个生产力的积累而发展来说，代表一般社会劳动的不是劳动，而是资本。社会的生产力是用固定资本来衡量的，它以物的形式存在于固定资本中。"① "工人的活动表现为：它只是对机器的运转，对机器作用于原材料起中介作用。"② "工业上的最高权力成了（物质）资本的属性，正像在封建时代，战争中和法庭裁判中的最高权力是地产的属性一样。"③ （2）货币和实物资本为资本家退出机制提供了极大的便利。"随着商品生产的进一步发展，每一个商品生产者都必须握有这个物的神经，这个'社会的抵押品'"，货币是"财富的随时可用的绝对社会形式"。④ 同时，马克思认为"在一定阶段上，已经习以为常的挥霍，作为炫耀富有从而取得信贷的手段，甚至成了'不幸的'资本家营业上的一种必要"。从逻辑上说，货币和实物资产比挥霍更好地成为资本市场上的信号。

在资本主义企业中，单个工人对于整个产出的贡献很低，并且缺乏退出手段，使其在与资本家讨价还价过程中处于绝对劣势。（1）资本家雇用大量的工人进行生产。"随着许多雇佣工人的协作，资本的指挥发展成为劳动过程本身的进行所必要的条件，成为实际的生产条件。"⑤ 同时，成为"局部工人"的、被"剥夺了知识的"单个工人对于整个企业产出的贡献很低。"以每一个工人都只适合于从事一种局部职能，他的劳动力就转化为终身从事这种局部职能的器官。"⑥ "大工业的原则是，首先不管人的手怎样，把每一个生产过程本身分解成各个构成要素，从而创立了工艺

---

① 马克思恩格斯全集：第46卷下 [M]. 北京：人民出版社，2004：205.
② 马克思. 资本论：第1卷 [M]. 北京：人民出版社，2018：396.
③ 马克思. 资本论：第1卷 [M]. 北京：人民出版社，2018：386.
④ 马克思. 资本论：第1卷 [M]. 北京：人民出版社，2018：154.
⑤ 马克思. 资本论：第1卷 [M]. 北京：人民出版社，2018：383.
⑥ 马克思. 资本论：第1卷 [M]. 北京：人民出版社，2018：393.

学这门完全现代的科学。社会生产过程的五光十色的似无联系的和已经固定化的形态，分解成为自然科学的、自觉按计划的和为取得预期有用效果而系统分类的应用。"① "当然，在这种情况下会造就一小批具有较高熟练程度的工人，但是，他们的人数决不能同'被剥夺了'知识的大量工人相比。"② （2）工人过于依赖出卖劳动力维持生活，实质上丧失了自由退出企业的机会。第一，资本家拥有全部生产资料而工人除了出卖劳动力一无所有。"起初，工人因为没有生产商品的物质资料，把劳动力卖给资本，现在，他个人的劳动力不卖给资本，就得不到利用。他只有在一种联系中才发挥作用，这种联系只有在他出卖以后，在资本家的工厂中才存在。工场手工业工人按其自然的性质没有能力做一件独立的工作，他只能作为资本家工厂的附属物进行生产活动。"③ 第二，大量"产业后备军"的存在，极大地压低了在岗工人以退出企业威胁资本家的可行性。马克思"产业后备军"的来源不是外生性的人口增长，而是内生化的资本主义产业后备军生产机制，即相对过剩人口增加的速度与资本有机构成成正比，使得"劳动生产力越是增长，资本造成的劳动供给比资本对工人的需求越是增加得快。工人阶级就业部分的过度劳动，扩大了它的后备军的队伍，而后者通过竞争加在就业工人身上的增大的压力，又反过来迫使就业工人不得不从事过度劳动和听从资本的摆布"。④

3. 资本指挥和强制劳动效率的两面性

（1）资本指挥和强制劳动具有相对效率性。马克思认为，资本指挥和强制劳动是资本主义企业内部有效分工协作和集中生产这一模式的前提和必要条件，具有合理性。"一切规模较大的直接社会劳动或共同劳动，都或多或少地需要指挥，以协调个人的活动，并执行生产总体的运动——不同于这

---

① 马克思恩格斯全集：第 23 卷 ［M］. 北京：人民出版社，2001：533.
② 马克思恩格斯全集：第 23 卷 ［M］. 北京：人民出版社，2001：571 – 572.
③ 马克思. 资本论：第 1 卷 ［M］. 北京：人民出版社，2018：399.
④ 马克思. 资本论：第 1 卷 ［M］. 北京：人民出版社，2018：697 – 698.

一点总体的独立器官的运动——所产生的各种职能。"① "随着许多雇佣工人的协作，资本家的指挥发展就成为劳动者过程本身进行所必需的条件。现在，在生产场所不能缺少资本家的命令，就像在战场上不能缺少将军的命令一样。"② 同时，资本家利用资本指挥和强制劳动的目的在于追求尽可能多的剩余价值，而非实施强权本身的满足感。资本家本身对剩余价值的渴求和资本主义经济中的竞争，使得"资本主义对积累的冲动、变革的倾向和内在的扩张趋势，带来广泛的创新与生产力的进步，并将它与其他经济制度区分开来"。③ 从微观上看，资本家对剩余价值的生产，尤其是相对剩余价值的生产有内生动力。"只有作为人格化的资本，他的动机，不是使用价值和享受，而是追求更多的交换价值和交换价值的不断增殖……资本家才受到尊敬"。"作为价值增值的狂热追求者，他（资本家）狂热地追求价值的增殖，肆无忌惮地迫使人类去为生产而生产，从而去发展社会生产力，去创造生产的物质条件；而只有这样的条件，才能为一个更高级的、以每个人的全面而自由地发展为基本原则的社会形式创造现实基础"。④ 从宏观上看，资本主义企业效率最终体现在资本主义（相对以前的社会而言）极大地促进了生产力的发展。"资产阶级在它不到一百年的阶级统治中所创造出来的生产力，比过去一切时代创造的全部生产力还要多，还要大，还要大。"⑤ "尽管按照资本自身的本性来说，它是狭隘的，但它力求全面地发展生产力，这样就成为新的生产方式的前提。"⑥ 就连交易费用代表人物威廉姆森本人在重新审视马克思"论制造业分工"的相关内容时也发现，马克思主义企业理论是强调效率的。"由资本家雇用一批技术工人的那种组织"所"产生的劳动分工就不是资本家有计划分工序、征服工人的结果，而是根据环境变化而作出的一种讲求效率的反映"。⑦

————————

①② 马克思. 资本论：第 1 卷 [M]. 北京：人民出版社，2018：367.
③ 张衍，庄志晖. 当代西方主流经济学批评：一个理论述评 [J]. 当代经济研究，2017（4）.
④ 马克思恩格斯全集：第 23 卷 [M]. 北京：人民出版社，2001：649.
⑤ 马克思恩格斯全集：第 23 卷 [M]. 北京：人民出版社，2001：44.
⑥ 马克思恩格斯全集：第 46 卷下 [M]. 北京：人民出版社，2004：34.
⑦ [美] 奥利弗·E. 威廉姆森，西德尼·E. 温特. 企业的性质：起源、演进和发展 [M]. 北京：商务印书馆，2020：322 – 323.

（2）资本指挥和强制劳动的效率损失。资本主义企业的内在不公平会常常有损于效率，以致于劳动者"隐藏"自身的能力。在机器大工业时期，资本家在自身逐利本性的驱使下，以机器的技术特征和机器体系的生产能力的极限为准绳，使得工人承受着劳动时间延长和劳动强度增加的双重压力。"资本用……不变部分即生产资料吮吸尽可能多的剩余劳动。"① 与此相对应的是，基于自我保护的动机，工人采用一种策略性的"偷懒"行为。工人的劳动力"可以创造价值，而且创造的价值比它本身的价值大"。工人"理智的、节俭的"，"爱惜我的唯一的财产——劳动力"，"只在它的正常耐力和健康发展所容许的限度内使用它"。② "不平等经常会滋生一些像罢工这样的冲突，并且会造成雇主与工人关系的恶化，以非生产的方式浪费产出和精力。"

3.8.2 马克思主义企业理论基于权力的效率观的评论

虽然马克思主义企业理论与新制度经济学企业理论都强调权力，也都从权力的视角考察企业效率，并从企业是否具有效率损失的角度考察企业是否存在根本性问题。不过，马克思主义企业理论和新制度经济学企业理论对企业有着本质性的不同。

在马克思主义企业理论中，企业内部权力是工人绝对服从的资本家强权。一旦进入生产领域，"原来的货币所有者成了资本家，昂首前行。劳动力所有者成了他的工人。尾随其后，一个笑容满面，雄心勃勃；一个战战兢兢，畏缩不前，像在市场上出卖了自己的皮一样。只有一个前途——让人家来揉"。③ 在生产场所不能缺少资本家的命令，就像在战场上不能缺少将军的命令一样。④

---

① 马克思. 资本论：第 1 卷 [M]. 北京：人民出版社，2018：260.
② 马克思. 资本论：第 1 卷 [M]. 北京：人民出版社，2018：261.
③ 马克思. 资本论：第 1 卷 [M]. 北京：人民出版社，2018：19.
④ 马克思. 资本论：第 1 卷 [M]. 北京：人民出版社，2018：367.

在马克思主义企业理论中，资本主义企业下的效率具有两面性。一方面，资本指挥和强制劳动是资本主义企业内部有效分工协作和集中生产的前提，是企业效率的保障。"一切规模较大的直接社会劳动或共同劳动，都或多或少地需要指挥，以协调个人的活动，并执行生产总体的运动——不同于这一点总体的独立器官的运动——所产生的各种职能。"① 与此同时，资本家利用权力实现利润必然伴随着企业相对效率的实现和社会生产力的发展。"作为价值增值的狂热追求者，他（资本家）狂热地追求价值的增殖，肆无忌惮地迫使人类去为生产而生产，从而去发展社会生产力，去创造生产的物质条件；而只有这样的条件，才能为一个更高级的、以每个人的全面而自由的发展为基本原则的社会形式创造现实基础。"② 另一方面，资本主义企业中的资本指挥和强制劳动会造成效率损失。资本家运用权力可以占有工人的剩余价值的同时，工人没有获得自己创造的剩余价值。于是，作为"活劳动"的工人可以抑制自身的努力水平，进而降低企业效率。这一企业效率损失问题往往还伴随着大量的冲突和抗争等非生产性的浪费，造成了大量的社会问题。

3.9 激进政治经济学企业理论中权力下的效率观的述评

马克思对资本主义企业的劳动过程的分析第一次建立在真正的科学研究的基础上，并提供了所有主要的概念和研究工具。③ 不过，在《资本论》第 1 卷出版后的 100 多年间，资本主义企业的劳动过程并没有受到其追随者的重视，既没有受到调整，也没有得到发展。在此期间，没有出现

---

① 马克思. 资本论：第 1 卷 ［M］. 北京：人民出版社，2018：367.
② 马克思恩格斯全集：第 23 卷 ［M］. 北京：人民出版社，2001：649.
③ Braverman H. *Labour and Monopoly Capital：the Degradation of Work in the Twentieth Century* ［M］. London：Monthly Review Press，1974：Ⅸ.

按照马克思主义传统和方法论来论述资本主义劳动过程的后续著作。^① 不过，1974 年后，众多激进政治经济学家按照马克思的传统和方法对资本主义企业的劳动过程，尤其是许多新现象作出了新解释，形成了激进政治经济学派。

3.9.1　激进政治经济学企业理论中权力下的效率观的简述

不同的激进政治经济学家对于资本主义企业的研究各有侧重。下面着重介绍布雷弗曼、弗莱德曼、埃德沃兹和布洛维的观点，并简要阐述其他研究者的研究。

1974 年，布雷弗曼出版了《劳动与垄断资本》一书。在该书中，作者通过分析资本主义企业中两种管理控制手段来研究权力的具体表现形式：（1）劳动分工，即将劳动过程细化为许多由不同工人完成的工序，并且确保每一个工序尽可能地脱离专门知识和专业训练，即让所有劳动都尽可能地变为简单劳动；（2）采取泰罗制的科学管理方法，即由资本家负责所有的管理和控制，再利用"概念和执行的分离"，使得工人技艺的作用降低、自主控制权被剥夺、只在劳动过程中起到"杠杆和嵌齿"的作用，即"在完成科学管理后，工人就不再是一个手艺人，而只是管理者手中的一个活工具"。^② 可见，在布雷弗曼看来，强制权力是资本家唯一听得懂的"语言"，也是资本家利益最大化的理性选择。

1977 年，弗莱德曼出版了《工业与劳动》一书。在该书中，弗莱德曼认为采取"概念和执行分离"的泰罗制的科学管理并非资本家最好的策略，并根据英国近 200 年来管理策略（更确切地说是控制策略）的变化，提出了最佳的管理策略是根据不同类型的工人选择不同策略。弗莱德曼认

① Braverman H. *Labor and Monopoly Capital*：*The Degradation of Work in the Twentieth Century* [M]. New York：Monthly Review Press，1974：9.
② Braverman H. *Labor and Monopoly Capital*：*The Degradation of Work in the Twentieth Century* [M]. New York：Monthly Review Press，1974：Chapter 3－4，135－136.

为，资本主义企业管理策略由两个大方向，即给予核心工人灵活性的责任自治和对于边缘工人的直接控制。同时，弗莱德曼研究认为核心工人和边缘工人的划分是动态的，除了与技术这一指标正相关外，还受到市场条件和工人抗争等因素的影响。① 可见，在弗莱德曼看来，资本主义企业并非只有强制性的权力运用，对部分工人（尤其是核心工人）的适当授权和利益分享可能更符合资本家的利益。②

1979 年，埃德沃兹出版了《充满斗争的领域》一书。在该书中，埃德沃兹分析了美国企业内资本家的权力运用手段，即控制系统是如何转型的。埃德沃兹通过分析美国 IBM、AT&T、GE、宝丽莱和福特汽车等大型企业的资料后指出，随着竞争资本主义向垄断资本主义过渡，企业的控制方式由资本家亲自控制和等级控制等简单控制方式向技术控制和官僚控制等结构控制转变。不过，在埃德沃兹看来，资本主义企业控制形式转变，却没有改变其基于强制性权力的本质特征。③

1979 年，布洛维出版了《制造认同：垄断资本主义下的劳动过程的变迁》一书。布洛维认为，在资本主义劳动过程中，将工人的劳动力转化为有效的、实际的劳动过程，不仅需要强制，还应该考虑另外工人自发的认同（consent）一个重要的因素。布洛维分析了垄断资本主义劳动过程中推行"赶工游戏"的计件工资制、建立企业内部劳动力市场、建立内部工厂体制（主要包括集体谈判制度和建立申诉机构）三种"制造认同"的机制。④ 同时，资本主义企业内部权力除了单项的工人服从资本家外，还有双向的关系，即工人和资本家的相互认同，尽管这种相互认同在很大程度上是资本家"制造"的认同。当然，有学者指出，尽管资本主义企业内

---

① Friedman, Andrew L. *Industry and Labour*: *Class Struggle at Work and Monopoly Capitalism* [M]. London and Basingstoke: The Macmillan Press, 1977: 78 – 179.

② 马克思实际上也认为，资本主义企业中存在两类工人，并以技术为主要指标区别了二者的关系。机器的运用"当然，在这种情况下会造就一小批具有较高熟练程度的工人，但是，他们的人数决不能同'被剥夺了'知识的大量工人相比。"

③ R. Edwards. *Conflict at Work*: *A Materialist Analysis of Workplace Relations* [M]. Oxford: Blackwd Ltd. 1979: 30 – 155.

④ Buraowy M. *Manufacturing Consent*: *Changes in the Labor Process under Monopoly Capitalism* [M]. Chicago: The University of Chicago Press, 1979, Chapter 5.

"制造认同"普遍存在，但是不排除其中一些"制造认同"可能是一种防御性抗争的外在表象。①

　　除了上述四位研究者外，其他激进政治经济学家（鲍尔斯，2006；Pagano，1991；1992；普特曼，2000；Palermo，2000）也进行了大量的研究。例如，鲍尔斯和金迪斯（2008）在竞争框架下研究了资本主义产权制度给予资本家以短缺方权力（有交易意愿数量较少一方所具有的权力）。Dow（2003）研究了劳动管理型企业（LMF）进行了理论分析，并认为劳动管理型企业在某些情况下比资本雇佣劳动的方式更具有效率优势。

3.9.2　激进政治经济学企业理论中权力下的效率观的评论

　　作为马克思主义企业理论的追随者，激进经济学对于资本主义企业的研究在很大程度上沿用了马克思主义传统和方法论，具有与马克思主义企业理论关于权力下的效率观中类似的观点。具体而言，激进政治经济学企业理论对资本主义企业有着共同的特征：（1）资本主义企业的典型特征是不对称权力，即资本指挥和强制劳动；（2）权力以及建立在其基础之上的科层体系目的在于尽量不给予工人剩余价值的情况下而占有工人的劳动，是一种剥削工人的手段；（3）权力的目的是资本家追求尽可能多的剩余价值；（4）权力的存在和演化最主要的动力在于剥削和资本家"寻租"，而非效率或竞争；（5）工人是"活劳动"，在很大程度上可以决定企业效率，等等。同时，激进政治经济学家还分析了资本主义企业内部权力运用的具体形式，如深化分工、泰勒制的科学管理、技术控制和官僚控制等。

　　不过，不少激进政治经济学家也认识到：（1）强制性权力并非企业内部权力的唯一存在形式；（2）强制性权力的运用也并非资本家获得利益最大化的现实选择，资本家需要与核心员工分享部分利益；（3）企业中不仅

---

　　① Knights D．，Collison D. Redesigning work on the shopfloor：A question of control or consent？[A]. In：Knights D．，Willmott H．，Collison D.（eds.）. *Job Redesign：Critical Perspectives on the Labour Process* [C]. England：Gower，1985.

需要单项的工人服从资本家的权力关系，还需要工人和资本家相互认同，尽管很大程度上是资本家"制造"的认同。也就是说，激进经济学家在坚持资本指挥和强制劳动的同时，在一定程度上认同新制度经济学企业理论中关于企业非强制性权力下实现效率的观点。

 3.10　比较不同企业理论中权力下的效率观

前文分析了新古典经济学企业理论、新制度经济学企业理论、新奥地利学派企业理论马克思主义企业理论中很大差别的、关于权力和效率的观点。具体比较如下。同时，由于激进经济学中的不同经济学家有着不同的观点，故不列入比较之中。

3.10.1　企业是否有权力

新古典经济学认为企业和市场二者并无不同，都只是实现效率最大化的一个工具。在理性经济人、完全信息和完全竞争市场等的前提下，新古典经济学中的任何契约都是完备的，经济关系的本质是纯粹、自发、自愿、互利的交换关系，不存在一方拥有超越另一方的权力，人与人之间呈现出一种相对或是绝对的平等关系，价值交换与商品交换是一致的。"在一个竞争的社会中，无人能够拥有权力。在许多所有者之间，只要财产是分开的，没有任何一个行动的人有独享的权力去决定特定人群的收入和地位——除非和其他人相比这个人可以提供较好的条件，否则没有任何人受制于他"（哈耶克语）。① "要知道在一个完全竞争的市场，谁雇佣谁没有

---

① 戴维·杨. 权力在经济学理论中的含义与作用［A］//制度与演化经济学现代文选：关键性概念［C］. 北京：高等教育出版社，2005.

任何关系，劳动雇佣资本也可以"。①

与新古典经济学观点相反，新制度经济学企业理论都认为企业与市场的本质区别在于权力。科斯的企业理论认为，在企业内，"企业家—协调者"以权力机制（权威和命令）替代市场价格机制配置资源，实现了交易费用的节约。尽管新制度经济学企业理论中的团队生产理论不认为企业内存在权力，但是威廉姆森指出，团队生产理论中作为集中契约的企业在某些情况下优于作为非集中契约的市场的根源在于企业存在权力。也就是说，团队生产理论研究的企业中已经有权力了。交易费用理论指出，在资产专用性、有限理性和不确定性的假设下，资产专用性程度和交易频率较高的情况下，资产专用性投资者拥有剩余索取权可以避免机会主义行为。GHM 理论认为，在不完全契约的前提下，资产专用性投资者可以通过购买获得剩余控制权以避免机会主义行为。

新奥地利学派企业理论认为，在非均衡的市场中，存在着诸多不确定性、默会知识和分散知识等问题，即便交易费用为零，也必然会存在企业。② 同时，企业之所以存在的关键在于企业家的判断，它是企业家的判断可以克服纯粹的无知导致的彻底不确定性和调整战略框架，企业家的判断既是企业内部权力的来源，又是企业存在和获利的基础。

马克思主义企业理论认为，市场和企业不同，市场的特性是竞争，而资本主义企业的特性是资本指挥和强制劳动。市场与"独立的商品生产者互相对立，他们不承认任何别的权威，只承认竞争的权威，只承认他们相互利益的压力加在他们身上的强制"；而企业则是"以资本家对人的绝对权威为前提，人只是资本家所占有的总机构的部分"，"工场手工业分工的前提是资本家对于他所拥有的总机构的各个肢体的人们拥有绝对的权威"。③

---

① Samuelson P. Wages and Interest: A Modern Dissection of Marxian Economic Models [J]. *American Economic Review*, 1957 (47): 884 – 921.

② Frederic Sautet. *An Entrepreneurial Theory of the Firm* [M]. London: Routledge, 2000.

③ 马克思. 资本论: 第 1 卷 [M]. 北京: 人民出版社, 2018: 394.

3.10.2 企业内部权力的差异

新古典经济学没有权力，而新制度经济学企业理论、新奥地利学派企业理论和马克思主义企业理论都认为企业内存在权力，不过它们之间有本质性的区别。具体论述如下：

1. 企业内部权力的来源不同

新制度经济学企业理论的权力来源是专用资产的潜在价值，其对权力分析侧重于参与者行动可能产生的实际效力。新奥地利学派企业理论将企业家的判断作为企业内部权力的来源。这一权力的基础在于企业家的判断最终能够把握商机并且实现盈利，也侧重于参与者行动可能产生的实际效力。

马克思主义企业理论的权力来源是资本家和工人之间极其悬殊的讨价还价能力，而普通工人却因考虑到退出成本的原因而缺乏退出契约的动机和能力。资本家投入了代表社会生产力的物质资本并拥有自由退出的权力，而单个工人成为"被剥夺了知识"的局部工人，并且由于除了出卖劳动力一无所有和大量产业后备军的存在而几乎没有退出的可能性。

2. 行使企业内部权力的目的不同

新制度经济学企业理论的权力目的在于实现资产专用性的潜在价值。只有基于这一权力的目的，理性的资产专用性投资者才会进行投资。否则，他将不会进行投资，至少拒绝再投资。新奥地利学派企业理论的权力目的在于企业家实现盈利。在企业家的企业中，企业家发现商机、创立并主导企业，以构建克服知识交流和共享的环境协调参与者，进而实现盈利的目的。

与之不同，马克思主义企业理论中的权力目的是资本家追求尽可能多的剩余价值，而非获得实施强权本身的满足感。于是，一方面，资本指挥和强制劳动具有相对效率性,"资本主义对积累的冲动、变革的倾向和内在的扩张趋势,带来广泛的创新与生产力的进步,并将它与其他经济制度区分开来"。① 另一方面,资本指挥和强制劳动具有非效率性。工人是"活劳动",在很大程度上可以决定企业效率。在剩余价值被占有时,普通工人可以降低自身的努力程度,导致效率损失。

3.10.3　不同的效率观

新古典经济学企业理论是没有权力的企业自发实现效率。作为瓦尔拉斯均衡的企业内部各个生产要素都具有完全信息,以至于没有任何生产要素所有者掌握权力。某一企业参与者必须按照另一企业参与者的实际市场价值支付给对方报酬,商品生产过程可以忽略不计,只有商品等价交换的过程。同时,所有的生产要素市场都是出清的,不存在任何资本投入的减损问题。于是,新古典经济学中企业内的各个主体抽象为相互独立的、没有利益冲突的"质点",自发实现企业效率(见表 3 - 1)。

表 3 - 1　　　　　　　不同企业理论中权力下的效率观比较

题项	新古典经济学的企业理论	新制度经济学的企业理论	新奥地利学派的企业理论	马克思主义企业理论
有无权力	无	有	有	有
权力主体	无	资产专用性投资者	企业家	资本家
权力来源	无	专有性资产的潜在价值	企业家的判断	劳资之间极其悬殊的讨价还价能力
权力来源的侧重点	无	行动可能的实际效力	行动可能的实际效力	行动可能的实际效力 行动可能的不确定性

---

① 张衔,庄志晖. 当代西方主流经济学批评:一个理论述评 [J]. 当代经济研究,2017 (4).

题项	新古典经济学的企业理论	新制度经济学的企业理论	新奥地利学派的企业理论	马克思主义企业理论
权力目的	无	实现资产专用性价值	实现盈利	资本家收益最大化
效率实现方式	自发实现	事前产权结构设计事后相机治理	通过创新实现	资本家剥削工人
效率损失	无	无	无	有

新制度经济学企业理论认为可以通过事前的产权结构设计和事后的相机治理，使得资产专用性的投资者获得相应的剩余控制权和剩余索取权，进而实现资产专用性的潜在价值，也就解决了企业效率损失的问题。换句话说，如果企业事前激励（GHM 理论）和事后激励（交易费用理论等）无法实现资产专用性的潜在价值，那么理性的资产专有性投资者不会进行投资，至少拒绝追加专有性资产投资。新奥地利学派企业理论中彻底的不确定性、默会知识和分散知识是其基础假设。企业家发现商机，创立、主导和运作企业，唯一可行的就是形成知识共享和分享的组织体系，进而可以实现盈利（针对企业家）和企业效率（针对所有企业参与者）。

与上述理论不同，马克思主义企业理论认为资本指挥和强制劳动下的资本家追求尽可能多的剩余价值，具有非效率性的一面。资本家和工人在讨价还价能力上具有过于巨大的悬殊，以至于资本家剥削工人使其唯一符合理性的必然选择，而工人则只能接受这一结果。与之对应的是，作为"活劳动"的工人在剩余价值被占有时，降低自身的努力程度，进而产生企业效率损失。

3.11 小 结

在西方经济学体系中，主流的企业理论都在各自的体系下强调企业能够实现效率最大化。新古典经济学企业理论和新制度经济学企业理论、新奥地利学派企业理论的最主要区别在于是否承认企业作为权力机制替代市场价格机制实现交易费用的节约。新制度经济学企业理论和新奥地利学派企业理论的主要区别在于前者认可与风险相关的不确定性，主要在于解释一般劳务性质的企业；而后者则认为存在彻底的不确定性，主要在于解释具有创新精神的企业家的企业。当然，尽管早期制度经济学阐述了权力、交易和效率，却过于强调主观、精神层面，而非经济层面，限制了其解释力。

与主流的西方企业理论不同，马克思主义企业理论认为，资本家与工人之间存在着过于悬殊的讨价还价能力，导致资本家剥削工人、工人降低自身的努力程度成为双方必然的、理性的选择。激进经济学对于资本主义企业的研究在很大程度上沿用了马克思主义传统和方法论，认可资本指挥和强制劳动和资本家剥削工人。不过，不少激进经济学家认为，劳资关系并非绝对对立，居于主导地位的资本家需要以"制造认同"和分享部分生产剩余的方式，实现自身利益最大化。

第 4 章

基于权力的企业契约分析

在综述不同经济学派对于企业内部权力和效率观的基础上，本章着重探究新制度经济学和马克思主义经济学基于权力的企业契约分析。在此基础上，本章从两阶段讨价还价过程的角度探究基于权力的企业契约。这一企业契约分析可以较好地解释企业演进的各个形态，也很好地吻合企业所有权和所有权分离的趋势。

◼ 4.1 新制度经济学基于权力的企业契约分析

新制度经济学探究企业契约的整个过程分为事后交易费用和事前交易费用两类。关于事前交易费用的企业契约又可以分为交易费用理论的企业契约和 GHM 理论的企业契约。于是，上述新制度经济学企业理论"泾渭分明"地考察了企业契约的后半段和前半段，并没有将二者融合起来，以便全面地考察企业契约缔结前后的交易费用。

4.1.1 事后交易费用契约和剩余索取权

自从科斯提出极具洞察力的"权威和命令替代市场机制"的观点以

来，交易费用作为一个解释变量在对企业研究中占据着重要的位置。在此基础上，阿尔钦和德姆赛茨提出了团队生产理论。在该理论中，企业的权威和命令机制与市场上的价格机制并没有本质性的区别。企业能否替代市场取决于其对生产成本的节约和组织费用的总和是否高于市场组织成本。如果作为"团队生产"的企业能够比价格机制更经济，就必须解决好团队生产中的监督和计量这一关键性问题，也就是将企业视为事后交易费用契约。

如图 4 - 1 所示，在 t_0 时，企业参与者签订契约。在 t_1 时，由中心契约人监督其他生产要素投入者进行努力生产。在 t_2 时，根据团队成员的贡献进行计量分配。在这一过程中，如何监督生产和对生产要素的贡献进行定价和计量这一关键性问题产生了交易费用。于是，团队生产的效率取决于向团队成员支付的报酬在多大程度上与其生产率相一致。为了减少或避免因难以准确计量个人贡献而导致团队成员的偷懒问题，既需要有专门的监督者。同时，为了避免监督者缺乏监督的积极性，而赋予其剩余索取权。剩余索取权成了标识事后交易费用契约的一个不二之选。在团队生产中，监督者以计量个人投入对团队产出的边际生产率贡献的方式对成员投入品使用进行监督。[①] 同时，在事后交易费用契约中，企业内部权力结构是包含成立包含剩余索取权的企业和出售企业剩余索取权等在内的一个权力束。

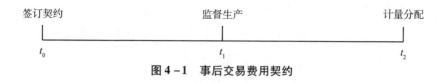

图 4 - 1　事后交易费用契约

团队生产理论强调了企业内"中心签约人"的监督的作用，多被用作解释古典企业，却难以解释其他类型的企业。不过，在古典企业中，"资

---

① 哈罗德·德姆赛茨. 所有权、控制与企业 [M]. 北京：经济科学出版社，1999：154.

本雇佣劳动"这一普遍存在的形式却不是主要因为物质资本所有者监督作用，而是物质资本所有者的物质资本投资。在现实的企业中，"不仅仅是权益性资本投资者以股权的形式获得了剩余索取权，企业的内部成员，如高级经理和核心员工同样分享了企业剩余，尽管这常常是作为一种激励措施的形式出现的"。因此，用剩余索取权这样一个概念来标识企业内部权力，断言"剩余索取者应该控制企业"，或者"企业归剩余索取者所有"是不妥当的。① 同时，团队生产理论研究重点从市场交易成本转移到企业事后交易费用以及相应的企业剩余索取权，却忽略了企业参与者之间组成企业这一组织之前的讨价还价过程和随之产生的事前交易费用。

4.1.2 事前交易费用契约和剩余控制权

由于团队生产理论在分析企业契约时忽略了对事前交易费用的关注，使得该理论中的"剩余索取权可能不是一个非常健全或者重要的理论概念"。② 使其交易费用契约由威廉姆森和克莱因等交易费用理论代表人物作了开拓性研究后，又在格鲁斯曼和哈特、哈特和摩尔等 GHM 理论代表人物进一步发展。

交易费用理论认为，由于交易性质的三个维度（资产专用性、不确定性和交易频率）的不同，应该采用市场、企业、混合组织等不同的治理结构，使得生产成本和交易成本最小，如表 4-1 所示。同时，随着交易具有更多的资产专用性特征，市场交易的价格机制的激励机制将逐渐减弱。当物质资本投资者或人力资本投资者的资产更多地用于某一种用途而在某种程度上被"套牢"时，它们将更容易受到机会主义行为的伤害，需要通过纵向一体化这一企业契约的形式才能提供足够的保护。正是在交易性质这三个纬度的逐渐变化之中，完成了从市场交易治理到企业治理的"根本

---

① 杨其静. 企业家的企业理论［M］. 北京：中国人民大学出版社，2005：208.
② Hart O. Firm, *Contracts Financial Structure*［M］. Oxford University Press，1995，Ch3.

性转变"（fundamental change）。当然，在这市场交易治理和企业治理之间存在着诸多混合组织形式。"正是由于这两类交易具有非标准的性质，才会出现那种根本性的变化，交易关系的连续性也就因此变得有价值，而交易的重复性实际上就为补偿专用治理结构的成本提供了条件。"①

表 4–1　　　　　　　　不同交易维度下的六种典型的交易契约类型

不确定性	资产专用性		
	双方都低	双方都高	一方高，另一方低
低	现货合同	长期合同	纵向一体化
高	阶段性合同（交易频率低）纵向一体化（交易频率高）	纵向一体化	纵向一体化

GHM 理论的核心思想可以简单地表述为，在参与者进行专用性投资时，机会主义行为会损害参与者之间的契约关系。这时，由于没有完全契约来明确地划分生产剩余的分配，这时企业这一组织形式就出现了，如图 4–2 所示。在 t_0 时，由于在签订契约之前的资产专用性投资直接影响了企业效率，资产专用性投资的扭曲产生了事前交易费用，事前的讨价还价过程在于根据资产专用性程度决定企业契约中的剩余控制权的归属。在 t_1 时，企业参与者签订契约，并将剩余控制权交由投资相对重要或不可或缺的一方。在 t_2 时，根据企业参与者的剩余控制权结构决定了企业生产剩余的分配情况。由于企业契约是不完全契约，事后重议合约就必然会发生。这时，事前的剩余控制权结构就会对双方事后议价地位产生影响，进而对企业效率产生影响。一种产权结构是否有效率的关键在于它在多大程度上能够给人们提供将外部性内在化的激励。于是，企业契约的核心所在就是剩余控制权。拥有剩余控制权的一方增强了在事后分享生产剩余的讨价还价能力，因而会激励他增加资产专用性投资，但另一方的资产专用性

---

① Williamson O. E. *The Economic Institutions of Capitalism* [M]. New York：Free Press，1985：75.

投资激励会降低。在不同情况下，成本和收益的对比结果是实现最有效率的产权分配的关键。哈特等指出"剩余控制权就是资产所有者可以按任何不与先前的契约、惯例或法律相违背的方式决定资产所有用法的权力"。①同时，早期的 GHM 理论认为，由于物质资本更容易受到"敲竹杠"的机会主义威胁，如果物质资本投资者不掌握剩余控制权，就会缺乏专用性投资的激励。

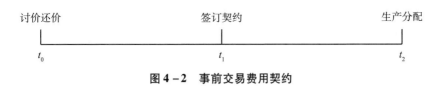

图 4 - 2　事前交易费用契约

4.2　马克思主义企业理论基于权力的企业契约分析

马克思研究了资本主义工场手工业到机器大工业以及股份公司的发展历程，从所有权角度分析了资本家雇佣工人在表面平等的契约关系下包含了资本主义的不平等的占有关系。同时，马克思敏锐地考察了股份公司所有权分离，并指出这是"资本所有权的潜在的扬弃"。

4.2.1　所有权和所有制

马克思主义企业理论对所有权和所有制的分析使其重要内容。在马克思主义企业理论中，所有制范畴有两重含义：一个是经济关系层面，即在一定生产方式下的生产、分配、交换和消费活动表现出来的，体现了经济

---

① Grossman S. J. and Hart O. D. The Costs and Benefits of Ownership：A Theory of Vertical and Lateral Integration ［J］. *Journal of Political Economy*，1985：691 - 719.

主体对客观生产条件的占有关系；另一个是法律关系层面，即法律上的所有权适应一定生产方式下的经济上的占有关系，体现的是一种意志关系和法权关系。占有关系是一种客观存在，只有法律上承认了实际占有，才能使其具有实质意义的私有财产。所有权是所有制的法律形式，即所有者所具有的排他性的权利只能是所有者上的独占或垄断在法律上的表现。所有制的两个范畴之间具有内在的相互联系。一方面，所有制的内容和性质决定了所有权的内容和性质。所有制关系的变动必然会作用到作为上层建筑的法律制度中，使得所有权的法律制度和所有权关系相适应。另一方面，所有权制度又反作用于所有制关系，前者的变化为后者的变化创造一定的条件。

作为意志关系和法权关系的所有权，其内容必然由这种经济关系本身决定。在流通领域或商品交换领域，劳动力的买和卖只是取决于劳动者本身的自由意志，似乎是"天赋人权的真正乐园"，同时劳动力的买卖双方都只支配自己的东西，是以"自由的、在法律上平等"的人和等价交换为前提缔结契约的，这当中"使他们连在一起并发生关系的唯一力量，是他们的利己性，是他们的特殊利益，是他们的私人利益"。[①] 不过，"这种契约形式的法的关系，是一种反映着经济关系的意志关系"。[②] 在资本主义占有关系下，表面平等的契约关系实际上包含着资本主义不平等的占有关系，本质上是资产阶级生产关系的体现。一方面，资本主义在法律上规定了物质资本所有者的实际占有，从而使其取得了私有财产的合法地位；另一方面，又通过劳动力买卖这一具有契约形式的法权关系，使得物质资本所有者获得了占有劳动者剩余价值的权力。

4.2.2　所有权的职能分离

在马克思主义企业理论中，所有权是确定物的最终归属，是同一物在

---

① 马克思. 资本论：第 1 卷 [M]. 北京：人民出版社，2018：18.
② 马克思. 资本论：第 1 卷 [M]. 北京：人民出版社，2018：204.

不依赖于其他权利而独立存在的财产权利，是表明主体对确定物的垄断或独占的财产权利。所有权并不是单一权利，而是一组权利的结合体。所有权高度概括和赋予了所有者能够实际享有的占有权、使用权、收益权和处分权等权能。在自然经济条件下，占有权、使用权、收益权和处分权等集中于同一主体。在资本主义社会以前，由于商品经济发展水平的限制，所有权的各项权能的分离程度比较低，只有所有者和所有权的诸项权能的个别分离。如在封建社会，直接生产的不是所有者，而只是占有者，并且他的全部剩余价值依照法律都属于土地所有者。随着自然经济向商品经济过渡，所有权的各项权能在更大的程度上发生了分离。这种分离主要表现为如下两种类型。

第一种类型是因借贷物质资本所有者和职能物质资本所有者的分离表现出来的资本的法律所有权与经济所有权的分离。马克思将这两权的分离概括为"资本的法律上的所有权同它的经济上的所有权分离"。马克思认为，借贷物质资本所有者和职能物质资本所有者"实际上是伙伴，一个是法律上的资本所有者，另一个，当他使用资本的时候，是经济上的资本所有者"。① 利息与企业主收入分别是法律上的所有权、经济上所有权的实现形式，职能物质资本所有者只要按期付息，就对借入资本获得了排他性的占有、使用、收益和处分等各项权能。这种分离在股份公司中，就表现为股东与公司法人的分权关系。

第二种类型表现为资本职能与管理和监督职能的分离。在考察企业主收入时，马克思指出，"资本主义生产本身已经使那种完全同资本所有权分离的指挥劳动比比皆是。因此，这种指挥劳动就无须物质资本所有者亲自进行了"。可见，这里的所有权诸项权能的分离实际上是"管理劳动作为一种职能""同自有资本或借入资本的所有权相分离"。如果职能物质资本所有者同时又是资本所有者，那他就同时享有资本利息和企业主收入

---

① 马克思，恩格斯. 马克思恩格斯全集：第 26 卷第 3 册 [M]. 北京：人民出版社，1974：511，565.

这两份收益，而"商业经理和产业经理的管理工资，在工人的合作工厂和资本主义的股份企业中，都是完全同企业主收入分开的"。①"在股份公司内，职能已经同资本所有权相分离"，以至于"实际执行职能的物质资本所有者转化为单纯的经理，别人的资本的管理人，而资本所有者则转化为单纯的所有者，单纯的货币物质资本所有者"。在股份公司中，管理权与资本所有权发生了分离。"这个资本所有权这样一来现在就同现实再生产过程中的职能完全分离，正像这种职能在经理身上同资本所有权完全分离一样"，"经理的薪金只是或者应该只是某种熟练劳动的工资"。这实际上是私人资本采取了社会化的形式，是对"资本所有权的潜在的扬弃"。②

4.3 两阶段讨价还价过程的企业契约分析

企业契约应该包含两阶段讨价还价过程。从两阶段讨价还价能力的企业契约分析不仅统筹考虑了企业契约缔结过程前后都存在的交易费用问题，而且可以较为全面地反映出企业演进过程中所有权及其分离的趋势，以及企业类型的演变。

4.3.1 简要论述

现实中的企业似乎不是单纯的事前交易费用契约，或者事后交易费用契约，而是二者兼而有之。同时，从历史角度看，在生产力水平很低时，所有权的占有权、使用权、收益权和处分权等各项权能集中于其所有者手中。随着生产力水平的提升，所有权的各项权能会逐渐发生分离，并且这种分离的趋势会逐渐增大。因此，需要分析企业参与者两个阶段的讨价还

---

① 马克思. 资本论：第3卷［M］. 北京：人民出版社，2018：434，436.
② 马克思. 资本论：第3卷［M］. 北京：人民出版社，2018：495，499.

价过程。在第一阶段，在一般的企业中，前期的资本投资者，尤其是物质资本所有者凭借其投资的物质资产所有权占据了主导地位，而这时的人力资本所有者大多没有进行相应的资产专用性投资，因而无法获得相应的权力。随着企业的发展，越来越多的参与者，尤其是人力资本所有者加入企业并进行资产专用性投资者。于是，企业参与者之间要进行第二阶段的讨价还价过程。在这一过程中，出现了所有权分离的情况。随之生产力的发展，所有权分离的趋势也就会越来越明显。

考虑到企业演变和不同阶段的发展形态，尤其是现代股份公司和后现代企业。可以认为企业契约的讨价还价过程更接近于图 4 – 3 所示的情况。在 t_0 时，企业参与者现有的资产专用性程度和资产专有性程度进行讨价还价。这一阶段主要有两种类型：一是创业（或创新）企业中以企业家为主导构建的企业类型，企业家（个人或团队）这一人力资本所有者是企业内部权力的核心；二是一般企业中以物质资本所有者为主导构建的企业类型，物质资本所有者是企业内部权力的核心。在 t_1 时，企业参与者根据现有的资产专用性和资产专有性程度签订契约，企业随之产生。在 t_2 时，随着管理者、技术专家和新员工逐渐加入，企业参与者根据新的资产专用性程度和资产专有性程度进行讨价还价。在 t_3 时，企业参与者进行生产分配。从 t_0 到 t_1 的企业契约的类型是事前交易费用契约，解决的是剩余分配问题，从 t_1 到 t_3 的企业契约的类型是事后交易费用契约，解决的是剩余分配和剩余创造问题。

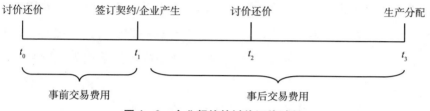

图 4 – 3　企业契约的讨价还价过程

在企业契约中，t_0 阶段的讨价还价和 t_2 阶段的讨价还价具有明显的差别。第一，在 t_0 阶段的讨价还价中，某一类型的主体往往占有绝对主导地位，如创业（或创新）企业中的企业家，或一般企业中的物质资本所有者；而在 t_2 阶段的讨价还价中，多种类型的主体共同参与企业讨价还价，尽管彼此之间存在权力差异，却往往没有处于绝对主导地位的参与者。第二，在 t_0 阶段的讨价还价中，由于存在主导地位的参与者，往往个人行为和个人魅力具有较强的体现；而在 t_2 阶段的讨价还价中则更多地体现为以市场为参照和指导。第三，在 t_2 阶段的讨价还价中，随着参与者类型的增加，原有参与者的地位也动态变化，t_0 阶段的讨价还价结果则需要随之发生改变。第四，t_0 阶段的讨价还价结果是一个剩余分配的问题，而在 t_2 阶段的讨价还价结果不仅关系到剩余分配和剩余创造，并影响着下一个阶段的生产效率。

4.3.2　两阶段讨价还价过程的企业契约分析的意义

从两阶段讨价还价的企业契约分析可以更加清晰和明了地理解企业，尤其是企业演化过程和不同的企业类型。

一是可以更好地理解所有权和"资本雇佣劳动"。资本雇佣劳动最为根本的原因在于物质资本所有者拥有物质资本所有权，而非其作为企业的监督者。在两阶段讨价还价的企业契约中，在一般企业的第一阶段的讨价还价过程中，作为前期投资者的物质资本所有者进行了资产专用性投资。而在此时，绝大多数人力资本所有者并没有进行资产专用性投资。于是，物质资本所有者理所应当地占有这一阶段的企业控制权，并最直接的外在表现为"资本雇佣劳动"。新制度经济学代表人物哈特对物质资本所有者在这一阶段拥有绝对剩余控制权进行了精辟的解释。哈特认为，如果中止合作关系，雇主可以选择性解雇任何一个雇员并带走全部非人力资产，而独立签约人只能解除全部契约关系，并带走属于他的一部分非人力资产。于是，雇主拥有物质资本作为"粘结物"（glue）

将企业聚拢在一起，否则企业只不过是一种幻影。这意味着一个企业兼并另一个企业，作为兼并方必须拥有物质资本作为"粘结物"，以便粘住工人。同样，马克思指出，在资本主义企业中，资本家进行物质资产投资并且拥有所有权，可以通过劳动力买卖这一契约形式，获得占有劳动者剩余价值的权力。

二是可以更好地分析企业现代股份公司所有权和控制权分离的情况。在现代股份公司中，企业所有权出现了分离。一方面，借贷物质资本所有者和职能物质资本所有者的分离，后者只需要按期付息，就对借入资本获得了排他性的占有、使用、收益和处分等各项权能。于是，尽管作为借贷物质资本所有者的股东是"最终的所有权"拥有者，但是职能物质资本所有者获得了实际的控制权。另一方面，"管理劳动作为一种职能""同自有资本或借入资本的所有权相分离"，是对"资本所有权的潜在的扬弃"。① 于是，管理者获得了实际控制权，使得现代股份公司具有了所有权和控制权分离的特征。

三是可以对后现代企业中技术专家的作用有更深的理解。随着生产力的发展，技术创新成为企业核心竞争力。技术专家逐渐走到企业这一"舞台"的"中央"。同时，在后现代企业中，为了实现资产专用性投资的潜在收益，虽然各个参与者之间在资产专用性投资上存在着质和量的差距，但是他们会尽可能地采取合作的态度以获得技术创新的巨大收益，而非一方占有另一方的生产剩余。这一企业类型在一定程度上体现了马克思预言的"自由人的自由联合"。

四是可以更加清晰地理解新制度经济学和马克思主义经济学对于企业契约分析。新制度经济学要么是强调事后交易费用的团队生产理论，要么是强调事前交易费用的交易费用理论和 GHM 理论。这些理论最大的欠缺在于只突出了企业两阶段讨价还价过程中的某一阶段，并将这一阶段为了应对交易费用而产生的权威或命令机制视为企业的本质。如果

---

① 马克思. 资本论：第 3 卷 ［M］. 北京：人民出版社，2018：495，499.

不能统筹考虑企业两阶段的讨价还价过程，那么就会在逻辑上存在"瑕疵"并和现实存在一定差距。例如，团队生产理论只强调的中心契约人的监管者角色，那么物质资本所有者、技术专家等企业参与者的作用都没有体现出来。交易费用经济学强调事前交易费用，认为可以按照资产专用性程度设计出市场或企业或混合组织等一系列的契约来实现企业治理，而事后交易则全部依赖适应性治理。适应性治理与机会主义行为之间的紧张关系如何化解？既然参与者是机会主义者，那么事后的适应性治理过程应该如何实现？又由谁来实现？GHM 也有类似的问题，既然企业契约是第三方不可证实性的不完全契约，那么他们难以预料到未来或者或然性事件并将其列入契约之中。与之不同，马克思主义企业理论既强调了资本主义企业中资本家的所有权，又指出了所有权的各项权能分离的趋势和现代股份公司这一私人资本采取了社会化后"资本所有权的潜在的扬弃"。

正是由于以上种种原因，本书认为企业契约可以分为两阶段讨价还价过程。在接下来的研究中，本书先构建了企业内部权力和效率的博弈模型，确定哪种类型的企业参与者可以获得剩余索取权和剩余控制权，以及可能产生效率的问题。在此基础上，本书构建了"技术—权力结构—效率"的博弈模型。以两阶段讨价还价的企业契约来探究企业演进过程中的不同形态，以及与各种企业类型相对应的企业内部权力和效率问题。

4.4 小　结

从新制度经济学企业理论分析基于权力的企业契约，可以大致将企业契约分为团队生产理论强调剩余索取权的事后交易费用契约，以及交易费用理论和 GHM 理论强调剩余控制权的事前交易费用契约。与之不同，马克思主义企业理论以所有权理论考察了资本主义企业劳资之间平等契约下的不平等的占有关系。同时，随着生产力的发展，所有权的分离的趋势，股份公司所有权分离是"资本所有权的潜在扬弃"。在此基础上，本节认为企业契约应该包含两阶段讨价还价过程。这一分析角度既说明企业缔约过程前后都有交易费用，也可以较为全面地反映出企业演进过程中所有权及其分离的趋势，以及企业类型的演变。这一分析视角为后文的研究作了理论铺垫。

第5章

构建企业内部权力和效率的博弈模型

只有在借鉴西方经济学企业理论中对权力和效率的创见并规避其局限性的基础上，才能构建良好的企业内部权力和效率的博弈模型，这也是基于权力视角探究企业效率的理论基础。因此，本章将在借鉴现代企业理论的基础上，构建企业内部权力和效率的博弈模型，进而基于权力的视角分析企业效率。

5.1 关于模型的若干说明

5.1.1 利润的由来及其问题

现代经济学创始人亚当·斯密较早地从分工和专业化的角度论述了企业的特征。他指出，企业内部的分工通过单个工人熟练程度的提高、节省转换工种过程中的时间损失和大量节约劳动力的机器发明的便利三种途径提高了生产效率。"劳动生产力最大的增进，以及运用劳动时所表现出来的更大的熟练、技巧和判断力，似乎都是劳动分工的结果。"① 在此基础上，马歇尔将企业分工和专业化的好处归纳为规模经济和范围经济。其中，规模经济是指企业随着生产规模的扩大可以使用更为高效的技术、工人的专业化程度进一步提供，使得单位产品的生产成本不断下降；范围经济是指因企业活动的聚集，可以减少监督、采购、营销、研发和财务等固定成本的重复投入，降低了产品的生产成本。新古典经济学将由于规模经济和范围经济等因素导致企业产出超过其投入的部分称为利润，并将之视为企业家的报酬。于是，新古典经济学形成了"工人—工资、地主—地租、资本家—利息、企业家—利润"的四分法。

不过，科斯开创的现代企业理论几乎忽视或否认了由于企业中分工和专业化产生利润的说法，认为分工和专业化是市场机制优势的集中体现，而在交易成本为正的现实世界，企业产生是要以权力机制替代市场运用价格机制，达到节约交易成本。同时，企业参与者对生产剩余的贡献不具有可分离性和相加性。克拉克对此有精彩的类比。一个钓鱼者"所钓到的鱼"，无法区分有多少是"由他自己努力得来的"，"有多少是由独木舟和钓鱼用具得来"，甚至"每一条鱼都是协作的产品"，无法"把一条鱼分成几部分，并把各部分归功于各个生产要素"。② 可见，"工人—工资、地主—地租、资本家—利息、企业家—利润"的边际成本概念意义下的四分法，与现实情况不符。

5.1.2 生产剩余的由来

虽然亚当·斯密强调企业内分工，却也提出了隐含生产协作思想的"集合"观点。亚当·斯密将企业看成雇主雇用一些工人，并将其集合在一起，通过劳动分工进行集中生产，促进财富的增加。马克思洞察了协作

---

① 亚当·斯密. 国富论 [M]. 北京：华夏出版社，2006.
② 克拉克. 财富的分配 [M]. 北京：华夏出版社，2013：64.

产生企业效率这一企业的性质。马克思认为，若干劳动者共同完成不可分割的操作所发挥的团队力量与这些劳动者力量的机械总和有着本质的差异。"这里的问题不仅是通过协作提高了个人生产力，而且是创造了一种生产力，这种生产力本身必然是集体力。"① 马克思的"协作创造集体力"的认识对后来的经济学家影响深远。

现代企业理论认为，企业交易费用的节约源于协作产生的生产剩余。1972 年，阿尔钦和德姆赛茨的团队生产理论认为，作为一种团队生产的企业，其面临的最大问题就是各个生产要素的贡献难以度量，即生产剩余是合作的结果，这种结果不具有相加性和分离性。② 科斯在晚年也认为，"涉及通过企业存在而产生的收益源泉，我的观点是：它们当然来自交易成本的减少。但是被节省下来的主要交易成本，是由于企业内部生产要素间的相互协作而产生的，否则就会在市场中发生"。③ 最优契约设计理论认为，由于有限理性和机会主义，会导致企业资产专用性投资者被"敲竹杠"而受到减损。资产专用性投资的收益减损的部分，也就是其超过这种投资的次优用途的收益。这种超额部分应该视为生产剩余。最优契约设计理论中生产剩余也应该是集体合作的产物，也具有不可分离性和不可相加性。

5.1.3　生产剩余分配与合作博弈

青木昌彦最先提出了生产剩余分配的博弈观点。青木昌彦（2004）将企业视为股东和员工组成的"联盟"，投入的各种特质性资源共同创造了生产剩余。同时，虽然特质性资源投入者在企业生产剩余分配中存在着利益冲突，但是他们可以利用合作博弈的框架分析企业内部各个参与者之间

---

① 马克思. 资本论：第 1 卷［M］. 北京：人民出版社，2018：362.
② Alchian A. and Demsetz H. Production, Information Costs, and Economic Organization［J］. *American Economic Review*，1972，62（5）：777－795.
③ 科斯. 论生产的制度结构［M］. 上海：上海三联书店，1994：301.

就企业生产剩余分配的讨价还价的过程。① 青木昌彦将这一博弈形式称为合作博弈。

当然，这一合作博弈需要具备一定的前提条件。青木昌彦（2004）认为，企业合作博弈模型需要遵循如下三大原则：一是企业参与者通过合作创造生产剩余要优于市场或与其他企业参与者合作；二是企业合作博弈是一个严格弱优策略均衡，即为了增进自身利益的目的，企业参与者才进行交流和协调，并占有一定比例的生产剩余；三是合作博弈只有一个解，即可以产生一个合理的、唯一的组织均衡。② 因此，本章构建企业治理的基础理论属于动态博弈模型，也必然要遵循上述前提。

5.2 构建企业内部权力和效率的博弈模型及分析

5.2.1 企业内部权力和效率的博弈模型的简介

由前文权力来源和权力测度分析可知，企业内部权力有参与者在行动中可能生产的实际效力和参与者行为的不确定性两个来源，而二者的测度的经济学指标分别是其资产专用性程度和资产专有性程度。因此，可以通过对二者的统筹界定，考察企业讨价还价能力。假设企业中有两个参与者 A 和参与者 B，一共创造生产剩余为 π，分别分享生产剩余为 $s\pi$ 和 $(1-s)\pi$，其中 $0 \leq s \leq 1$。当企业契约中断后，企业参与者 B 需要支付包括寻找替代者的成本、培训替代者和替代者不合作的沉没成本，以及替代者由学习过程所需的磨合成本等替代成本 C 才能实现生产剩余 π。C 越大，则

---

①② ［日］青木昌彦. 企业的合作博弈理论［M］. 北京：中国人民大学出版社，2005.

意味着参与者 A 当初投入资源可能产生的实际效力越大，并且其行动不确定性对生产剩余的影响也越大，即参与者 A 讨价还价能力越大。同时，为了方便分析，并将企业参与者的讨价还价能力限定在 [0，1] 之间，由于团队参与者 A 和参与者 B 共同创造生产剩余 π，于是本模型将企业参与者 B 在契约中断后需要支付替代成本 C 与原企业生产剩余 π 作对比，令 $\alpha = C/\pi$。于是，可以得出参与者 A 的讨价还价能力为：

$$t_1 = k\frac{C}{\pi} = k\alpha\,(k > 0) \tag{5.1}$$

同理，企业参与者 A 需要支付替代成本 D 才能实现生产剩余 π。D 越大，则意味着参与者 B 当初投入资源的资产专用性和资产专有性程度越高，即其讨价还价能力越大。参与者 B 的讨价还价能力为：

$$t_2 = 1 - t_1 = 1 - k\frac{C}{\pi} = 1 - k\alpha\,(k > 0) \tag{5.2}$$

由于团队参与者 A 和参与者 B 共同创造生产剩余 π，而花费替代成本 C 或成本 D 可知，替代成本高于企业参与者的生产剩余 π。

即
$$C + D \geq \pi \tag{5.3}$$

同时，将 $\alpha = C/\pi$ 和 $\beta = D/\pi$ 代入式（5.1）可知，

$$\alpha + \beta \geq 1 \tag{5.4}$$

根据纳什均衡，生产剩余分配满足如下条件：

此时，$s = \arg\max\{(s\pi - C)^{t_1}[(1 - s)\pi - D]^{t_2}\}$

其中，$(s\pi - C)^{t_1}[(1 - s)\pi - D]^{t_2}$ 为纳什乘积。

令
$$\log u = t_1\log(s\pi - C) + t_2\log[(1 - s)\pi - D] \tag{5.5}$$

对式（5.5）求导、计算并整理可得：

$$s = t_1 + \frac{t_2 C - t_1 D}{\pi} \tag{5.6}$$

将式（5.3）和式（5.4）代入式（5.6）可得：

$$s = k\frac{C}{\pi} + \frac{\left(1 - k\frac{C}{\pi}\right)k - k\frac{C}{\pi}D}{\pi} \tag{5.7}$$

同时，将 $\alpha = C/\pi$ 和 $\beta = D/\pi$ 代入式（5.7）可知，

$$s = \alpha + k\alpha - k\alpha^2 - k\alpha\beta \tag{5.8}$$

企业参与者 A 的讨价还价能力为 α，对应的生产剩余分配额度为 s；企业参与者 B 的讨价还价能力为 β，对应的生产剩余分配额度为 θ。

如果 $\alpha < \beta$，那么，$\alpha < 0.5$ \qquad\qquad (5.9)

同时，$\theta = 1 - s$，于是 $\theta - s = 1 - 2s$。 \qquad\qquad (5.10)

将式（5.8）代入式（5.10）可知，

$$\theta - s = 1 - 2\alpha - 2k\alpha + 2k\alpha^2 + 2k\alpha\beta =$$

$$1 - 2\alpha - 2k\alpha + 2k\alpha(\alpha + \beta) \geqslant 1 - 2\alpha > 0 \tag{5.11}$$

由式（5.8）和式（5.11）可知，

结论 5.1：当 $0 \leqslant \alpha$，$\beta \leqslant 1$ 时，企业参与者 A 和参与者 B 按照资产专用性程度和资产专有性程度分享生产剩余，并且哪个企业参与者讨价还价能力越高，就可以获得越高的生产剩余份额。

根据拉斯缪斯的《博弈与信息：博弈论概论》一书在"要挟诉讼中的开集"问题的相关阐述可知，在连续策略空间的博弈中，当企业参与者退出或留在企业后果相差无几时，博弈参与者会以概率 1 选择留在企业，而非退出。[①] 如果参与者 B 的资产专用性程度很低，而资产专有性则趋近于 0，那么，企业参与者 A 会将生产剩余分配比例 s 提高至 1，进而占有参与者 B 创造的生产剩余。参与者 B 会选择继续在企业工作。于是，由式（5.2）和式（5.8）可知，

结论 5.2：当 $\alpha \to 1$ 时，$\beta \to 0$，$s \to 1$，即企业参与者 B 的讨价还价能力极低，参与者 A 无须与参与者 B 分享生产剩余，可以独享全部的生产剩余。虽然企业参与者 B 或多或少地进行了专用性投资却几乎没有资产专有性，进而无法分享生产剩余。

结论 5.3：当 $\alpha \to 0$ 时，$\beta \to 1$，$s \to 0$，即企业参与者 A 的讨价还价能力

---

① ［美］拉斯缪斯. 博弈与信息：博弈论概论：第四版 ［M］. 北京：中国人民大学出版社，2009：103 – 104.

极低，参与者 *B* 无需与参与者 *A* 分享生产剩余，可以独享全部的生产剩余。虽然企业参与者 *A* 或多或少地进行了专用性投资却几乎没有资产专有性，进而无法分享生产剩余。

5.2.2　基于企业内部权力和效率的博弈模型的探讨

1. 资本雇佣劳动的原因分析——兼评张维迎的观点

企业参与者的资产专用性和资产专有性程度在很大程度上决定了其在生产剩余中分配的比例。资本雇佣的原因在于认定资方的资产专用性程度和资产专有性程度都接近 1，便可以获得全部生产剩余。这种现象存在于古典企业当中，并非所有企业类型，尤其不能适用于现代股份公司和创新企业。这一观点与张维迎将所有企业都理解成"资本雇佣劳动"的观点不同。下面结合张维迎的"企业的企业家"一书中的"资本雇佣劳动"推论来阐述本书的观点。

张维迎的数学模型将企业界定为联合生产型努力，再将这一努力分为生产活动和经营活动，进而将从事生产活动的界定为生产者，即劳方；从事经营活动的参与者界定为经营者，又假定财富是经营者能力的最重要的"显示器"，于是经营者被界定为资方。该模型假设企业由生产者（*P*）和经营者（*M*）组成一个团队。工作努力程度可以分为直接的工作努力 a_i 和被监督后产生的工作努力 b_i，其中 $i = P, M$。于是，a_i 可以分为基于私利的工作努力 a_i^s 和受到监督而产生的工作努力 a_i^b，并且二者的关系为：

$$a_M^b = ub_P, \quad a_P^b = \rho b_M \qquad (5.12)$$

其中，u 和 ρ 表示监督的有效程度，并且 $\rho > u \geq 0$。

线性的柯布—道格拉斯形式的生产函数可以表示为

$$Y = f(a_M, a_P) = a_M^a a_P^{1-a} \qquad (5.13)$$

由于企业中的经营者重要性大于生产者，故 $a > 0.5$。

经营者收入和生产者收入可以分别表示为

$$y_M = w_M + \beta(Y - w_M - w_P)$$
$$y_P = w_P + (1 - \beta)(Y - w_M - w_P) \tag{5.14}$$

其中，w_M 和 w_P 分别表示经营者和生产者的固定收入，β 表示经营者在生产剩余中占的份额，$0 < \beta < 1$。

经营者和生产者均是风险中性的，效用函数可以表示为

$$U_i(y_i, a_i, b_i) = y_i - 0.5a_i^2 - 0.5^2 b_i \tag{5.15}$$

对上述四个激励函数或约束函数求纳什均衡解可得，只有当 $\beta = 1$ 时，社会福利才能最大化。只有经营者获得全部生产剩余，企业契约才是最佳的。在此基础上，作者假设财务资本是经营者能力的显示信号，资本家作为经营者是最优选择。于是，"资本雇佣劳动"这一命题得以证明。

从这一数学模型的证明过程来看，只是将经营者的监督能力强于生产者，即 u 和 ρ 分别表示经营者和生产者的监督有效程度，并且 $\rho > u \geq 0$；同时，企业中的经营者重要性 a 大于生产者，即 $a > 0.5$。然而，实际上，作者假设经营者 a_M 的能力没有上限。从本书的观点看，只有当经营者的资产专用性程度和资产专有性无限地接近 1 时，才能获得全部的生产剩余。许多类似的"资本雇佣劳动"的结论都是在某些片面地夸大某一类参与者能力的假设条件下做出的推断。这一推论实际上只能适用于古典企业阶段。然而，张维迎将这一结论推广到所有企业类型，把现代股份企业视为"资本雇佣着包括管理者在内的劳动"的"资本雇佣劳动"的扩展版。事实上，现代股份公司中存在着由于缺乏"重要股东"（伯利米恩斯定义为持股份额为 20% 以上股东），以至于所有权和控制权分离而产生管理者侵害股东利益的"伯利—米恩斯命题"。同时，从理论上说，上市公司的股东握有"最终决策权"。不过，在实践中，作为中小股东代理者的董事会往往沦为高级管理层的"橡皮图章"。在创新企业中，资本所有者随心所欲地决定企业的一切则更难以看见，技术专家往往处于企业核心地位。

可见，"资本雇佣劳动"，还是"劳动雇佣资本"需要考虑企业类型和双方的讨价还价能力，不能一概而论。

2. 关于企业模型中参与者涵盖范围的说明

虽然企业内部权力和效率的博弈模型仅使用了两个参与者，但是适应于多种参与者的情况。同时，企业内部权力和效率的博弈模型强调参与者创造和分享生产剩余，因此参与者的范围可以是企业内的股东、企业家、技术专家、管理者和普通员工等，而非某一特定类型的人员。同时，参与者既可以是一个人（某一个企业家、管理者等），又可以是一群具有相似谈判能力的人形成的联盟（如股东大会、工会等）；既可以是一个组织，又可以是一群具有相似谈判能力的组织形成的联盟。一群相似谈判能力的人或组织形成联盟后，其整体资产专用性程度和资产专有性程度都会大幅上升，整体谈判能力也会随之大幅上升。例如，交易市场上单个股东尤其是单个中小股东的资产专用性程度和资产专有性程度都很低。股东大会则是通过结盟的方式，提高中小股东资产专用性程度和资产专有性程度，进而保护了广大的中小股东。同理，单个普通员工因其资产专用性程度和资产专有性程度都很低，没有任何讨价还价能力。一个有着数百，或数千，或更多普通员工组成的工会则其资产专用性程度和资产专有性程度都会大幅上升，具有很高的讨价还价能力。这也意味着现实中企业内形成联盟的主体应该是资产专用性程度低和资产专有性程度的参与者，犹如自然界中"狮子总是单独活动，而豺狼才群体出动"。这正好与威廉姆森所谓的"资产专用性越强的投资者越需要建立专门的治理结构加以保护"的看法有所不同。不过，企业治理的现实情况与本书的观点接近，而与威廉姆森的观点相反。一方面，单个的企业家、管理者的资产专用性很高，往往不需要建立专门的治理结构加以保护，甚至还需要通过相应的治理结构在一定程度上对其进行限制。另一方面，资产专用性投资很低的企业参与者往往通过联盟来限制企业内资产专用性投资程度很高的参与者。例如，20世纪90年代以来，在美国工会会员中，蓝领工人所占比例47%以上，远高于他们在总劳动人口中所占的比例 30%。同时，美国白领工人大多数没有工会化，而且 20 世纪 80 年代以来，白领工会的选举活动急剧下降，并且在选举中的成功率也降低了。[①]

3. 关于企业模型中参与者同质性问题及其说明

如果企业内部权力和效率的博弈模型中的所有参与者都是同质的，因而参与者之间的博弈会形成一条平滑的曲线。事实上，虽然无法细分企业参与者的贡献，但是企业的各个参与者都不可能是同质的，即企业参与者在市场或与其他企业参与者的合作中获得的生产剩余不同，也意味着企业参与者资产专用性程度和资产专有性程度不同。对于劳动者而言，这种异质性是常见的和普遍接受的。如企业中企业家、技术专家、管理者和普通员工之间的资产专用性程度明显不同。同时，企业家之间、技术专家之间、管理者之间和普通员工之间因不同岗位、不同技能、不同的知识水平和不同工作年限等在劳动市场上的资产专用性程度也不同。大多数学者往往假定资本是同质的，这与现实不符。资本市场中的资本可以粗略地分为风险投资者、股票、债券和一般银行贷款，其中风险投资者具有企业家、管理和资本等多重性质，作为整体的股东需要选择投资和经营者等、一般债权人仅选择投资，而银行贷款则无须具备相应能力和承担上述风险。[②] 正是企业参与者的异质性使得企业呈现出科层的特征。可见，事实上，由于企业参与者不是同质的，企业内部权力和效率的博弈模型的博弈结构将呈现离散性。这与科斯意义上"企业家—协调者"可以时刻将企业的边界界定在企业和市场交易费用相等的均衡点，进而形成平滑的企业契约曲线不同。黄桂田、李正全（2002）指出，科斯的企业理论中企业和市场均衡点的存在是建立在完全自给自足方式与有市场交易的企业组

[①] Mills C. W. *Letters and Autobiographical Writings* [M]. Berkeley：University of California Press，2000：46.

[②] 后三者可以参考刘小玄的论述。刘小玄. 现代企业的激励机制：剩余支配权 [J]. 经济研究，1996（5）.

织生产方式不存在差异的基础之上的，即生产不受技术进步、分工协作、规模等一系列因素影响，否则这一均衡点不存在的，即使存在也是非稳定、非连续的。①

4. 资产专用性和资产专有性及相关说明

在企业内部权力和效率的博弈模型中，本书采用了参与者的替代成本的高低来替代其资产专用性程度和资产专有性程度。不过，资产专用性程度和资产专有性程度是两个有所差别的概念，前者在于强调资产投资者行动可能的实际效力，而后者则侧重于强调资产投资者行动不确定性产生的影响。具体可以分为如下四种情况（见图 5 - 1）。

Ⅱ 资产专用性程度低 资产专有性程度低	Ⅰ 资产专用性程度低 资产专有性程度高
Ⅲ 资产专用性程度高 资产专有性程度低	Ⅳ 资产专用性程度低 资产专有性程度高

图 5 - 1　资产专用性程度和资本专用性程度的关系

情况一：当企业参与者的资产专用性程度低，而其资产专有性程度高，使其具有比其自身资产专用性程度高的讨价还价能力。

情况二：当企业参与者的资产专用性程度低，而其资产专有性程度低，使其具有比其自身资产专用性程度低的讨价还价能力。

情况三：当企业参与者的资产专用性程度高，而其资产专有性程度

① 黄桂田，李正全. 企业和市场：相关关系及其性质：一个基于回归古典的解析框架 [J]. 经济研究，2012（1）.

低，使其具有比其自身资产专用性程度高的讨价还价能力。

情况四：当企业参与者的资产专用性程度低，而其资产专有性程度高，使其具有比其自身资产专用性程度低的讨价还价能力。

现实中，企业需要各种资产专用性程度的参与者，而参与者的资产专用性程度与资产专有性程度不完全匹配。在重视企业参与者资产专用性程度的同时，考虑其资产专有性程度。企业参与者资产专有性程度具体如何，必须结合具体的情况加以分析。事实上，如果资产专用性投资程度和资产专有性程度都很高，不太需要专门的治理结构加以保护。不过，如果资产专用性投资程度很高，而资产专有性程度不高，则需要由专门的治理结构加以保护。如企业家、风险投资者、技术专家和管理者等的资产专用性程度高且属于风险规避型，可以通过其讨价还价能力要求企业以合同等形式给予其"事前"的保证，使得其资产专有性程度得以在很大程度上得以化解，并不一定需要特殊的治理结构。同时，资产专用性程度高的企业参与者的资产投资往往具备行业性，而非针对某一特定企业，则使得其资产专有性程度通常并不低。据统计，1990～1998 年，美国上市公司 CEO 平均收入由 200 万美元增加到 1060 万美元。从 20 世纪 80 年代中期到 1998 年，美国最大 100 家公司高级管理者的总报酬中股票期权的比例由 2% 扩大到 53.3%。[①] 这既说明高层管理者是资产专用性程度高的、重要的生产要素，获得了与其知识和能力相应的生产剩余；又说明上市公司愿意以高额的股权激励以"金手铐"的方式绑定具有高资产专有性的高层管理者。与之相反，资产专用性程度低的参与者往往资产专有性程度也很低，进一步降低了其讨价还价能力。于是，当企业参与者资产专用性程度和资产专有性程度都低时，则需要内部相互联合或通过第三方强制力（政府或法律）的形式加以保护，防止其资产专用性投资产生的生产剩余被占有。

---

① 施东晖. 经理期权计划在美国公司的兴起和影响 [J]. 世界经济，2000（7）：79.

5.3 小 结

本章构建了企业内部权力和效率的博弈模型。在该模型中，企业参与者根据资产专用性分享企业生产剩余，并自发实现企业效率。不过，如果企业参与者中一方的资产专用性程度很低并且资产专有性几乎为零，那么另一方则可以侵占其创造的生产剩余，导致生产剩余激励不足而造成企业效率损失。

第6章

企业"技术—权力结构— 效率"的博弈模型分析

前文企业内部权力和效率的博弈模型基于企业内部参与者的权力博弈这一视角探究企业内部权力和效率问题。如果转换到技术作为企业内部权力结构和效率损失问题的总根源这一视角对企业内部权力和效率问题进行探究，又会得出新的观点。因此，本章从马克思主义政治经济学的"生产力—生产关系"的相互关系出发，构建了"技术—权力结构—效率"的博弈模型分析。

6.1 关于模型的若干说明

6.1.1 从技术层面分析企业内部权力和效率的理论基础

1. 关于技术和制度关系的观点

对于企业的探讨主要着眼于技术和制度两个层面，并且形成了用技术或者制度或者二者的综合对经济社会发展这一宏观主体和对企业这一微观主体的解释。前文论述的早期制度经济学派、新制度经济学派和马克思主义经济学都概莫能外。主要有三种观点，具体分析如下。

第一，技术决定论。技术决定论认为，技术是经济社会发展过程中最为关键性的力量，制度只是被动的、滞后的调整。技术决定论的两个核心命题：第一，技术是自主的，技术变迁是技术内在逻辑的必然产物。第二，技术变迁决定了制度变迁和经济社会发展。马克思认为，生产力是革命性的、决定性的力量，生产力决定生产关系。同时，技术是生产力范畴的，而制度是生产关系范畴的。早期制度学派代表人物凡勃伦的"技术决定论"主要观点如下：一是物质环境（技术）决定制度；二是物质环境（技术）是不断变化的，而制度是以往变化的环境（技术）的产物，并且跟不上物质环境（技术）的变化；三是制度具有保守倾向，除非迫于物质环境（技术）变化的压力，否则想一直坚持下去。法国技术决定论者吕艾在《技术的规则》和《技术的社会》中阐述了技术决定论的观点。第一，技术是自我决定的，技术自我增长、自我扩张，并且这一过程不可逆。第二，技术是自主的。技术能够主导经济社会变革，而经济和政治却不是技术发展的条件。第三，技术可以自动选择，而人缺乏自主性，无法选择技术。

第二，制度决定论。新制度经济学认为，制度在社会经济发展中至关重要，是决定性因素。诺斯和托马斯认为，没有投入要素的增加而只要制度创新就可以产生经济增长，有效率的经济组织是经济社会增长的关键因素。"西方世界的兴起的原因就在于发展一种有效率的经济组织。有效率的经济组织需要建立制度化的设施，并确立财产所有权，把个人的经济努力不断引向一种社会性的活动，使个人的收益率不断接近社会收益率。"① 小阿尔弗雷德·钱德勒在研究美国 20 世纪 50 ~ 60 年代的工业管理革命后认为，美国工业中的规模经济更多的是制度因素，而非技术变迁的结果。

---

① 道格拉斯·C. 诺斯，罗伯斯·托马斯. 西方世界的兴起 [M]. 北京：华夏出版社，2015.

第三，技术和制度的联动论。马克思对于技术和制度做出了生产力决定生产关系，生产关系反作用于生产力的精辟分析。德姆赛茨针对强调制度对于经济增长的观点，提出了应当放弃"诺思的因果链条"。他认为，技术、自然禀赋等非制度因素决定了制度安排的变迁，同时二者之间存在联动。① 作为制度决定论代表人物的诺思也意识到技术和制度并非简单的决定与被决定的关系。他指出，近期很多交易费用论文指出制度决定交易费用，而技术决定转化成本，而实际上制度、技术、转化成本和交易费用之间关系却比之更为复杂。② 多西（1988）对因何出现技术进步的文献进行分析指出，相对价格、企业和产业的专有路径、可流动性、标准操作程序、市场结构、交易成本、技术路径和同步的不可变性。这些解释变量中制度也是重要的解释因素。③

2."生产力—生产关系"理论对资本主义企业的分析

在微观层面，马克思运用"生产力—生产关系"相互关系的理论分析了资本主义企业发生和发展的全过程。在资本主义企业的发展过程中，以技术物化的机器为代表的社会生产力起到了决定性作用，而分工和协作作为生产关系提高了社会生产力，虽不是与机器大生产完全同步，却为其创造了条件。

作为技术"物化"产物的机器在资本主义企业雇佣关系起到决定性作用。资本雇佣劳动成为社会的主导模式是与生产力的发展相联系的，没有静态的、永恒的雇佣与被雇佣关系（刘元春，2005）。随着机器在生产过程中的应用，机器设备对生产力的意义就逐渐凸显出来。"机器的发展……使人们能在越来越短的时间内提供惊人的增长的产品。"④ 在

---

① 克劳德·梅纳尔. 导论［A］//［美］罗纳德·H. 科斯等著，［法］克劳德·梅纳尔编. 制度、契约与组织：从新制度经济学角度的透视［C］. 北京：经济科学出版社，2003：2.
② 道格拉斯·诺思. 制度、制度变迁与经济绩效［M］. 上海：格致出版社，上海人民出版社，2014：89.
③ 阿兰·斯密德. 制度与行为经济学［M］. 北京：中国人民大学出版社，2004：280.
④ 马克思. 资本论：第1卷［M］. 北京：人民出版社，2018：459.

技术"物化"为机器设备成为社会生产力的过程中，资本而非劳动占据了控制地位。"机器使手工业的活动不再是社会生产的支配原则，因此……这个原则加于资本统治身上的限制也消失了。"① "机器体系是适合资本主义的劳动资料形式。"② "劳动资料发展为机器体系，对资本来说并不是偶然的，而是使传统的继承下来的劳动资料适合于资本要求的历史性变革。"③

以简单协作或分工协作为基础的工场手工业提高了社会生产力，"生产了（机器大工业阶段）资本统治劳动的新条件"。"无论回到原始文献、回到基本概念，还是回到现实分工都是人们借以生产的社会关系，属于生产关系的范畴"，④ 协作也不例外。在资本主义早期，相对于其他生产组织形式，"资本雇佣劳动"的生产能够组织更多的工人，形成协作劳动。"不仅是通过协作提高了个人生产力，而且是创造了一种生产力，这种生产力本身必然是集体力。"⑤ 相对于个人劳动，这种由协作产生的"结合劳动效果，要么是个人劳动根本不可能达到的，要么是只能在长得多的时间内，或者只能在很小的规模上达到"。⑥ 工场手工业的发展深化了劳动过程中的分工，进一步提高了社会生产力。"工场手工业分工通过手工业活动的分解，劳动工具的专门化，局部工人的形成以及局部工人在一个总机构中的分组和结合，造成了社会生产过程的质的划分和量的比例，从而创立了社会劳动的一定组织，这样就同时发展了新的、社会的劳动力。"⑦

资本主义企业内部权力关系是建立在"生产力—生产关系"的相互关系之上。作为物质资本投资者的资本家在资本主义企业生产中发挥重要作用，居于主导地位。在机器大工业阶段，机器设备是当时社会生产力发展水平的"物化"结果，是关键性生产要素。"机器体系随着社会知识和生

---

① 马克思. 资本论：第1卷［M］. 北京：人民出版社，2018：407.
② 马克思. 资本论：第1卷［M］. 北京：人民出版社，2018：205.
③ 马克思. 资本论：第1卷［M］. 北京：人民出版社，2018：210.
④ 杨琪，吴练达. 分工是生产力还是生产关系［J］. 广西社会科学，2018（1）：53.
⑤⑥ 马克思. 资本论：第1卷［M］. 北京：人民出版社，2018：362.
⑦ 马克思. 资本论：第1卷［M］. 北京：人民出版社，2018：403.

产力的积累发展来说，代表一般社会劳动的不是劳动，而是资本。社会的生产力是用固定资本来衡量的，它以物的形式存在于固定资本中。"① 然而，在相同的历史条件下，单个工人对于整个产出的贡献很低且缺乏实质性的退出机会，处于绝对劣势的地位。资本家需要雇用大量的工人在机器设备形成的生产线上工作。然而，大部分单个工人逐渐沦为"被剥夺了知识的""局部的"工人。"工人的活动表现为：它只是对机器的运转，对机器作用于原材料起中介作用。"② 同时，在资本主义再生产和资本积累的过程中，资本家必须不断改进技术、完善管理、提高劳动生产率。这一行动的直接结果就是不断加大对以机器设备为核心的固定资本投资，进而不断提高资本有机构成。资本有机构成的提高，引发了利润率的下降，导致相对过剩人口或产业后备军的出现。正是这一内生化的资本主义产业后备军生产机制，使得"劳动生产力越是增长，资本造成的劳动供给比资本对工人的需求越是增加得快。工人阶级就业部分的过度劳动，扩大了它的后备军的队伍，而后者通过竞争加在就业工人身上的增大的压力，又反过来迫使就业工人不得不从事过度劳动和听从资本的摆布"。③

同理，资本主义企业效率是建立在生产力和生产关系的相互关系之上。资本指挥和强制劳动适应了机器大生产的客观需要。一方面，"随着许多雇佣工人的协作，资本家的指挥发展就成为劳动者过程本身进行所必需的条件。现在，在生产场所不能缺少资本家的命令，就像在战场上不能缺少将军的命令一样"。④ 另一方面，机器设备代表了当时社会生产力发展水平。在资本再生产和资本积累的过程中，"作为价值增值的狂热追求者"的资本家必须进行以购买和更新机器设备为核心的固定资本投资，进而"肆无忌惮地迫使人类去为生产而生产，从而去发展社会生产力，去创造生产的物质条件"。⑤ 资本指挥和强制劳动的内在不公平会常常有损

① 马克思恩格斯全集：第46卷上[M]. 北京：人民出版社，2014：210.
② 马克思. 资本论：第1卷[M]. 北京：人民出版社，2018：396.
③ 马克思. 资本论：第1卷[M]. 北京：人民出版社，2018：697-698.
④ 马克思. 资本论：第1卷[M]. 北京：人民出版社，2018：367.
⑤ 马克思恩格斯全集：第23卷[M]. 北京：人民出版社，1972：649.

于效率。以机器的技术特征和机器体系的生产能力的极限为准绳的资本指挥和强制劳动这一生产关系并不最适合生产力。基于自我保护的动机，工人采用一种策略性的"偷懒"行为。工人的劳动力"可以创造价值，而且创造的价值比它本身的价值大"。工人"理智的、节俭的"，"爱惜我的唯一的财产——劳动力"。"只在它的正常耐力和健康发展所容许的限度内使用它。"①

6.1.2　企业层次论与技术层的作用

帕森斯（1960）的企业层次论为界定企业效率提供了分析工具。帕森斯认为，企业存在技术、管理和制度三个层次，每个层次具备不同的责任和控制，也对应着相应的效率问题。第一个层次是技术性层次，致力于技术功能的有效运作，是由技术任务的本质决定的，比如必要的原材料、机器的充分运转以及相应的人员之间的合作。第二个层次是管理性层次，包括：（1）采购实施技术功能所必需的资源；（2）协调资源配置满足技术运作这两个方面所涉及的组织机制、行为过程和人际关系等。第三个层次是制度层次，包括企业内部和企业外部使得企业获得合法性、必要支持和融洽性的各个方面，进而使得企业目标的实施变得可能。同时，帕森斯指出，在这三个层次的两个连接点上，由于每个层次的功能存在本质上的区别，所以企业"线性"权威的简单连续性出现了质的中断。次级层次的功能并非高级层次功能在较低等级上的简单复写，不同层次及其功能的连接依赖双向的互动。

在上述三个层次上，企业治理的目的也有质的不同。一个企业在技术性层次上有效，往往只是在显性的技术层面上实现了机器的持续、充分运转，并没有实现技术的最佳产能，因为作为技术实际操作者的工人可以通过刻意地压低工作效率的"偷懒"行为来实现符合自己回报的理性行为。管理性层次的有效性可以通过适度的监督和激励，在一定程度上可以解决

---

① 马克思. 资本论：第 1 卷［M］. 北京：人民出版社，2018：261.

偷懒行为和因企业内不称心的人际关系导致的抵触行为，并力图使得工人的个人利益与企业整体利益趋同，来提高企业效率。企业的制度层次则试图通过转化企业各个参与者之间的对立关系，缓和强势方和几乎无权者的力量对比，并通过形成获取共同利益的规则，实现协作与和谐。

在企业层次论中，技术无疑处在最底层，却也具有决定性。企业的最终目的是调动一切管理和制度因素，配置人力资源和物质资源，实质性地实现技术最优化。虽然技术层面并不能完全决定管理层面和制度层面，但是技术的特征极大地影响和反映了配套的管理和制度的特征。技术的不断进步也促使了管理和制度的不断演进。于是，从不同的技术特征分析不同的企业内部权力关系及其组织形式和效率具有合理性。

6.1.3　企业技术的分类及对应的组织形式

1. 企业技术的分类

技术是理解复杂企业活动的一个极其重要的变量。从事生产和创造的特定技术是无穷无尽的，从而一个完全和简洁的技术分类则相当重要。Woodward（1965）、Hawkes（1962）等学者分别对工业生产的技术、社会组织技术进行了分类。在此基础上，汤普森（2001）在一个更一般的范围上对三种具有显著差别的技术进行了识别，具体分析如下。①

汤普森（2001）认为，可以大致分为三类存在明显差异的技术形式：长线技术、协同技术和密集技术。其中，长线技术是指技术序列的相互依赖，具体表现为任务 Z 只能在任务 Y 成功实现的基础上得以实施，而任务 Y 又必须基于任务 X 的成功实现，以此类推。作为长线技术的典型特征就是以技术理性为标志的大批量、标准化的流水生产线。当流水生产线以恒

---

① 詹姆斯·汤普森. 行动中的组织：行政理论的社会科学基础 [M]. 上海：上海人民出版社，2007：37-39.

定的速率、周而复始地生产一种标准化的产品时，它就完美地接近了技术的工具性。单一产品的流水生产线对于技术的要求是单一的和标准化的，这使得原材料的采购、机器和工具的选取、操作人员的挑选、工作流程的构建等都是清晰的、标准的。不断重复的流水生产线可以为定期的预防性机器和工具的保养和维修提供了依据，进一步消除了长线技术不完美性的手段；还可以对操作人员进行培训和实践以降低能耗和失误。科学管理运动正是建立在长线技术的前提之下。协同技术实质对于时空上分布的多个生产单元使其趋于一致性。

协同技术主要针对集团内企业之间，使之可以跨越空间形成相同的组织结构，并进行标准化的技术和无差别的规则，即形成同构化的组织。由于本章讨论的是企业内部权力和效率，故不将这一强调集团和下属企业之间关系的协同技术纳入讨论范围。

密集技术是指围绕一个任务需要运用多种不同的技术，而这些技术的选取、组合以及运用的顺序来自于任务本身的反馈，而非依赖特定的技术组合和运用顺序。如管理层对企业的管理技术往往不仅需要财务报表和统计数据，还必须基于市场和企业情况的判断。密集技术是一种"量身定做"的技术，其运用的成功性在一定程度上依赖于所有可能需要的能力的可得性，也同样依赖于对于个别项目或案例所需能力的因地制宜的个性化组合方式。

2. 与不同技术类型对应的组织形式

从上节的技术分类可以看出，企业内技术可以明显地分为长线技术和密集技术。长线技术需要垂直组织形式与之配套，而密集技术则由水平组织与之相适应。垂直组织是以职能为核心的组织结构，将工作分割成片段，部门之间各自为政的组织架构体系。与之不同，水平组织是以核心流程为基础，以确立并传递信息、知识和价值主张，形成互补的团队。①

---

① 奥斯特罗夫. 水平组织：一种简约有效、具竞争力的组织模式［M］. 海南：南方出版社，2006.

　　垂直组织和水平组织主要区别体现在：（1）目标，前者是完成最终产品生产，后者是完成某一或某几项任务；（2）领导权，前者是明确的、相对集中领导权，后者则是分担较为分散的领导权；（3）协作，前者是基于生产线的中性态度，甚至是消极态度，后者是实现任务的积极态度；（4）责任，前者是完成领导安排的个人责任，后者是对任务的个人负责和相互负责相结合；（5）技能，前者是生产线上的某一或某几个相对固定的工序，后者是相互补充和学习的技能。此外，长线技术下的垂直组织与密集技术下的水平组织还可以从组织结构、人力资源、利益相关者等角度进行区分，见表6-1。

表6-1　　　　　　　　　　垂直组织和水平组织的区别

	特点		长线技术及垂直组织	密集技术及水平组织
组织结构	管理跨度		宽	窄
	层级		多	少
	工作		重复性、例行性	技艺性、适应性
	专业化		高	低
	决策		集中化	分权化
	全貌		机械性、官僚制	有机性、自我规制
人力资源	内部行动		独立	团队
	培训	内容	狭窄	广泛
		次数	很少	经常
	技能		工序性	认知性、学习性
利益相关者	顾客需求		稳定	变化
	供应商	数量	多	少
		关系	保持距离	关系密切

　　资料来源：Nemetz P. L. LW Fry. Flexible manufacturing organizations：implications for strategy formulation and organization design［J］. *Academy of Management Review*，1998：627-638.

6.2 构建企业"技术—权力结构—效率"的博弈模型及分析

6.2.1 构建企业"技术—权力结构—效率"的博弈模型

本节关于企业契约的探究是根据前文构建的包含两次讨价还价过程的企业契约。假设在 t_0 时，在以企业家为主导的创业（创新）企业中，企业家和工人组织生产。在以资本家为主导的一般企业中，资本家和工人组织生产。为便于分析，将上述企业类型中居于主导地位的企业家或资本家统称为前期资本所有者 C_0。同时，假设在上述企业中人力资本和物质资本的结合可以生产企业剩余为 $r_0 = r(0)$。在 t_1 时，前期资本所有者 C_0 几乎控制着全部的企业资本，可以决定给予那些新的企业参与者 N（经理、技术人员和工人等）权力以激励其进行资产专用性投资。此时，新的企业参与者 N 没有真正进行资产专用性投资，或者说他们具有自由的退出权。此时，由于新的企业参与者 N 即将进行投资的专用性资产和专有性资产难以由市场价格确定，前期资本所有者 C_0 与他们签订的是不完备契约。

在 t_2 时，新的企业参与者 N 进入企业获得前期资产所有者 C_0 给予的权力后，进行了专用性资产投资。于是，新的企业参与者 N 与前期资产所有者 C_0 根据此时的资产专用性和资产专有性程度进行讨价还价。在 t_3 时，新的企业参与者 N 与前期资产所有者 C_0 一起生产了企业剩余，并根据 t_2 时的各个企业参与者之间的讨价还价能力进行企业剩余分配。各个企业参与者在 t_1 至 t_3 阶段创造的企业剩余的博弈解可以通过夏普里值（shapley value）来求解。

$$r_j = \sum_{i \mid j \in i}^{n} \frac{(i-1)!(n+1-i)!}{(n+1)!} [r(i) - r(i/\{j\})] \qquad (6.1)$$

其中，i 表示在生产 $r(i)$ 中参与者的总人数，n 表示新的企业参与者的总人数，$r(i)$ 是所有 i 所生产的剩余，$r(i/\{j\})$ 表示在没有参与人 j 参与下所生产的剩余。同时，由于资产专用性投资符合边际递减原理，当每个新的参与者资产投资相等时，就会形成均衡。

如果只有一个 N 进行了专用性投资，那么新产出企业剩余为 $r(i)$，i 为新参与者专用性投资的向量。同时，$r(i)$ 是标准的凹函数，即：$r'(i) > 0$，$r''(i) < 0$。企业参与者 N 进行专用性资产投资收益 $r(i)$ 是边际递减的，即 $\lim\limits_{i\to\infty} r'(i) = 0$，$\lim\limits_{i\to0} r'(i) = 1$。如果多个企业参与者 N 进行了专用性投资，那么总产出就依赖于不同的企业参与者 N_1，N_2，$\cdots$，N_i 投入的专用性资产的结合方式。根据上文分析，我们区分了两种基于技术特征的专用性资产投资方式，进而决定了权力分配和企业类型。具体分析如下。

6.2.2　长线技术下的企业内部权力和效率模型及分析

1. 长线技术下的垂直组织

在长线技术的企业中，假设为生产某一产品必须要有具备 s_1，s_2 两种技术。如果前期资本所有者 C_0 只授权一个新的企业参与者 N_1，那么他将不得不对两个技术同时进行资产专用性投资。因此，其最大化专用性资产投资为：

$$\max_{i^{s^1}, i^{s^2}} \frac{1}{2}\left[r(i^{s^1},\ i^{s^2}) - r(0) \right] - i^{s^1} - i^{s^2} \qquad (6.2)$$

同时，该新的企业参与者 N_1 的资产专用性投资最大化的一阶导数为：

$$\frac{1}{2} r(i^{s^1},\ i^{s^2}) = 1,\ j = s^1,\ s^2 \qquad (6.3)$$

新的企业参与者 N_1 承担了每一项任务中两个技术的专用性投资成本，却只能获得其产生的一半收益，而导致其在每一个技术中的投资都不足。

如果有两个新的企业参与者 N_1、N_2 分别被授予权力，进而分别对技

术 s_1、s_2 进行资产专用性投资。由式（6.1）可得

$$\frac{1}{6}\left[r(i_1^{s_1},\ 0) - r(0,\ 0)\right] + \frac{1}{3}\left[r(i_1^{s_1} + i_2^{s_2}) - r(i_2)\right] - i_1^{s_1}$$

对 $i_1^{s_1}$ 求一阶导数，得：

$$\frac{1}{6}r(i_1^{s_1},\ 0) + \frac{1}{3}r(i_1^{s_1} + i_2^{s_2}) = 1 \qquad\qquad (6.4)$$

由非合作情况下的博弈解低于合作情况下的博弈解可知：

$$\frac{1}{6}r(i_1^{s_1},\ 0) + \frac{1}{3}r(i_1^{s_1} + i_1^{s_2}) < \frac{1}{2}r(i^{s_1},\ i^{s_2})$$

这与 GHM 理论中结论一致，即如果资产互补，则纵向合并要优于各自单干，特别是严格互补的情况下，纵向合并是最佳选择。[①] 其中的原因在于：如果专用性投资互补时，当一个新的企业参与者放弃专用性资产投资，那么不仅会降低自身产生的剩余，还会极大影响整个互补产业链上的所有剩余生产。尤其是当专用性投资严格互补时，当一个新的企业参与者放弃专用性资产投资，会导致整个互补产业链的新增剩余生产降为 0。

2. 长线技术下的企业内部权力关系

为了进一步研究长线技术下的水平组织结构，需要研究企业前期资本所有者 C_0 与新的企业参与者 N 之间的关系。由于长线技术情况下，企业前期资本所有者 C_0 的投资需要建立整个生产线所需要的机器设备、厂房和工人等，而非密集技术下的所针对的某个任务，故其投资总额通常比新的企业参与者的资产专用性投资大得多。为了方便分析，假设前期资本所有者 C_0、新的企业参与者 N_1 和 N_2 的投资对应的生产剩余比为 1.5∶1.2∶0.3。

长线技术具有相当大的技术以"物化"的形式体现在机器设备上，而机器设备有相对恒定的技术参数和相应配套的、较为固定的管理和制度等技术特征。这就意味着长线技术的企业前期资本所有者对于技术的掌握程

---

① Hart O. *Firm*, *Contract and Financial Structure* [M]. Oxford University Press，1995.

度通常要远高于密集技术的企业前期资本所有者。如果长线技术涉及技术、管理和制度等不复杂，前期资本所有者 C_0 又是积极的参与者（即有意愿积极地掌握相应的技术、管理和制度以尽量掌控企业），那么，前期资本所有者 C_0 可以在很大程度上控制新的企业参与者 N 带来的生产剩余。为了方便分析，假设前期资本所有者 C_0 控制新的企业参与者 N 带来的生产剩余的比例为40%。这样，新的企业参与者 N_1 和 N_2 选择单干的生产剩余仅为0.9，而前期资本所有者的生产剩余为2.1，即前者无法对后者产生实质性的退出威胁。因此，一般而言，长线技术中的前期资本所有者 C_0 往往占据绝对权力的主导地位，而新的企业参与者 N 的控制力往往较弱。因为长线技术需要较高的前期投入，所以物质资本密集型产业是长线技术的"集中区"。在现实中，物质资本密集型产业是垂直的组织结构的典型代表。其中，汽车制造业、政府特许的垄断性行业等产业的组织结构更加"陡峭"。①

不过，随着长线技术的技术链条的延长，相应配套管理和制度的复杂程度会逐渐甚至成倍地增加。同时，如果前期资产所有者 C_0 不是积极的参与者。积极的参与者可以分为两种情况：一是虽然前期资本所有者 C_0 成员构成很少，但是由于种种原因（详细分析参见后文对于我国国有企业所有者的分析）使其难以采取积极的态度对企业进行监管。二是前期资本所有者由众多成员组成（如大众筹资的股份公司）导致其无法成为积极的参与者。在长线技术链条很长且前期资产所有者 C_0 不是积极的参与者的情况下，前期资产所有者 C_0 很可能会丧失对于全局的掌控。与此同时，新的企业参与者，尤其是高层管理者可以拥有对于全局的控制力，加之这一长线技术链条上的技术是高度垂直依赖导致人员之间的高度依赖，很容易出现"集体叛逃"的现象。一旦"集体叛逃"，前期资本所有者仅能获得 $r_0 = r(0)$ 和由其掌控的新参与者生产的、很少部分的企业剩余。

---

① R. G. Rajan and L. Zingales, The Firm as a Dedicated Hierarchy: A Theory of the Origin and Growth of Firms [J]. *Quarterly Journal of Economics*, 2001, 116 (3): 805–851.

3. 长线技术下的企业效率问题

由上述分析可以看出，长线技术与其相匹配的垂直组织面临着两大问题，具体分析如下。

一是如果长线技术链较短并且前期资本所有者 C_0 是积极的参与者。那么，他将很容易掌控相对恒定的整个技术链和相配套的、较为硬性的管理和制度，即在企业内部拥有了绝对意义上的权力。与此同时，新的企业参与者 N，无论是高层经理或技术专家，还是底层技术工人或普通工人都难以以退出企业的方式对原有的资本所有者形成实质性威胁。由于两者之间的讨价还价能力极其不对等，加之长线技术的较为恒定的技术特征，使得其迫使新的企业参与者在延长工作时间、增加劳动强度、降低工作待遇和福利等的情况下完成长线技术所形成的标准工作。当然，新的企业参与者并不是长线技术上的、纯粹的"工具"，基于他们的个人理性，会刻意隐瞒技术和管理等可能形成的生产潜能。从长期看，前期资本所有者 C_0 实际上往往是"得不偿失"。

二是在如果长线技术链较长，而前期资本所有者 C_0 不是积极的企业参与者。那么，新的企业参与者，尤其是高层管理者可以利用长线技术链的高度垂直依赖而具备对于全局控制力，尽可能地获得自身利益。例如，新的企业参与者可以进行"集体叛逃"。新的企业参与者的"集体叛逃"主要会以两种形式出现：一种是企业高层管理者将核心成员和主要业务转移到自己构建的新企业中，形成竞争力强于原有企业的新企业，甚至最终并吞原有企业；另一种是企业高层管理者非正当的管理层收购（Management Buy-out，MBO），即企业高层管理者通过做亏再贱买、部分资金来源于企业、自买自卖、还款计划不完备等不当操作将企业大部分股份转移到自己名下，再将企业扭亏为盈后上市套现，获得超额利润，还将这一转变美其名曰发挥了巨大的"资产潜力"或"潜在管理效率"。当然，非正当的 MBO 极大地侵害了前期资本所有者 C_0 的利益，是高层管理者权力一种极端失控的体现，并非一种有效监管和激励下的常态，更是企业效率损失的具体体现。

6.2.3 密集技术下的企业内部权力和效率模型及分析

1. 密集技术下的水平组织

在密集技术的情况下，企业参与者完成某一项任务时，他们之间的技术是彼此依赖，而非相互独立的。这就意味着每个企业参与者进行的专用性资产投资在生产中的边际贡献与他人的专用性资产投资密切相关。此时，企业的总生产剩余为：$r(i) = r(i_1, i_2, \cdots, i_n)$。同时，$r_{jk}(\cdot) > 0$，对 $\forall j \neq k$；$r_{jj} < 0$，同时，新的企业参与者 N_1，N_2，$\cdots$，N_i 进行专用性资产投资收益是边际递减的，即 $\lim\limits_{i_l \to 0} r(i_l) = \infty$，$\lim\limits_{i_l \to \infty} r(i_l) = 0$。

为了简化分析，只考虑 N_1 和 N_2 两个新的企业参与者生产的企业剩余。根据式（6.1）可知

$$\frac{1}{6}[r(i_1) - r(0)] + \frac{1}{3}[r(i_1 + i_2) - r(i_2)] - i_1 \tag{6.5}$$

由式（6.5）可知，N_1 进行了专用性投资获得的收益有两部分：N_1 自身生产的剩余 $\frac{1}{6}[r(i_1) - r(0)]$，$N_1$ 对整个企业生产（包括 N_1 和 N_2）的剩余 $\frac{1}{3}[r(i_1 + i_2) - r(i_2)]$。显然，这高于只有 N_1 一个新参与者进行资产专用性投资所生产的企业剩余 $\frac{1}{6}[r(i_1) - r(0)]$。这种分析对于 N_2 同样有效。

可见，在密集技术下，企业内权力最佳的分配方式是前期资本所有者将权力授予多个新的企业参与者，形成"锦标"效应。在这种技术下，企业会形成水平（或扁平化）组织结构。

2. 密集技术下的企业内部权力关系

为了进一步研究密集技术下的水平组织结构，需要研究企业前期资本

所有者 C_0 与新的企业参与者 N 之间的关系。由于密集技术情况下，企业前期资本所有者 C_0 的投资主要针对某项技术，而非针对整条生产线、厂房等资本密集型的长线技术，故通常其投资总额与新的企业参与者 N 的资产专用性投资相差不会太大。为了简化分析，假设前期资本所有者 C_0、新的企业参与者 N_1 和 N_2 的产出均为1。

同时，密集技术之所以需要企业参与者之间相互协作和依赖的主要原因在于，某一企业参与者对其他参与者掌握的技术及其生产剩余的控制力度较低。当然，企业前期资本所有者 C_0 对于新的企业参与者 N_1 和 N_2 相关技术及其带来的企业剩余的掌控力度（比例）也较低。为方便分析，将这一掌控力度（比例）假定为30%或20%，并比较其中的差异。若假设 N_1 和 N_2 产出有30%的生产剩余由前期资本所有者 C_0 掌握，则新的企业参与者 N_1 和 N_2 选择单干的产出为1.4，而前期资本所有者 C_0 产出为1.6，于是新的企业参与者 N_1 和 N_2 无法以离开企业的方式威胁前期资本所有者 C_0。若假设 N_1 和 N_2 产出仅有20%的生产由前期资本所有者 C_0 掌握，则新的企业参与者 N_1 和 N_2 选择单干的产出为1.6，而前期资本所有者产出 C_0 为1.4，于是新的企业参与者可以以离开企业的方式威胁前期资本所有者 C_0。于是，在密集技术形成的水平组织结构中，前期资本所有者 C_0 解决新的企业参与者 N "离心力"的方法是适度的分权，即将足够的权力分配给新的企业参与者，直到新的企业参与者离开不愿或不能以离开企业的形成对原有资产所有者构成威胁。这与现实世界中创新（创业）企业（尤其是其初期）多是水平组织，其发展壮大阶段强调对核心人员的适度分权相符合。

3. 密集技术下的企业效率问题

如果密集技术型企业对于前期物质资本投入要求较高，或者前期资本所有者 C_0 有能力掌握核心的密集技术、管理和制度，在这种情况下，前期资本所有者 C_0 可以在与新的企业参与者 N 之间的讨价还价过程中处于主导地位，而新的企业参与者 N 也难以以退出企业的方式相威胁。于是，二者形成相互制衡并且持续的企业内部权力关系,并以此分享企业合作剩余。

如果密集技术型企业对于前期物质资本投入要求不太高,或者前期资本所有者 C_0 难以掌握核心的密集技术、管理和制度。在这种情况下,一旦前期资本所有者 C_0 无法较好地处理好适度分权,新的企业参与者 N 很可能选择"另立门户",与原有的资本所有者形成竞争关系,甚至取而代之。有研究指出,在 500 家成长迅速的年轻企业,有 71% 是已有企业雇员通过模仿或修改原雇主的创意而建立起来的。[①]

6.3 小 结

从技术和制度的辩证关系看,生产力(技术)决定了作为生产关系(制度),而生产关系(制度)反作用于生产力(技术)。技术是企业组织形式、权力结构和效率损失问题的总根源。通过对技术的分类,可以将企业内技术分为长线技术和密集技术两类,并且分别对应着垂直组织和水平组织。在此基础上,通过"技术—权力结构—效率"的博弈模型分析可知,垂直组织的权力集中,权力集中者可能占有几乎无权者的生产剩余;而水平组织的权力相对分散,却可能以"另立门户"的形式,危及企业的生存和发展。这些研究为后文分析提供理论依据。

---

① Bhidé, A. V. Building the Professional Firm: McKinsey & Co.: 1939 – 1968 [R]. Havard business school working paper, 1996: 94.

第7章

以历史维度初探权力视角下的
企业效率问题

　　不同的企业参与者可以按照各自的讨价还价能力的不同，获得相应的生产剩余。适度的抽象是任何研究的必要途径。本章按照人力资本和物质资本可以大致将企业参与者分为企业家、管理者、技术专家、技术工人和普通工人等人力资本所有者、拥有物质资本的财务资本家。[①] 在此基础上，结合前文企业内部权力和效率的博弈模型和"技术—权力结构—效率"的博弈模型，考察在不同历史阶段下企业中不同参与者的作用和企业如何实现效率等问题。

 ## 7.1　不同企业参与者的类型和作用的界定

　　在相关分析之前，有必要界定不同企业参与者。张五常认为，企业和市场的不同只不过是契约安排的两种不同形式而已。企业并非为取代市场而成立，只不过是用要素市场替代产品市场，即企业契约的对象是生产要

---

　　① 关于财务资本家的概念界定参见周其仁. 市场里的企业：一个人力资本与非人力资本的特别合约 [J]. 经济研究，1996（6）.

素，而市场契约的对象是产品。① 从企业生产要素类型和作用角度来界定企业参与者的类型和作用是一条捷径。

首先，作为创新提供者的企业家，其作用是探索和发现市场商机。主流的企业契约理论之所以无法从本质上把握这一点的根源在于其基于科斯的"我们可以设想这样一种体制，即所有的建议或知识都是按需购买的，以至于某些人有更好的判断或知识，可以出售这些建议或知识以获得报酬"（Coase，1937），"问题是，与普通商品和服务不同，这些知识恰恰不能在需要的时候立即买到"。② 熊彼特（1990）指出，企业家不是通常意义上的资本所有者或管理者，而是能够发现商业机会，并组合或重新组合生产要素为我们所称的"企业"的人。③ 在此基础上，Leibenstein（1968）指出，企业家是善于发现商业机会并能够将众多"投入品"（input）整合为一个整体（企业）的"投入品完成者"（input-completer）。④ 在市场经济情况下，企业家的供求由企业家市场决定。

其次，作为经营管理提供者的管理者，其作用是资源整合和参与者协调。如果说企业家具有创新的本质特征。管理者则是执行企业家决策，运作一个已经创立的企业以不断地适应市场变化。如果企业家是发现市场获利机会并能够建立新的生产函数或改进生产函数 $f(x, y, z)$（包括 x，y，z 的组合方式）的人；而管理者是在既定的生产函数 $f(x, y, z)$ 条件下，根据企业内外状况调整生产要素 x、y、z 的组合方式的人。实际上，科斯的企业理论中的调节企业内资源配置以实现"制造"和"购买"均衡的"企业家—协调者"、团队生产理论中的与其他签约人签约并负责监督的"中心签约人"都是不同经济层面对管理者的界定。在市场经济情况下，管理者的供求由经理市场决定。

---

① Cheung S. N. S. The Contractual Nature of the Firm [J]. *Journal of Law and Economics*，1983，26（1）：1–21.
② 霍奇逊. 演化与制度：论演化经济学和经济学的演化 [M]. 北京：中国人民大学出版社，2017.
③ 约瑟夫·熊彼特. 经济发展理论 [M]. 北京：商务印书馆，2020.
④ Leibenstein H. Entrepreneurship and Development [J]. *The American Economic Review*，1968，58（2）：77.

再次，作为技术提供者的技术专家和技术工人。一定的技术是企业必需的前提条件。技术工人是技术这一生产要素的提供者。马克思指出，即便是机器大工业时期，也"会造就一小批具有较高熟练程度的工人，但是，他们的人数决不能同'被剥夺了'知识的大量工人相比"。[①] 在后现代企业中，作为新技术提供者的技术专家被独立出来，是一种富有极强创新性、试错性和知识性复杂劳动。

此外，作为劳务提供者的普通工人。新古典经济学假定企业在一定的技术情况下，研究物质资本提供者和作为劳务提供者的普通工人之间的关系。劳务提供者的普通工人是企业员工的主体。在以标准化的大规模制造为特征工业社会中，机器设备和工艺流程"切割"整个工作流程为只需要一个或几个简单操作的工序，大量的普通工人则负责相应的工序。正是由于大量普通工人精细化的分工才极大地发挥整个生产链条的效能。

最后，作为资本提供者的财务资本家。广义的资本家是拥有资本并能使得剩余价值增殖的人。这一资本家概念实际上是众多经济角色的综合。（1）资本家负责发现市场获利机会并能够建立新的生产函数或改进原有生产函数，那么资本家包含企业家这一角色。（2）在维持原有生产函数的情况下，资本家负责企业内外状况调整生产要素的组合方式，以便实现企业资源的最优配置，那么资本家包含管理者这一角色。（3）资本家不参与实际的生产活动，仅以拥有的实物资产或借贷资产获取尽可能多的收益，此时的资本家才是财务资本家。

7.2　权力视角下不同企业类型的效率问题

在企业的历史演进中，古典企业和现代股份公司这两种被抽象的企业类型被集中研究，以至于产生仅有这两种企业类型的"错觉"。实质上，

---

① 马克思恩格斯全集：第 23 卷 ［M］. 北京：人民出版社，2001：571 – 572.

在现代股份公司之后，还出现了大量以创新企业家为代表的后现代企业。同时，广义上的古典企业应该包括工场手工业、工厂制企业和近代股份公司三个阶段。因此，本节以企业内部权力和效率的博弈模型为基础，通过分析从手工作坊到后现代企业的企业类型演进历程，用历史作为检验逻辑的工具，探究不同企业参与者的作用，进而基于权力视角探析相应企业的效率。

7.2.1 权力视角下古典企业中的效率问题初探

物质资本所有者拥有极强的剩余控制权或剩余索取权，在生产剩余分配中占有绝对地位，以至于可以占有人力资本所有者生产的生产剩余的企业，即可以称之为古典企业。古典企业的具体描述见后文分析。

1. 古典企业

（1）古典企业形成条件。劳动力成为商品是工场手工业和工厂制企业这两种古典企业形成的重要条件。在资本主义到来之前，普通工人并没有真正独立地拥有劳动力所有权。资本主义时期，劳动力成为商品的条件逐渐具备：一是随着资本主义生产关系的确立，劳动者的劳动力所有权有了法律保障，被视为不可以剥夺的天赋人权，因此劳动力获得了独立形式。二是"圈地运动"发生后，庄园制随之瓦解，大量失去土地的自由民变得一无所有，只能依靠出卖劳动力维持生计。三是由于国内市场的逐渐统一和航海技术的发展使得海外市场急剧扩大，大量日常生活必需商品的生产供不应求，扩大生产规模成为许多工场主或工厂主以及原有作坊主最主要的诉求。与此同时，生产力水平提高，劳动分工加剧，导致行会制度瓦解和作坊主两极分化。一部分资金实力较为充实的作坊主开始扩大生产规模，逐渐变成工场主或工厂主，另外大部分作坊主则逐渐贫困，变成技术工人。于是，一方是拥有闲置资金以扩大生产规模的工场主或工厂主，另一方则是只能靠出卖劳动力为生的普通工人。二者基于各自的利益在市场上结合成为古典企业。

（2）古典企业的三个阶段。古典企业可以包括工场手工业、工厂制企业和近代股份公司三个阶段。在 16 世纪和 17 世纪的英国，工场手工业逐渐取代手工作坊，占有相对优势。保尔·芒图称之为家长制的古典企业形式。手工工场是资本主义生产发展的早期阶段，是劳动社会化的一种基本形式。手工工场的出现标志着资本主义的萌芽。手工工场分为两个阶段：一是分散的手工工场，即简单协作；二是集中的手工工场，即工场手工业。简单协作没有改变手工的劳动工具和相应操作方法，仅是在同一工场主的指挥下进行协同劳动。工场手工业由工场主负责协调、指挥、领导等职能，并具备了以手工技术和雇用工人分工为基础的资本主义大生产的性质，是手工业生产向资本主义机器大工业过渡的准备阶段。

18 世纪中叶，英国率先实现了机械化。随后，欧洲、美国、日本等国家相继大规模地采用机器生产。手工工场逐步让位于机器化的工厂制企业。工厂制企业主要具有如下特点：①机械动力取代了人工劳动，生产力水平大幅提升；②规模化生产，生产和销售实现专业化分工，市场范围扩展至全国乃至全球；③按照产品或工艺分成了生产车间、工段和班组，出现了基本的组织结构，并且初步形成了较为系统的管理系统。

19 世纪 40 年代，美国铁路公司建立了第一家近代股份制公司。19 世纪 50 年代，欧美日等国的资本市场逐渐制度化，近代股份公司日益普遍。近代股份公司建立了大规模内部组织机构，严格划分了各个部门的责权利关系，并雇用了大量的基础、中层和高层的支薪管理者，还建立了一整套的财务和统计报表制度监督和评估管理者们的工作。近代股份公司的出现，企业内部很明显地出现了如下两个趋势：一是物质资本所有者对管理所拥有的发言权逐渐减小，二是管理者们负责公司的管理，却往往没有足够的财力在公司中拥有相对较多的股份。当近代股份公司发展到一定程度，即股份公司股份足够分散导致"搭便车"问题、专业化分工和技术复杂性造成的协调问题、管理者自身的偷懒问题逐渐累积。直至出资人对管理者的角色依赖超过一定程度，近代股份公司制将转型为现代股份公司制。

（3）古典企业的企业类型。在企业类型上，古典企业包括了单一业主制、合伙人企业和近代股份公司三种。①单一业主制。在手工工场阶段或工厂制初期，市场处于供不应求阶段，企业规模相对较小，企业专业化程度较低，物质资本所有者可以"看到一切、知道一切、决定一切"，控制着企业一切的运作。②合伙人企业。市场的扩大和机器设备的大规模运用，使得企业对于资金的需求与日俱增。于是，企业逐渐从单一业主制向合伙制过渡。在合伙制中，物质资本由合伙人共同分担，企业盈亏也按照一定的比例（主要是出资比例）共同分享。合伙人企业的合伙人们通常达成一个口头承诺或书面协议。企业成功与否的关键在很大程度上取决于合伙人们能否履行承诺或协议。可见，合伙人企业是建立在合伙人们之间相互信任的基础上。这是合伙人们通常是具有亲缘或地缘关系的原因。③近代股份公司。随着资金需求的增加、专业化分工的加剧以及资本市场的完善，促使近代股份公司产生。近代股份公司具有如下两个特征：一是向社会大众集资，使得物质资本所有者对经营和管理等的发言权逐渐减少；二是管理者的重要性逐渐增加，却难以有足够的财力在公司只能够占有较多的股份。这也注定了近代股份公司必然向现代股份公司过渡。

2. 古典企业参与者中的角色界定

按照古典企业发展的历程，古典企业的物质资本所有者可以大致分为手工工场阶段的工场主、工厂制企业的工厂主和近代股份公司的股东（尤其是大股东）。在古典企业发展的不同阶段，物质资本所有者与工人有着不同的角色界定。下面将逐一分析。

（1）手工工场中参与者的角色界定。19世纪企业的规模相对较小，工场主可以"看到一切、知道一切、决定一切"，在生产剩余和剩余分配中拥有绝对权力，可以亲自控制企业，于是工场主集合了企业家、管理者和财务资本家等多种角色。不过，在市场供不应求、技术或技能要求不高、专业化分工水平较低的时期，工场主作为财务资本家这一角色是其获得权力最为关键的因素。

在工场手工业阶段，普通工人大致分为两类：一类是拥有较高人力资本的技术或技能的员工，另一类是拥有极少人力资本的员工。这一时期，机器设备并没有大规模使用，从封建作坊中游离出来的技术熟练的老师傅往往具有很强的生产技能，这些技能决定工场手工业，尤其是初期工场手工业的生产效率。因此，资本并不拥有完全的生产控制权力，也不享有完全的生产剩余；技术工人在劳动力价格、劳动时间、劳动方式和劳动条件等方面都具有一定的讨价还价能力，能够在反抗资本家通过各种手段来剥削自身的同时，保持原有的、手动作坊的生产习惯和方式。技术工人拥有一定的生产控制权和决定权，并享有一定的生产剩余。因此，马克思指出，"在资本的开始阶段，它对劳动的指挥具有纯粹形式的性质和几乎是偶然的性质"。① 在这一时期，由于圈地运动和大量手工作坊解体，产生了大量的仅能出卖自身劳动力的自由民，劳动力供给相对充足，使得仅有极少人力资本的劳动者，拥有几乎为零的资产专有性程度，其生产剩余往往会被工场主占有，而不能像技术工人那样与工场主分享部分生产剩余。

（2）工厂制企业参与者的角色界定。与工场主类似，工厂主集合了企业家、管理者、普通员工和财务资本家等多种角色。同时，在市场供不应求、技术或技能要求不高、专业化分工水平较低的时期，工厂主作为财务资本家这一角色是其获得绝对剩余控制权和剩余索取权最为关键的因素。与之不同的是，工厂主将一小部分监督权交给了"监工"或"工头"，尽管这一权力的转移并没有实质性地影响工厂主对生产剩余的控制权和索取权。随着机器生产的普及和企业规模的扩大，手工工场逐渐演变成为工厂制企业。按照产品或工艺，工厂制企业分成了生产车间、工段和班组，出现了基础的组织结构，并且初步形成了较为完善的管理系统。在这一背景下，工厂主行使所有指挥生产的权力已经不现实了，不得不将某些权力委

---

① 马克思. 资本论：法文版 [M]. 北京：中国社会科学出版社，1983：331 - 332

托给"监工"或"工头",于是出现了等级控制。① 由于这一时期的专业化分工并不深入,机器的大规模使用和泰勒制的科学管理方法在一定程度上降低了监督和计量的难度,"监工"或"工头"往往并不需要拥有专业知识的专用性人力资本投资,在很大程度上作为工厂主监督工人的"眼睛"和"手脚"的自然延伸而已。

在工厂制企业阶段,普通工人大致分为两类:一类是广大的拥有极少人力资本的普通工人,另一类是一小部分拥有较高人力资本的技术或技能的员工。从手工作坊到手工工场,再到工厂制企业,需要很高专有性人力资本的手艺人逐渐被机器替代为只需要掌握某一个或某几个简单操作的、拥有极少人力资本的员工。这一阶段的企业只需要一小部分专门从事技术岗位的、拥有较高人力资本的技术或技能的技术工人。"大工业的原则是,首先不管人的手怎样,把每一个生产过程本身分解成各个构成要素……把社会生产过程……分解成为自然科学的自觉按计划的和为取得预期有用效果而系统分类的应用。"② "当然,在这种情况下会造就一小批具有较高熟练程度的工人,但是,他们的人数决不能同'被剥夺了'知识的大量工人相比。"③ 不过,马克思还是区分了简单劳动和复杂劳动,并认为"比重复杂的劳动只是自乘的或不如说多倍的简单劳动,因此,少量的复杂劳动等于多倍的简单劳动"。④ 同时,在这一时期,圈地运动使得城市出现了大量一无所有的自由民,产生了大量的仅能出卖自身劳动力的自由民,劳动力供给相对充足,进一步降低了仅有极少人力资本投资的普通工人的讨价还价能力,其生产剩余往往会被工场主"占有",而不能像少数技术工人那样与工场主分享部分生产剩余。

(3) 近代股份制公司中参与者的角色界定。与工场主和工厂主类似,近代股份制公司中的股东尤其是大股东集合了企业家、管理者、普通员工

---

① R. Edwards. *Conflict at Work*: *A Materialist Analysis of Workplace Relations* [M]. Oxford: Blackwd Ltd. 1979: 30 – 34.
② 马克思恩格斯全集:第23卷 [M]. 北京:人民出版社,2001:533.
③ 马克思恩格斯全集:第23卷 [M]. 北京:人民出版社,2001:571 –572.
④ 马克思. 资本论:第1卷 [M]. 北京:人民出版社,2018:58.

和财务资本家等多种角色。同时，在市场供不应求、技术或技能要求不高、专业化分工水平较低的时期，近代股份制公司的大股东作为财务资本家这一角色是其获得绝对剩余控制权和剩余索取权最为关键的因素。不过，与工厂制内非专业化的"监工"或"工头"不同，近代股份制公司雇用了大量的、具有很高专业知识水平和协调能力的高层、中层和低层支薪管理者。与"监工"或"工头"没有实质性地影响到工厂主对剩余控制权和剩余索取权的绝对控制不同，管理者已经在一定程度上摆脱了大股东的限制，只是还没有站在企业这一"舞台"的"中央"而已。虽然近代股份制公司建立了大规模内部组织机构，严格划分了各个部门的责权利关系，建立了一整套的财务和统计报表制度监督和评估管理者们的工作。不过，随着近代股份公司的股份逐渐分散、专业化分工和技术复杂性逐渐加深、管理者自身的偷懒被股东监督的难度逐渐增加，大股东对管理者所拥有的发言权逐渐减弱，而没有或只拥有较少股份的管理者却逐步掌握企业管理权。

与工厂制企业阶段类似，近代股份制公司的普通工人大致分为两类：一类是广大的拥有极少人力资本的普通工人，另一类是一小部分拥有较高人力资本的技术工人。同样，与工厂制企业阶段类似，近代股份制公司中的大多数普通工人仅有极少人力资本的工人拥有极低的资产专用性程度和几乎为零的资产专有性程度，其生产剩余往往会被工场主占有，而不能像少数技术工人那样与工场主分享部分生产剩余。

3. 古典企业内部权力和效率分析

（1）古典企业的技术和组织结构。机器设备大规模运用是古典企业的最显著技术特征。随着机器在生产过程中的应用，机器设备对生产力的意义就逐渐凸显出来。"机器的发展……使人们能在越来越短的时间内提供惊人地增长的产品。"① 社会生产力不是从属于工人的直接技巧或技能，

---

① 马克思. 资本论：第 1 卷［M］. 北京：人民出版社，2018：459.

而是表现为技术在工艺上的充分应用。"大工业的原则是，首先不管人的手怎样，把每一个生产过程本身分解成各个构成要素，从而创立了工艺学这门完全现代的科学。社会生产过程的五光十色的似无联系的和已经固定化的形态，分解成为自然科学的自觉按计划的和为取得预期有用效果而系统分类的应用。"①

机器设备是长线技术的最为重要的构成部分，其典型生产形式就是大规模生产消费性商品的福特流水线。福特流水线的典型特征是以生产机械化、自动化和标准化形成的流水线作业及其相应组织。福特流水线通过不断分工和再分工，将工作流程分割成由很快即可训练低技能工人胜任的、某一个或某几个只需要简单操作的工序。同时，由横向分割的科层化管理部门控制的技术系统决定和控制每个工人需完成的动作的速度，工人失去了对劳动过程的自主性。与长线技术相对应的必然是垂直组织。通过前文分析可知，古典企业中的前期资本所有者 C_0 是物质资本所有者。他对企业的固定资本和流动资本进行了全额或高比例份额的投资，并且在第一阶段（t_0）的讨价还价过程中拥有了绝对的"话语权"，即拥有全部或高比例的剩余控制权和剩余索取权。在这一情况下，物质资本所有者必然是积极的参与者。同时，古典企业的技术特征决定了其技术链条一般都不太长，相对应的管理和制度也较为简单。于是，在第二阶段（t_2）的讨价还价过程中，仍然将拥有全部或高比例的剩余控制权和剩余索取权。可见，在古典企业这一技术"物化"为机器设备成为社会生产力的组织类型中，资本而非劳动占据了控制地位。"机器使手工业的活动不再是社会生产的支配原则，因此……这个原则加于资本统治身上的限制也消失了。"②"机器体系是适合资本主义的劳动资料形式。"③"劳动资料发展为机器体系，对资本来说并不是偶然的，而是使传统的继承下来的劳动资料适合于资本

---

① 马克思恩格斯全集：第23卷［M］．北京：人民出版社，2001：533．
② 马克思．资本论：第1卷［M］．北京：人民出版社，2018：407．
③ 马克思．资本论：第1卷［M］．北京：人民出版社，2018：205．

要求的历史性变革。"①

（2）物质资本所有者的权力分析。古典企业中的物质资本所有者兼具企业家、管理者和财务资本家等角色于一身。从上节的分析可以看出，物质资本所有者在两个阶段 t_0 和 t_2 分别依靠企业家和财务资本家、管理者的角色获得绝对的剩余控制权和剩余索取权。关于物质资本所有者承担这两个角色对于其获得权力的作用分析如下。

首先，周其仁引用布罗代尔（Bruadel）的话"在以外任何一个经济时代都有'一些钱财找不到投入的场所'"②，即便在资本主义初期的商品生产供不应求的大背景下，资本仍然不是完全意义上的稀缺，资本家投资也并非完全意义上无风险的"一本万利"，企业家作用是物质资本所有者获得权力的因素之一。不过，在古典企业阶段，市场供不应求，企业多从事大众消费性商品的生产。物质资本所有者承担企业家角色发现获利机会并做出正确决策的要求相对较低。物质资本所有者作用的重要体现是再生产和积累的过程中，不断地更新代表社会生产力机器设备和相应的经营管理。于是，物质资本所有者并不是因作为企业家而获得生产剩余的绝对控制权和索取权。

其次，学者常常用科斯的企业理论中的"企业家—协调者"和团队生产理论中的"中心签约人"（尤其是后者）来解释古典企业中的物质资本所有者拥有权力的原因。科斯的企业理论认为"企业家—协调者"拥有权力以协调确定企业和市场边界，成为企业内部资源分配的关键。团队生产理论认为"中心签约人"拥有剩余索取权来解决其自身偷懒问题，并准确地监督其他参与者的行为。这两个理论都将管理者的协调、监督或计量这一管理者的作用看作权力的原因。于现代股份公司而言，古典企业规模较小、分工较弱，更容易协调和监督，如采取简单的计件工资或计时工资就可以了。于是，古典企业中的物质资本所有者并非因"企业家—协调者"

---

① 马克思. 资本论：第 1 卷 [M]. 北京：人民出版社，2018：210.
② Braudel F. *Afterthoughts on Material Civilization and Capitalism* [M]. The Johns Hopkins University Press，1977：35.

或"监督者"的身份而获得生产剩余的绝对控制权和索取权。

最后，古典企业的物质资本所有者因作为财务资本家而获得生产剩余的绝对控制权和索取权。在古典企业阶段，全国性乃至全球性的市场替代了手工作坊阶段的"小市集"、机器大工业替代手工作坊，都需要大量的资本来购买机器设备、厂房和劳动力，并将其组合起来，以便形成满足社会需求的生产力。同时，不管扩大的企业规模，不断更新的机器设备和越来越多的企业雇员，逐步提高资本"准入的门槛"。在这一阶段，财务资本投入的规模越大，往往意味着越高的社会生产力水平，也越能够体现规模经济的好处。"机器体系随着社会知识和生产力的积累发展来说，代表一般社会劳动的不是劳动，而是资本。社会的生产力是用固定资本来衡量的，它以物的形式存在于固定资本中。"[①] 于是，在这一阶段，物质资本资产作为财务资本家所有者获得生产剩余的绝对控制权和索取权。

（3）古典企业中物质资本所有者权力的演变。古典企业中的物质资本所有者的权力不是一成不变的。大致经历了从工场主到工厂制企业的工厂主、从工厂主到近代股份公司的大股东三大转变。古典企业中的物质资本所有者对生产剩余的控制权和索取权也经历了从很高到极高，再从极高到很高的转变。具体分析如下。

从工场主到工厂主，物质资本所有者的权力由很高变成极高。在工场主阶段，由于建立在手工工业基础上，"工场手工业中执行职能的总机构没有任何不依赖工人本身的客观骨骼"。[②] 在手工工场中，熟练工匠掌握着设备的维护和使用的技巧，并将其视为专用工具，即便这些设备属于工场主。同时，大多数的熟练工匠进行"自治管理"，即雇用助手，并且按照自己的意愿组织工作，还与工场主商定每一件产品的价格。其中，优秀的熟练工匠甚至在一定程度上控制了他们所属的企业。[③] 于是，工场主在

---

① 马克思恩格斯全集：第46卷上 [M]. 北京：人民出版社，2014：210.
② 马克思. 资本论：第1卷 [M]. 北京：人民出版社，2018：205.
③ H. J. 哈巴库克，M. M. 波斯坦. 工业革命及其以后的经济发展：收入、人口及技术变迁 [A]//剑桥欧洲经济史：第6卷 [M]. 北京：经济科学出版社 2004：508－509.

一定程度上不得不与老师傅分享剩余控制权和剩余索取权。不过，随着机器的推广，普通工人的技术或技能的作用进一步下降，工厂主拥有物质资本的作用进一步凸显。"大工业撕碎了这层帷幕（手工作坊和手工工场阶段手艺、秘诀形成的、'只有经验丰富的内行才能洞悉其中奥妙'的'哑谜'或'帷幕'）。大工业的原则是，首先不管人的手怎样，把每一个生产过程本身分解成各个构成要素……社会生产过程……分解成为自然科学的自觉按计划的和为取得预期有用效果而系统分类的应用。"① "当然，在这种情况下会造就一小批具有较高熟练程度的工人，但是，他们的人数决不能同'被剥夺了'知识的大量工人相比。"② 同时，虽然工厂主将一小部分监督权交给了"监工"或"工头"，但是这一权力的转移并没有实质性地影响到工厂主对生产剩余的控制权和索取权。

从工厂主到近代股份制公司中的大股东，物质资本所有者的权力由极高变成很高。基于工厂主相同的原因，近代股份制公司中的大股东凭借物质资本所有者的身份获得了绝对的剩余控制权或剩余索取权。不过，近代股份制公司雇用了大量的、具有很高专业水平的高层、中层和低层支薪管理者，而管理者已经在一定程度上摆脱了大股东的限制，只是在这一企业类型中还是"配角"而已。

在古典企业的不同阶段，物质资本所有者的地位不同。从手工工场中的工场主与一部分技术熟练和精湛的老师傅分享权力，到工厂制企业中的工厂主独占企业内部权力，再到近代股份公司中的大股东与支薪经理分享部分权力。

（4）古典企业中劳动者权力的演变。古典企业中的劳动者的权力不是一成不变的。大致经历了手工作坊阶段的学徒到手工工场的老师傅和普通工人、从手工工场中的老师傅到工厂制企业和近代股份公司的技术工人等两大转变。同时，技术工人和普通工人对生产剩余的控制权和索取权也经

---

① 马克思恩格斯全集：第 23 卷 ［M］. 北京：人民出版社，2001：533.
② 马克思恩格斯全集：第 23 卷 ［M］. 北京：人民出版社，2001：571－572.

历了从较低到很低或极低。具体分析如下。

在手工工场阶段，物质资本的作用大幅提升，而技术或技能等人力资本的作用在一定程度上降低。不过，从封建作坊中游离出来的技术熟练的老师傅往往具有很强的生产技能，这些技能决定工场手工业，尤其是初期工场手工业的生产效率，并享有一定的生产剩余。因此，马克思指出，"在资本的开始阶段，它对劳动的指挥具有纯粹形式的性质和几乎是偶然的性质"。① 当然，没有拥有技术的普通工人的资产专用性程度和资产专有性程度极低，几乎不能分享企业生产剩余。

从手工工场中的老师傅到工厂制企业和近代股份公司的技术工人。与手工工场中的老师傅对企业生产剩余具有重大作用、甚至起到举足轻重的作用不同，工厂制企业和近代股份公司中的技术工人在企业总人数中占比和相对重要性程度都下降了。马克思指出，"当然，在这种情况下会造就一小批具有较高熟练程度的工人，但是，他们的人数决不能同'被剥夺了'知识的大量工人相比"。② 技术工人和普通工人之间还是有较大的区别，即二者分别是简单劳动和复杂劳动，并且"比重复杂的劳动只是自乘的或不如说多倍的简单劳动，因此，少量的复杂劳动等于多倍的简单劳动"。③ 当然，与手工工场中的普通工人类似，工厂制企业和近代股份公司中的普通工人的讨价还价能力极低，几乎不能分享企业生产剩余。

（5）古典企业效率问题。从上述分析不难看出，在古典企业中，作为物质资本所有者的物质资本所有者拥有极高的讨价还价能力，$s_k \rightarrow 1$。需要指出的是，如果不同的企业参与者超过两大类，那么这两类企业参与者共同的资产专用性程度趋近于1。如手工工场中的工场主和技术熟练且精湛的老师傅，近代股份公司中的大股东和管理者的情况。当然如果一方相对另一方仍具有相对强势的话，那么一方仍可以近似视为相对甚至绝对意义上的权力拥有者。

---

① 马克思. 资本论：法文版［M］. 北京：中国社会科学出版社，1983：331-332
② 马克思恩格斯全集：第23卷［M］. 北京：人民出版社，2001：571-572.
③ 马克思. 资本论：第1卷［M］. 北京：人民出版社，2018：58.

工人可以分为两种情况，一类是技术工人，另一类是普通工人。技术工人拥有技术或技能等人力资本，可以凭借其较低的资产专用性和资产专有性程度，获得一定比例的生产剩余。不过，相对普通工人而言，技术工人的人数占比很少。在机器的普遍运用下，大量的普通工人 s_l 成为只能掌握某一个或某几个简单操作的"局部工人"，仅拥有极低的人力资本投资，讨价还价能力极低，$s_l \rightarrow 0$。

于是，在古典企业中，物质资本所有者成为了具有绝对权威的负责企业一切事务并可以独占全部生产剩余的"司令"，而普通工人则除了出卖自身劳动力外一无所有，有退出成本使得市场已经不能保护其极少的专用性人力资本投资。于是，出现了在流通领域的平等和等价交换与生产领域的权力和占有生产剩余。在流通领域或商品交换领域，劳动力的买和卖只取决于劳动者本身的自由意志，似乎是"天赋人权的真正乐园"，同时劳动力的买卖双方都只支配自己的东西，是以"自由的、在法律上平等"的人和等价交换为前提缔结契约的，这当中"使他们连在一起并发生关系的唯一力量，是他们的利己性，是他们的特殊利益，是他们的私人利益"。[①]不过，一旦进入生产领域，资本主义生产关系就得以确立："原来的货币所有者成了资本家，昂首前行；劳动力所有者成了他的工人，尾随于后。"[②]"随着许多雇佣工人的协作，资本家的指挥发展就成为劳动者过程本身进行所必需的条件。现在，在生产场所不能缺少资本家的命令，就像在战场上不能缺少将军的命令一样。"[③]

在古典企业中，出资方拥有的财务资本具有极高的讨价还价能力，$s_k \rightarrow 1$，普通工人拥有极低的人力资本投资，$s_l \rightarrow 0$。由于普通工人考虑到中断契约后寻找新的企业花费的成本而理性地选择继续留在团队中。同时，出资方理性的选择是占有普通工人的人力资本投资，尽管单个普通工人的人力资本投资资本量极小，但是作为整体的普通工人人数众多，仍可

---

① 马克思. 资本论：第 1 卷 [M]. 北京：人民出版社，2018：18.
② 马克思. 资本论：第 1 卷 [M]. 北京：人民出版社，2018：19.
③ 马克思. 资本论：第 1 卷 [M]. 北京：人民出版社，2018：367.

以产出可观的生产剩余。同时，由于普通工人是其自身人力资本的所有者，可以通过偷懒等手段减少生产力，降低企业生产剩余，即造成企业效率损失。

7.2.2　权力视角下现代股份公司中的效率问题初探

1. 现代股份公司简介

现代股份公司的形成过程就是管理者这种协调、监督和计量等专用性人力资本的所有权得以最终体现过程。从古典企业的三个阶段可以明显看出这一变化。在手工工场中，一般看不到管理者的身影。在工厂制企业中，出现了"监工"或"工头"这种具有监督或计量作用的管理者的"雏形"。不过，这一阶段的管理者一般不需要专业要求，只是工厂主的"眼睛"和"手脚"的延伸而已，因而也不能对工厂主形成实质性的影响，在生产剩余的控制权和索取权中也几乎没有什么话语权。在近代股份公司中，管理者拥有了较为专业的技能和较高的协调、监督和计量能力，具有了较为系统的分工，并在高层、中层、低层的管理中都扮演了较为重要的角色。同时，随着近代股份公司股份的逐步分散使得股东间"搭便车"行为加剧、专业分工的细化和技术复杂性增加等，使得大股东对支薪经理的监督能力下降。此时，支薪经理已经可以凭借其较高的资产专用性程度和资产专有性程度，获得一定比例的生产剩余。不过，近代股份公司中的大股东仍然拥有较多的股份份额并且掌握着公司大部分的剩余控制权，可以通过建立完善的财务和统计制度较好的监督支薪经理，支薪经理往往只是辅助其更好地经营公司。随着近代股份公司进一步发展，众多股东的协商和"搭便车"问题、管理的专业性、技术的复杂性、管理者自身的偷懒问题等等日益突出，最终形成了所有权和经营权两权分离的现代股份公司。

1968 年，伯利和米恩斯出版了《控制的演化》一书。在该书中，作者将企业控制分为：通过（1）接近完全的所有权控制；（2）多数所有权控制；（3）少数所有权控制；（4）通过法律手段控制；（5）管理者控制五类。其中，所谓管理者控制，即股东所有权，但公司的控制权掌握在管理者手中。这是现代企业的典型特征。在此之前的1932年，伯利和米恩斯出版了《现代股份公司和私有财产》一书，并首次提出了所有权和管理权两权分离为特征的现代股份公司。在该书中，作者假设持有20%具有表决权的股份的股东才能对公司进行有效的控制。按照这一标准，高度分散的股份使得很少的美国大型企业中的股东达到这一标准，即股东已经无法对管理者形成有效的控制。伯利和米恩斯研究发现，20世纪30年代初期，在美国大型股份公司在最大的200家公司中，由管理者支配的公司数量占总数的44%，支配公司财富则为58%。

伯利和米恩斯指出，在现代股份公司中，股东所有权与表决权和实际控制权相分离具体表现在：（1）管理者控制了董事会选举，进而在很大程度上控制了董事会。在现代股份公司中，股东在保留了重大事项的表决权、股利分配权、股份转让和剩余财产分配的请求权等权力的前提下，将大部分的剩余控制权委托给了董事会。然而，董事会的选举往往掌握在管理者手中。股东通常有三种选择：放弃投票、亲自参与股东大会并且行使表决权、委托代理委员会（由管理者指定）行使其表决权。在股东大会上，由于单个股东的表决权只占极小的比例，单个股东通常只有两种决策：不投票或把他的表决权让渡给委托代理委员会（由管理者指定）。于是，委托代理委员会（由管理者指定）成为决定董事会选举的决定性因素。（2）为了提高决策的效率，在股东（股东大会）将大部分剩余控制权交给董事会后，董事会将企业日常经营决策的权力委托给管理者，于是，形成了"股东—董事会—管理者"的剩余控制权的转移链条，进而使得现代股份公司所有权和经营权分离。可见，在现代股份公司中，管理者不仅拥有了企业日常经营决策权，还通过委托代理委员会等在很大程度上间接控制了对其监督并拥有大量剩余控制权的董事会。

在此基础上，伯利和米恩斯认为，现代股份公司的出现使古典企业物质资本所有者独占剩余控制权不同，即物质资本所有者所有权发生了革命性的变化。钱德勒（1977）进一步指出，现代股份公司是一个由中高层管理者监督、指挥和协调层级的结构，并将现代股份公司称为"管理者资本主义"。①

2. 现代股份公司参与者的角色定位

在伯利和米恩斯看来，股份公司中的股东拥有现代股份公司的剩余索取权，而管理者则拥有了剩余控制权。不过，管理者的剩余控制权在一定程度上威胁了传统企业中的物质资本所有者独占意义上的所有权，即管理者拥有剩余控制权并可以以这一权力占有股东利益。这一观点认为股东天然的是现代股份公司的唯一主人，应该拥有现代股份公司全部的剩余索取权和剩余控制权。不过，这一观点受到很多经济学家的质疑。钱德勒（1977）指出了管理者管理现代股份公司的历史进步性。与纯粹的资本家相比，管理者适应了技术发展，日益技术化和职业化，是公司中新技术和新方法的掌握者；管理者通过管理协调比市场协调带来更大的生产力。同时，钱德勒将现代股份公司定位为一个由中高层管理者监督、指挥和协调层级的结构，即"管理者资本主义"。② 斯蒂格勒（Stigle）和弗莱德曼（Friedman）指出，股份公司不是"所有权和经营权分离"，而是财务资本和管理者的能力这两类资本及其所有权之间的复杂合约。③ 本书认可后者看法。

在现代股份公司中，作为物质资本所有者的股东兼具了企业家、管理者和财务资本家等多种角色，而不只是财务资本家。从理论上说，现代股份公司中的股东回报率要高于债权回报率，更高于银行利息。不过，在现代股份公司中，大量小股东的企业家和管理者的角色主要通过其"用脚投

---

① ② 小艾尔弗雷德·D. 钱德勒. 看得见的手：美国企业的管理革命 [M]. 北京：商务印书馆，1987.

③ Stigler and Friedland. The literature of economic：The case of berle and means [J]. *Journal of Law and Economics*，1983，26：237 – 268.

票"选择投资上，而难以通过投票权选择经营者和参与重大决策。如伯利和米恩斯指出，在现代股份公司的董事会选举中，通常单个股东往往不会亲自参与投票，而是选择放弃投票或将表决权交给由管理者指定的委托代理委员会。可见，在"股东—董事会—管理者"的链条中，小股东选择经营者和参与重大决策权往往"大打折扣"。可见，在现代股份公司中，股东实际上已经放弃或转让对绝大多数的重大事项的表决权，其难以发挥其作为企业家和管理者角色的作用。众多的小股东组成并为现代公司大部分资金。于是，作为整体的小股东主要作用体现在财务资本家这一角色中。

在现代股份公司中，管理者实际上不仅发挥着资源整合和企业参与者协调的作用，还在一定程度上起到了探索和发现市场商机这一企业家的作用。从理论上说，在现代股份公司中，在将大部分剩余控制权委托给董事会之前，大量的小股东保留了重大事项的表决权、股利分配权、股份转让和剩余财产分配的请求权等权力。不过，正如前文所说大量的小股东在选举董事会时，往往选择弃权或委托给由管理者指定的委托代理委员会。如类似选举董事会的其他重大事项的表决权也往往"落入"管理者手中。也就是说，管理者可以利用单个小股东放弃或转让表决权的行为获得公司重大事项的决策权。同时，基于效率的考虑，董事会会将日常经营决策权交给管理者。可见，管理者获得了大部分公司重大事项的决策权和日常经营决策权。

3. 现代股份公司的权力和效率分析

（1）现代股份公司的技术和组织结构。在现代股份公司中，机器设备仍然是社会生产力的"物化"表现。也就是说，从生产力角度看，机器大工业阶段的技术特征延续到了现代股份公司阶段。从生产关系角度看，机器大工业阶段的武装资本所有者拥有绝对控制权变成了管理者拥有控制权。因此，小阿尔弗雷德·钱德勒在研究美国 20 世纪 50 年代至 60 年代的工业"管理革命"后认为，美国工业中的规模经济更多的是制度因素，而非技术变迁的结果。

从长线技术和垂直组织的角度看，由于与古典企业有着类似的技术特征，决定了现代股份公司仍然是权力集中型的垂直组织。同时，由于长线技术本身仍然体现在以机器设备为代表的固定资产上，所有技术复杂性并没有使得技术工人或技术专家像管理者那样拥有控制权。此外，这一技术特征还决定了前期资本所有者 C_0 必然是物质资本所有者。作为前期资本所有者 C_0 的众多股东投入对公司的固定资本和流动资本进行了全额或高比例份额的投资，并且在第一阶段（t_0）的讨价还价过程中拥有了绝对的"话语权"，即拥有全部或高比例的剩余控制权和剩余索取权。

不过，在第二阶段（t_2）的讨价还价过程中，现代股东公司中的股东和管理者的讨价还价能力与古典企业中的物质资本所有者和管理者之间的关系发生了根本性的逆转。随着技术链条的延长，物质资本投资随之呈几何倍数增加，进而导致单个或少数合伙形式的物质资本所有者难以提供足够的资金。社会化筹资使得众多股东的投入资本额占总份额的比例逐渐降低，而他们之间的协调变得困难，"搭便车"问题随之突出，极大降低了股东监督的能力和积极性。不难得出，作为前期资本所有者 C_0 的众多股东的态度是不积极的。同时，相比古典企业，现代股份公司的技术链条进一步延长，体现在组织结构随之复杂化，管理难度也逐步提升。于是，股东拥有所有权和名义上的"最终控制权"，而管理者获得了实质上的控制权。

（2）现代股份公司的权力结构。在现代股份公司中，大量的小股东兼具企业家、管理者和财务资本家的角色。不过，单个股东面临着巨额的协调成本，难以克服"搭便车"问题。实际上，单个股东已经放弃或转让给管理者（甚至在很大程度上控制董事会，使其沦为"橡皮图章"）绝大多数的重大事项的表决权，难以发挥其作为企业家和管理者角色的作用。同时，现代股份公司规模巨大，单个小股东出资相对整个公司而言也微乎其微。于是，单个小股东作为财务资本家的角色也难以体现。因此，按照前文模型可知，在现代股份公司中，单个小股东的资产专用性程度和资产专有性程度极低，拥有极低的讨价还价能力，$s_k \to 0$。

在现代股份公司中，管理者兼具企业家、管理者的角色。基于效率原因，大量的小股东直接或间接将公司重大事项的表决权交给了管理者的同时，董事会将公司日常经营决策权也交给了管理者。于是，尽管管理者没有或拥有很少公司的股份，承担了企业家和管理者的角色，也掌握了公司的剩余控制权。以伯利和米恩斯的定义为标准，在现代股份公司中，持有20%具有表决权的股份的大股东并不存在，管理者拥有极高的资产专用性程度和资产专有性程度，拥有极高的剩余控制权，$s_l \rightarrow 1$。

（3）现代股份公司的效率。在现代股份公司中，大量小股东的资产专用性程度和资产专有性程度极低，难以拥有剩余控制权，即 $s_k \rightarrow 0$。与银行存款人和债权人不同，单个股东以本金为限承担了管理者经营管理和决策可能造成的损失，拥有相应的专用性投入。虽然单个股东有"用脚投票"的权力来规避损失，但是在信息不对称的情况下，单个股东实际上无法准时并且精确地获得相应的信息，难以行使这一最后规避损失的权力。管理者拥有极高或很高资产专用性程度的人力资本，$s_l \rightarrow 1$。管理者直接或间接拥有大部分公司重大事项的决策权和日常经营决策权，即尽管管理者没有或拥有极少的公司股份，却实质上掌握了公司的控制权。在现代股份公司中，因为管理者有权力和动机占有小股东的利益，所以单个小股东会在其总投资中选择减少相应对公司的投资；或者更多风险偏好型的小股东，而非风险中型或规避型的小股东选择公司投资，股东可能更倾向于获得股票价格波动的投机收益，而非公司长期价值增长，进而公司具有更强的短期利益冲动，而非实质性的长期价值增加。可见，现代股份公司中管理者等占有小股东利益会陷入恶性循环，降低公司生产剩余，造成效率损失。

7.2.3 权力视角下后现代企业中的效率问题初探

1. 后现代企业简介

20世纪70年代后期，以信息技术、网络技术等信息产业为标志的科技革命，知识经济逐渐展现端倪，经济发展方式也发生了革命性变化，即以知识型的经济增长方式取代劳动密集型和资本密集型的经济增长模式，技术密集型的集约化生产方式取代劳动密集型和资本密集型的粗放型生产方式。哈特（Hardt）和内格里（Negri）等把这一时期的资本主义社会称为"后资本主义社会"或者"后工业经济"。在作为国民经济微观基础的企业中，知识成为最稀缺和最重要的生产要素，出现了一种新的强调知识的企业类型，被称为知识型企业或后现代企业。这一企业类型最为典型的代表是以美国硅谷IT产业。在短短十几年时间内，美国硅谷出现了苹果、英特尔、微软、甲骨文、莲花、太阳、康柏等一大批举世闻名的新型IT企业。它们白手起家，仅用数年时间就并驾齐驱或赶超IBM、数字设备公司等老牌著名跨国企业。同时，后现代企业还广泛地出现在生物科技、新能源、高端装备制造、新材料等新兴产业领域。

在后现代企业中，主要有四大类企业参与者，即风险投资者、技术专家、管理者和工人（见图7-1）。技术专家进行技术创新活动，是后现代企业新技术或新发明的提供者。风险投资者在发现并认定技术专家的新技术或新发明，为其提供配套的管理、辅助性的技术和资金。风险投资者一般采取有限合伙企业的形式，即包含了普通合伙人和有限合伙人。其中，普通合伙人负责发现和认定技术专家的新技术或新发明，主导成立后现代

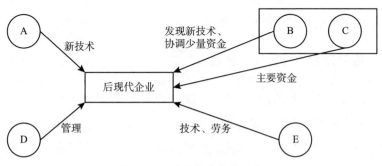

图7-1 后现代企业的形态

注：A为技术专家，B和C组成风险投资者，企业类型是有限合伙企业。其中，B为风险投资者中的普通合伙人，C为风险投资者中的有限合伙人。D为管理者，E为技术工人和普通工人。

企业并负责为其寻找管理者和辅助性技术工人等协调工作，提供3%左右的资金，并承担无限责任。有限合伙人则同时与多位普通合伙人合作，以分批的形式为后现代企业提供主要的（97%左右）资金，并且以出资额为限承担有限责任，不实质性地参与后现代企业。管理者负责后现代企业的经营和管理。工人分为技术工人和普通工人，分别从事技术岗位和一般岗位的工作。

2. 后现代企业参与者的角色定位

在后现代企业中，纯粹的资本家无法履行辨识风险和提供资金的功能，纯粹的高级管理者的作用也较低；而技术专家和风险投资者成为企业的主角。其中，技术专家提供后现代企业所需的新技术和新发明等技术创新活动，具有企业家的性质。风险投资者需要一分为二地看，一是普通合伙人，需要辨识创新型技术专家创新成果的市场价值，并为其提供必要的资金和管理等协调工作，具有企业家、管理者和财务资本家的多重角色，以企业家的角色最为突出；二是有限合伙人，是后现代企业最主要的资金提供者，也以选择普通合伙人的形式参与后现代企业的创建，具有一定的企业家的性质，以财务资本家的角色为主。管理者主要的角色定位是整合资源和企业内参与者之间的协调。技术工人和普通工人的角色定位则为技术和劳务提供者。相对其他类型的企业，后现代企业对技术工人和普通工人的人力资本要求相对会高一些。

3. 后现代企业内部权力和效率

（1）后现代企业的技术特征和组织结构。与古典企业和现代股份公司不同，在后现代企业中，创新和知识等的作用占据了主导地位。那些技术专家的"大脑"才是这个时代社会生产力的核心所在。因此，技术专家真正意义上站在了企业这一"舞台"的"中央"，掌控着后现代企业的"灵魂"，并且拥有大部分甚至是绝对意义上的剩余控制权和索取权。

与古典企业和现代股份公司强调固定资本投资不同，后现代企业中强调创新和知识。与古典企业和现代股份公司的前期资本所有者 C_0 必然是物质资本所有者不同，后现代企业的前期资本所有者 C_0 绝大多数是人力资本所有者，当然不排除包括一些物质资本所有者。同样，古典企业和现代股份公司的长线技术对应着垂直组织不同，后现代企业对应着水平组织。在第一阶段（t_0）的讨价还价过程中，后现代企业中的技术专家拥有了绝对的"话语权"，即拥有全部或高比例的剩余控制权和剩余索取权，这不排除部分物质资本所有者所有一定比例的剩余控制权和剩余索取权。在第二阶段（t_2）的讨价还价过程中，随着风险投资者、管理者和普通工人的加入，后现代企业中的技术专家与之分享剩余控制权和剩余索取权。

（2）后现代企业内部权力和效率。技术专家和风险投资者最大的角色是创新精神的企业家。同时，技术专家和风险投资者中的普通合伙人的创新能力是一种创新性、试错性和知识性劳动，在很大程度上由于其天赋和难以复制的学习和工作经历，市场供给十分有限。与简单劳动相比，二者的可监督性、可控制性、市场可替代程度都大大下降了，$s_{l1} \in (0, 1)$，$s_{l2} \in (0, 1)$。风险投资者中的有限合伙人则提供了绝大部分的资金，$s_k \in (0, 1)$。与之对应的是，技术专家和风险投资者通过创业股、分红转本股、干股、期股等，获得企业大部分的剩余控制权和剩余索取权，激发了其创新精神，创造了大部分的生产剩余。

在后现代企业中，管理者承担着企业内资源整合和参与者之间协调的工作，往往具有特定行业的专用性人力资本，具有较高的资产专用性程度 $s_{l3} \in (0, 1)$。后现代企业对技术工人和普通工人的人力资本要求相对其他类型企业，具有较高的资产专用性程度，$s_{l4} \in (0, 1)$。后现代企业中的管理者、工人都具有部分"要素市场的内部化"的情况，即企业必须承担二者的专业技能培训，二者的技能与其职位较为严格的相匹配。于是，后现代企业从外部市场中寻找到一名合格的替代者需要花费一定的成本，加之因替代者不适应职位和不合作而形成人力资本损耗造成的沉没成本，以及培训新的参与者所需投入的费用，使得企业愿意与其分享生产剩余。同时，后现代企业在初期多采取股份激励的形式，也愿意与绝大多数员工分享生产剩余。

以上种种原因，使得后现代企业倾向于分享企业内部权力。按照前文模型分析可知，后现代企业中的参与之间的资产专用性程度符合 $s_{l1} \in (0, 1)$，$s_{l2} \in (0, 1)$，$s_k \in (0, 1)$，$s_{l3} \in (0, 1)$，$s_{l4} \in (0, 1)$ 并且 $(s_{l1}, s_{l2}, s_k) > s_{l3} > s_{l4}$，并且构建了一种权力制衡的权力结构。在后现代企业参与者之间在退出的可置信威胁和多次重复博弈的可置信承诺下，二者形成了一种双边锁定的契约关系，进而可以公平且有效率地实现生产剩余。

需要指出的是，尽管后现代企业是一种分享的企业类型，并不意味着它没有权力分配和效率损失问题。在后现代企业中，在前期物质资本投入要求不太高的情况下，前期资本所有者 C_0 难以掌握核心的密集技术、管理和制度，新的企业参与者 N 很可能选择"另立门户"。作为创业的技术专家和外部资本所有者之间因为理念和利益之争也会产生权力冲突，进而引发效率问题。详见后文分析。

 ## 7.3　权力视角下不同类型企业效率的比较

7.3.1　不同类型企业参与者作用的比较

在结合前文分析的基础上，本节通过研究不同的企业类型演化的趋势，得出不同企业类型下企业参与者的作用。

1. 企业演化的整体趋势

（1）生产资料提供者日益细化。随着企业内分工的逐渐细化，企业生产资料提供者也逐渐细化。在古典企业阶段，物质资本的作用被凸显出来，成为决定剩余索取权和剩余控制权的关键性因素。同时，在古典阶段，管理的作用也逐渐显现。在手工工场和工厂制企业中，监工和工头只是企业主的"眼睛"和"手脚"的自然延伸，仍是由企业主"看到一切、知道一切、控制一切"。到了近代股份公司，支薪经理已经在公司内的资源整合、协调和管理中发挥了重要的作用，尽管大股东可以通过财务和统计制度在很大程度上控制支薪经理。在现代股份公司阶段，管理者已经站在了公司这一舞台的"中央"，直接掌握了日常经营决策权，并且间接掌握了大部分剩余控制权。在后现代企业阶段，创新性的技术专家、创新性的企业家独立性得到了体现，并在这一阶段扮演着重要的角色。

（2）人力资本的作用逐渐凸显。在古典企业阶段，物质资本起到了决定性的作用。在这一阶段，尤其是机器大工业时期，机器设备和工业流程"切割"整个工作流程为只需要一个或几个简单操作的工序，大量的普通工人则负责相应的工序，专用性人力资本投资量很低。在这一时期，企业会造就一小批具有较高熟练程度的工人，但是，他们的人数决不能同"被剥夺了"知识的大量工人相比。[①] 同时，在古典企业阶段，管理这一人力资本的作用也没有得到明显的体现。手工工场阶段和工厂制企业阶段，具有管理性质的监工和工头只不过是企业主"眼睛"和"手脚"的自然延伸而已。在近代企业阶段，支薪经理发挥了整合资源、协调和管理的作用，却仍在大股东的全面掌握之中。在现代股份公司阶段，管理者掌握了公司的绝大多数的剩余控制权，成为公司绝对权力的拥有者。在后现代企业阶段，除了管理者和技术工人外，创新性的技术专家、创新性的企业家凭借极强创新性、试错性和知识性复杂劳动这一很高的人力资本投资，获得了企业大部分的剩余控制权和剩余索取权。

（3）物质资本的作用相对下降。在古典企业阶段，全国性乃至全球性的市场逐渐形成，日常必需品等供不应求，需要大量的资本来购买机器设备、厂房和劳动力，并将其组合起来，资本的"准入的门槛"逐渐提高，

---

① 马克思恩格斯全集：第 23 卷［M］. 北京：人民出版社，2001：571 - 572.

财务资本投入的规模越大，越能够实现规模经济的好处，以便形成满足社会需求的生产力。物质资本成为企业效率的决定性因素。在现代股份公司，以股份形式向社会大众的筹资和现代金融的发展，使得公司资本问题得到了很好的解决。随着生产力的发展，一般商品往往供过于求，如何探索和发现新的商机，如何整合资源、协调企业参与者之间的关系，以及如何为企业提供新技术等人力资本投资逐渐成为决定企业成功的关键。随着人力资本的资产专用性程度和资产专有性程度和讨价还价能力的提升，物质资本的资产专用性和讨价还价能力则相对下降。

2. 不同类型企业参与者的作用

结合前文分析，不难得出不同类型企业参与者的作用（见表7-1）。

表7-1　　　　　　不同阶段企业的角色界定、权力和效率关系

企业阶段		参与者	角色				
			资金	创新	管理和协调	技术	劳务
古典企业	手工工场	工场主	+++	+	+		
		监工或工头			−		
		技术工人				+	
		普通工人					−
	工厂制企业	工厂主	+++	+	+		
		监工或工头			−		
		技术工人				+	
		普通工人					−
	近代股份公司	大股东	+++	+	+		
		支薪经理			++		
		技术工人				+	
		单个工人					−

续表

企业阶段	参与者		角色				
			资金	创新	管理和协调	技术	劳务
现代股份公司	股东		−	−	−		
	管理者			++	+++		
	技术工人					+	
	普通工人						−
后现代企业	风险投资者	普通合伙人	++	+++	++		
		有限合伙人	+++	+			
	管理者				+++		
	技术专家					+++	
	技术工人					++	
	普通工人						+

注:"+++"表示资产专用性程度和资产专有性程度极强,"++"表示资产专用性程度和资产专有性程度强,"+"表示资产专用性程度和资产专有性程度一般,"−"表示资产专用性程度和资产专有性程度低,空格则表示没有进行相应的资产专用性投入。同时本表仅列出单个参与者之间的关系,而非某类参与者之间的关系。

（1）古典企业阶段。企业主（依次是手工工场中的工场主、工厂制企业中的工厂主、近代股份公司中的大股东）扮演着财务资本家、企业家和管理者三重角色。①在古典企业阶段,市场供不应求,企业家发现获利机会并做出正确决策的要求相对较低,使得企业主并不需要很强的创新能力;②古典企业规模较小、分工较弱、更容易协调和监督,如采取简单的计件工资或计时工资就可以了,企业主在一定程度上承担了管理者的角色,却不是其获得权力的主要原因;③在古典企业阶段,全国性乃至全球性的市场逐渐形成,都需要大量的资本来购买机器设备、厂房和劳动力,并将其组合起来,资本的"准入的门槛"逐渐增加,财务资本投入的规模越大,越能够实现规模经济的好处,以便形成满足社会需求的生产力。可见,企业主最主要的角色是财务资本家。同时,企业内有着少量的技术工人拥有一定的技能和大量的掌握一个或少数简单操作的普通工人。

（2）现代股份公司。股东日趋分散化和"质点化"。尽管单个股东拥有"用脚投票"选择公司和对应管理者的可能性，却因为"搭便车"等难以实质性地参与公司的决策和管理，并且只提供相对公司规模而言很少的资金。虽然管理者拥有很少甚至没有公司股份，却拥有公司绝大部分剩余控制权，承担着探索和发现市场机会、整合资源和协调的作用。在现代股份公司中的技术工人和普通工人的角色与古典企业类似。

（3）后现代企业。技术专家是后现代企业新技术或新发明的提供者。风险投资者中的有限合伙人提供绝大多数资金，而普通合伙人则提供发现并认定技术专家的新技术或新发明，为其提供配套的管理、辅助性的技术和少量资金。管理者负责后现代企业的经营和管理。工人分为技术工人和普通工人，分别从事技术岗位和一般岗位的工作。

7.3.2 不同类型企业效率的比较

结合前文分析，不难得出不同类型企业的技术特征和组织形式。在此基础上，本章研究企业内部权力结构和效率问题（见表 7-2）。

表 7-2 不同类型企业内部权力结构和效率问题

	古典企业	现代企业	后现代企业
技术特征	长线技术	长线技术	密集技术
	技术链短、积极的物质资本所有者	技术链长、消极的物质资本所有者	
组织形式	垂直组织	水平组织	水平组织
强（势）权者	财务资本家	管理者	技术专家/管理者
强权者类型	物质资本所有者	人力资本所有者	人力资本所有者
效率损失	占有工人生产剩余	占有股东利益	"另立门户"

（1）在古典企业和现代股份公司中，机器设备是社会生产力的物化结果和体现。与机器设备相对应的长线技术决定了权力的相对集中更为有效率。同时，这一技术特征也决定了物质资本所有者在第一阶段的讨价还价过程中拥有绝对意义上的控制权。在第二阶段的讨价还价过程中，在古典企业中，长线技术的技术链较短并且作为前期资本所有者 C_0 的财务资本所有者有能力和意愿在资本积累和再生产中进行投资并掌握企业技术，以及相应的管理和制度，进而掌控了企业的剩余控制权和剩余索取权。与之不同，在现代股份公司中，长线技术的技术链较长，而作为前期资本所有者 C_0 的众多股东因投资额度低、协调困难和搭便车问题等，难以成为积极的参与者。与之相反，管理者因为协调的能力和监督的困难等原因，则成为现代股份公司的控制者。

由于技术特征和组织形式决定了企业参与者的权力结构和效率。由上述分析可知，在古典企业中，财务资本所有者拥有绝对权力，可以占有工人的生产剩余，而后者则降低资产专用性投资，造成效率损失。在现代企业中，由于管理者拥有控制权，可以侵占股东权益，而后者则降低专用性组织投资，产生效率损失。

（2）与古典企业和现代股份公司不同，在后现代企业中，技术专家的"大脑"取代机器设备成为社会生产力的核心所在。与创新和知识相对应的密集技术决定了水平组织更有效率。同时，这一技术特征也决定了技术专家在第一阶段的讨价还价过程中拥有绝对意义上的控制权。在第二阶段的讨价还价过程中，风险投资者、管理者和普通工人也将分享部分剩余控制权和剩余索取权。

在后现代企业中，由于密集技术的特征，技术专家们之间和管理者等在一定程度上掌握了创新理念和相应的技术，而这一技术远比机器设备难以受到第三方强制的保护。一旦他们之间的权力分配不当，很容易导致"另立门户"的情况发展，关系到后现代企业的生存和发展。

7.4 小　结

按照企业的历史演进过程，本章探究了企业经的三个典型阶段，即古典企业、现代股份公司和后现代企业。其中，在古典企业阶段，物质资本所有者拥有绝对权力，并利用这一权力占有普通工人的生产剩余，而后者降低资产专用性投入，造成效率损失。在现代股份公司中，管理者凭借其掌握的剩余控制权可以占有小股东的利益，而后者则减少投资或进行投机，形成恶性循环，降低企业效率。后现代企业中，企业参与者形成了相互制衡的权力结构，并基于资产专用性程度和资产专有性程度分享生产剩余。从"技术—权力结构—效率"的博弈模型来看，长线技术对应的垂直组织决定了古典企业和现代股份公司的上述权力结构和效率问题，而密集技术对应的水平组织决定了后现代企业的上述权力结构和效率问题。后文将着重研究上述企业类型中的强制性权力如何运用、效率损失如何生产以及如何应对效率损失问题。

第8章

古典企业的企业内部
权力和效率问题

根据前文分析可知，在古典企业阶段，机器是社会生产力的物化产物，垂直组织与之相适应，权力的集中于物质资本所有者是效率的必然要求，即物质资本所有者和普通工人这一人力资本所有者的关系为 $s_k \rightarrow 1$，$s_l \rightarrow 0$。不过，物质资本所有者会凭借权力占有普通工人的人力资本所有者创造的生产剩余，并且造成效率损失。因此，本章以古典企业为主要对象，探究物质资本占有人力资本的权力和效率问题。

需要指出的是，只要物质资本所有者拥有绝对的权力，而人力资本所有者几乎没有权力，就会出现这一权力和效率问题。古典企业只是物质资本所有者占有工人这一人力资本所有者的一种抽象，并非这一现象仅发生在古典企业之中。在现代股份公司中，从整个公司的层面看，存在着管理者的人力资本所有者占有大量中小股东的物质资本。从单个工厂看，则可能存在着物质资本所有者占有大量的普通工人的人力资本的情况。在后现代企业中，虽然风险投资者、管理者、技术工人等物质资本所有者和人力资本所有者可以分享生产剩余，但是仍有可能存在着物质资本所有者占有普通工人的人力资本。因此，本节的探究结论可以推而广之到所有物质资本拥有绝对权力的情况。

8.1 物质资本所有者获得权力的条件

在古典企业中，社会生产力物化在以机器设备为标志的固定资产投资上。这导致了物质资本所有者的讨价还价能力极高并获得绝大部分甚至独占企业生产剩余，而人力资本所有者的讨价还价能力极低而几乎没有获得生产剩余。在古典企业阶段，机器大生产导致了机械化和碎片化支配劳动过程，极大降低了劳动者的专门知识和技能的作用。当然，劳动力供给过剩和缺乏必要保障加剧了本已悬殊的劳资之间的权力对比。具体分析如下。

8.1.1 机械化和碎片化支配劳动过程

在手工作坊阶段，手工作坊主和学徒之间的分工和协作并细化。他们往往需要掌握全部的生产过程所需的各种技能。整个生产流程被熟练掌握的过程一般需要花费相当长的时间和费用，以及一定的天分。于是，手工作坊中的作坊主和学徒的手艺的资产专用性程度很高。于是，手工作坊主和学徒之间的劳动过程是有机的和完整的。

随着生产力的不断发展，手工工场取代了手工作坊。手工工场主"不只具有现成的协作条件，而且还通过分解创造出协作条件"，[1] 将工人固定在局部操作上并使其成为"局部工人"，进而确保"连续性、划一性、规则性、秩序性"。这一手工工场内的"分工发展社会劳动的质的划分和量的规则和比例"。[2] 不过，相对大机器时代工厂制企业内的劳动分工而言，手工工场内的劳动分工仍具有一定的随意性。随着机械大规模的推广

---

[1] 马克思. 资本论：第1卷 ［M］. 北京：人民出版社，2018：382.
[2] 马克思. 资本论：第1卷 ［M］. 北京：人民出版社，2018：383－384.

和运用，"机器、化学过程和其他方法使工人的社会结合不断地随着生产的技术基础发生变革"。① 手工工场中形成的"局部工人"又被纳入整齐划一性、连续性的机器体系。于是，在工厂制企业中，总体工人不断地被机器支配，并不断地被碎片化为局部工人，以实现整个机器体系生产能力的极限。

可见，大规模的机械化生产和分工的不断细化，使得劳动过程不断地受到碎片化（fragmentation）和机械化的支配，② 于是大量工人沦为只掌握某一个或某几个简单操作的"局部工人"。于是，在古典企业中，大量的工人拥有的人力资本的资产专用性程度极低。

8.1.2　极大地降低了劳动者的专门知识和技能的作用

在手工作坊阶段，专门的知识和技能成为企业成功的关键。作坊主是技术熟练和精湛的老师傅，而学徒也必须逐步具备相应的手艺以获得相应的生产剩余。同时，"各种特殊的手艺直到18世纪还被称为秘诀，只有经验丰富的内行才能洞悉其中的奥妙。这层帷幕在人们面前掩盖起他们自己的社会生产过程，使各种自然形成的分门别类的生产部门彼此成为哑谜，甚至对每个部门的内行都成为哑谜"。③ 于是，在手工作坊阶段，"秘而不宣"的、复杂而精湛的手艺成为企业的核心竞争力。

不过，"大工业撕碎了这层帷幕。大工业的原则是，首先不管人的手怎样，把每一个生产过程本身分解成各个构成要素，从而创立了工艺学这门完全现代的科学。社会生产过程的五光十色的似无联系的和已经固定化的形态，分解成为自然科学的自觉按计划的和为取得预期有用效果而系统分类的应用"。④ 当然，这一过程不是不需要专门的知识和技能，而是通

① 马克思. 资本论：第1卷［M］. 北京：人民出版社，2018：306.
② Burawoy M. *The Politics of Production*［M］. London：Verso，1985：123-124.
③ 马克思恩格斯全集：第23卷［M］. 北京：人民出版社，1972：533.
④ 马克思恩格斯全集：第23卷［M］. 北京：人民出版社，2001：533.

过脑力劳动和体力劳动的分离，"造就一小批具有较高熟练程度的工人，但是，他们的人数决不能同'被剥夺了'知识的大量工人相比"。① 于是，在古典企业中，大量的工人不需要专门的知识和技能，变成了机器的附属物，其拥有的人力资本的资产专用性程度自然而然地变得极低。

8.1.3 劳动力供给过剩和劳动者缺乏保障

　　劳动力供给过剩和劳动者缺乏相应的保障，在一定程度上降低了古典企业中大量工人的讨价还价能力。古典企业出现的历史背景是二元经济向现代化转型阶段。发展经济学创始人刘易斯（1956）认为，当一个国家由二元经济向现代化经济转型过程中，传统农业部门存在边际劳动生产率为零甚至为负的大量剩余劳动力，作为现代经济增长主导部门的工业部门处于规模递增甚至资本边际报酬递增的阶段，这使得近乎"无限供给"的农民工相对于资本而言变得过于充足。② 在这一情况下，由于劳动市场供过于求，大量工人退出企业以确保自身专用性人力资本收益甚微甚至为零。同时，由于大量的工人一无所有，只能依靠出卖自己的劳动力换取工资维持生计。这使得大量工人难以承担退出企业并加入新企业的替代成本。这使得劳动力再生产缺乏自主性，使得劳动力再生产过程与生产过程相统一，强化了物质资本所有者对工人的控制权。拉斯穆森（Rasmusen，1997）指出，"在一个非出清劳动力市场上，雇主完全可以将工人的工资水平压低到外部市场机会所决定的水平""在工厂门口徘徊的饥饿的工人执行着一项对社会来说有价值的功能——遏制偷懒"。③

　　在机械化和碎片化支配劳动过程、专门知识和技能的作用极大地降低和劳动力过剩并且缺乏保障的前提下，竞争的外在压力和追求利润的内在动力，使得物质资本所有者不断引进新机器，并可以从市场中轻易寻求替

---

① 马克思恩格斯全集：第23卷［M］．北京：人民出版社，2001：571 – 572.
② W. 阿瑟·刘易斯．二元经济论［M］．北京：经济学院出版社，1988.
③ Rasmusen E. Games and Information，2th ed，Wiley – Blackwell Publishers，1997：206 – 207.

代者以防止工人用退出的方式对其"敲竹杠",而工人则缺乏退出的动机和能力。于是,物质资本所有者可以持续地维持其绝对的剩余控制权,并利用这一权力占有大量工人的专用性人力资本投资。

8.2 物质资本所有者的权力运作和深化

8.2.1 区分核心工人和普通工人

在古典企业生产中,物质资本所有者承担着管理者的角色,而管理企业又包括两个密切相关却又截然不同的功能,即一是协调企业内部的各项生产活动,使其尽量适合由市场条件决定的技术或组织上的变化,二是在任务被下达后,对工人行使权威,限制或抑制工人的独立行动。弗莱德曼(1977)在《工业与劳动》指出,一般而言,物质资本所有者控制工人主要采取两种策略来行使权威,一是给予技术工人灵活性,鼓励其采取有利于企业的方式适应变化的责任自治(responsible autonomy),二是限制普通工人的灵活性,尽可能地将工人视为机械,采取严密跟踪、强制性威胁等手段的直接控制(direct control)。在实际的权力运行中,物质资本所有者对工人的管理并非只采取这两种极端的情况,而是将这两种情况视为管理不同工人的两个方向性的选择,而往往采取这两个极端情况中间的许多可能的策略。①

为了获得尽可能高而稳定的生产剩余,古典企业中的物质资本所有者以技术为主要指标,辅以监督程度和抗争强度等情况将工人划分为核心工人和普通工人。那些对生产剩余拥有特殊技能并且较难以监督和抗争强度

---

① Friedman A. L. *Industry and Labour*:*Class Struggle at Work and Monopoly Capitalism* [M]. London and Basingstoke:The Macmillan Press. 1977.

较高的工人被视为核心工人；相反的则是普通工人。物质资本所有者对前者采取责任自治的策略，而对后者则采取直接控制的策略。这种分而治之的方式既可以弱化工人的抗争，又可以与小部分的核心工人分享一小部分的生产剩余的同时，占有大部分普通工人创造的生产剩余。此外，在经济危机或衰退时，物质资本所有者将尽可能地保护核心工人的岗位和利益，而对普通工人则采取辞退和降薪的方式。

核心工人和普通工人及其对应的责任控制策略和直接控制策略之间具有较强的刚性，不能轻易转化。如果将责任控制策略突然转化为直接控制策略，会引发核心工人采取难以监督的不合作措施和激烈的抗争。同样，如果将直接控制策略突然转化为责任控制策略，则管理会因普通工人之间缺乏必要的协调和合作能力而陷入困境。当然，物质资本所有者会主要根据实际的技术，并且辅以组织和市场竞争等的变化情况，重新划分工人类型和策略类型。①

假设 l_1 为技术工人，l_2 为普通工人，技术工人和普通工人的差异体现在完成一项任务，分别为 $U_{l_1} = u(w_{l_1}) - c(a_{l_1})$，$U_{l_2} = u(w_{l_2}) - kc(a_{l_2})$。其中，$w$ 为收益，$c(a)$ 为从事行动 a 产生的成本，k 为大于 1 的参数，$u(*)$ 为凹函数，$c(*)$ 为凸函数。同时，a 产生的收益为凹函数 $g(a)$。同时，技术工人有假装普通工人的冲动，数学表示为式（8.1）；而普通工人则缺乏模仿技术工人的实力，数学表示为式（8.2）。于是，可以构建激励约束条件为：

$$\max_{(a,w)} g(a) - w$$

$$\text{s. t. } u(w_{l_1}) - c(a_{l_1}) \geqslant u(w_{l_2}) - c(a_{l_2}) \tag{8.1}$$

$$u(w_{l_2}) - kc(a_{l_2}) \leqslant u(w_{l_1}) - kc(a_{l_1}) \tag{8.2}$$

由式（8.1）和式（8.2）可知，$c(a_{l_1}) \geqslant c(a_{l_2})$。

由于 $c(*)$ 为凸函数，可得

---

① Friedman, Andrew L. *Industry and Labour*：*Class Struggle at Work and Monopoly Capitalism* [M]. London and Basingstoke：The Macmillan Press, 1977：78，106 – 113.

$$a_{l_1} \geqslant a_{l_2} \qquad\qquad (8.3)$$

可见，技术工人需要付出比普通工人更多的努力，即投入更多的专用性人力资本。

将式（8.3）代入式（8.1）并求解可得 $w_{l_1} \geqslant w_{l_2}$，即技术工人获得更多的收益。

由上述分析可知，在古典企业中，为了获得尽可能高额而稳定的生产剩余，物质资本所有者主要以技术为资产专用性程度的标准将工人分为：分享生产剩余的、占工人人数很小部分的、有技术的核心工人，以及可以占有生产剩余的、占工人人数绝大多数的、缺乏技术的普通工人。为了研究方便，本书只以技术这一主要指标区分核心工人和普通工人，故只将工人分为技术工人和普通工人。

8.2.2　权力运用和深化的方式

在古典企业中，只要物质资本所有者运用权力维持大量的普通工人极低的资产专用性程度，就可以占有其创造出来的生产剩余。前文指出，古典企业中大量的普通工人资产专用性投资者极低的原因在于机械化和碎片化支配劳动过程、专门知识和技能的作用极大地降低，以及劳动力过剩并且缺乏保障。前两项在很大程度上可以由企业内的物质资本所有者控制，而第三项则在很大程度上由整个经济发展阶段或国家决定。于是，物质资本所有者可以运用权力，通过机械化和碎片化支配劳动过程，极大地降低专门知识和技能的作用，达到强化物质资本所有者的权力和占有普通工人生产剩余的目的。物质资本所有者权力运用和深化的方式大致分为管理控制、技术控制和官僚控制三类。具体分析如下：

1. 管理控制

管理控制包括两大类，即深化分工和科学管理。其中，前者是为了获得管理控制权，而后者是为了更好地行使管理控制权。

（1）深化分工。斯密的分工可以提高劳动效率和增加社会财富成为普遍的共识。Pagao（1991）指出，斯密的分工在于通过单个工人熟练程度的提高、节省转换工种过程中的时间损失和大量节约劳动力的机器发明的便利等，使得工人专注于某一项工作并且提高劳动技能，即劳动分工促进了"干中学"。于是，斯密指出，企业内部的分工"劳动生产力最大的增进，以及运用劳动时所表现出来的更大的熟练、技巧和判断力，似乎都是劳动分工的结果"。[①] 不过，"巴比奇分工"的优势则在于将复杂和完整的生产过程细分为只需要一个或某几个简单操作的工序，使得自发可以摆脱对劳动者技能的依赖，进而降低资方购买"局部工人"的费用和增强使用强权的能力。[②] 马克思指出，"工场手工业工人按其自然的性质没有能力做一件独立的工作，他只能作为资本家工厂的附属物进行生产活动"。[③]

在古典企业中，物质资本所有者需要深化分工，拆解劳动者的劳动过程，使得整个劳动过程分为尽可能简单的、更容易监督和计量的、尽可能小的操作，进而简化劳动和减少对工人技能的依赖。"巴比奇分工"的这一深化分工的过程既实现了劳动过程的碎片化（fragmentation），又降低了对工人专门知识和技能的要求。这样，大量的普通工人的劳动过程更容易被监督和计量，也可以以极低的成本被市场上的劳动者取代，物质资本所有者可以通过深化分工获得对大量的普通工人的管理控制权。

（2）科学管理。泰勒认为，如果把工作的任何决定权交给工人，而不是掌握在管理者手中，那么，工人就会利用这一决定权而不充分发挥劳动力的潜能。这也意味着管理的失败。于是，泰勒首倡和推广的科学管理，就是通过由管理者制定一整套精密的方法拆解劳动过程成为一种可以量化的、由管理者控制的、各个环节无缝衔接的积木式组合，进而剥夺工人在劳动过程中的所有决定权。泰勒制包括三大原则：一是管理者拥有专门的知识，进而控制劳动过程的每个步骤和具体的执行方式，即管理者拥有整个劳动过程的

---

① 亚当·斯密. 国富论［M］. 北京：华夏出版社，2006.
② 布雷弗曼. 劳动与垄断资本［M］. 北京：商务印书馆，1979：76.
③ 马克思. 资本论：第1卷［M］. 北京：人民出版社，2018：399.

构想（概念）；二是由管理者进行所有的脑力劳动制定所有关于劳动过程的构想（概念），而由工人不假思索地执行管理者的构想，实现概念和执行的分离（或脑和手的分离）；三是管理者将专门知识通过分类、列表等方式转化为法则、规则和公式，实现工人与劳动过程相分离。例如，泰勒提出"时间研究"，将工人每一个工作过程细化为一个简单操作的工序，然后测定这一简单工序所需要的时间。泰勒提出"动作研究"，即将工人劳动时身体的基本动作加以细分，进而简化每一个基本动作并缩短其所需要的时间。

尽管科学管理受到很多质疑，也受到工人有组织的抗争。不过，科学管理迎合了资本指挥和强制劳动的需要，并在资本拥有绝对权力的古典企业中被普遍采用。在古典企业中，物质资本所有者扮演着管理者的角色，通过科学管理可以低成本地监督和计量大量的普通工人在严格的时间内完成的某一个或某几个简单的操作，很有效地进行管理控制。

2. 技术控制

在新古典经济学的生产函数中，技术仅决定着投入要素和最终产出的关系，而技术的选择与组织内的生产过程没有任何联系。不过，不同的生产技术安排会降低对工人专门知识和技术的依赖程度，会支配工人的生产过程，进而降低工人的资产专用性程度和讨价还价能力，进而影响了企业内权力结构。技术控制不是简单的机械化，也不是简单的机械控制生产节奏。只有企业中绝大部分生产过程或整个生产过程都建立在一种节制和指导劳动过程的技术上，才能称之为技术控制。

当技术控制实现时，持续的机械化的过程会逐渐侵蚀了对普通工人专门知识和技术的需求，大量的普通工人会变成同质化、可互换化、无技能化或半技能化的局部机械的操作者。技术控制将整个企业的普通工人引向共同的、生产技术确定的工作模式和工作节奏之中。[①] 马克思指出，"工人要服从机器的连续的、划一的运动，这早已造成了最严格的纪律"。同

---

① Edward R. *Contested Terrain*：*The Transformation of the Workplace in the Twentieth Century* [M]. New York：Basic Books, Inc. 1979：112 – 113.

时，机器"在资本家身上获得了意识和意志——就具有一种欲望，力图把有反抗性但又有伸缩性的人的自然界限的反抗压到最低限度"。[①] 可见，技术控制有利于物质资本所有者通过机械化支配工人的劳动过程，降低对其专门知识和技能的依赖，进而可以拥有更大的权力。

此外，鲍尔斯指出，"一些技术，如组装线、计算机销售终端或中央文字处理系统皆使得雇主能够相对简单地发现偷懒的工人；而其他技术，如团队生产方式，使得生产过程在外部人看来更为模糊"。[②] 从物质资本所有者利益最大化的角度出发，一项技术被采用并非只取决于技术效率，还取决于物质资本所有者能够更好地利用技术控制占有普通工人的生产剩余。于是，诺布尔指出，"一种技术被选择与其说是它在技术上的或经济上的优越性，毋宁说是选择的权力的影响极其巨大"。[③]

3. 官僚控制

官僚控制是通过企业内部的等级权力的制度化，将控制建立在非个人的企业政策或企业规则的力量之上。物质资本所有者通过其权力去建立章程、规则和程序等来全面控制企业的运作，不是任意地监管普通工人，而是强调正向的激励以塑造普通工人的行为；工人也依照既定的规则形式，并拥有争议和申诉等权力。在官僚控制下，企业鼓励三种行为取向：一是遵守工作章程、规则和程序的行为，二是以可信任、可靠和可预测方式完成工作任务的行为，三是内化企业文化、目标和价值的行为。在这些行为的取向下，普通工人会在一条"狭窄的小路上"以个人而非整体的形式来追逐其自身的利益，进而使其自身的行为更加符合物质资本所有者的预期，抑制了以集体形式为普通工人共同利益而抗争的冲动。[④]

---

① 马克思. 资本论：第1卷［M］. 北京：人民出版社，2018：450，442.
② 路易斯·普特曼，兰德尔·克罗茨纳. 企业的经济性质：第三版［M］. 上海：格致出版社，上海三联书店，上海人民出版社，2019：281.
③ 诺布尔. 生产力：工业自动化的社会史［M］. 北京：中国人民大学出版社，2007：180.
④ Edward R. *Contested Terrain：The Transformation of the Workplace in the Twentieth Century*［M］. New York：Basic Books, Inc. 1979：148－152.

以"赶工游戏"（the making – out game）为例，在古典企业中，物质资本所有者通过章程、规则和程序，让工人加入"赶工游戏"中，把物质资本所有者与普通工人之间的矛盾和冲突转化为普通工人与普通工人之间的竞争以及普通工人群体之间的矛盾和斗争，将普通工人作为个人而非作为整体嵌入劳动过程。同时，普通工人一旦加入这种"赶工游戏"当中，就意味着在很大程度上认可游戏规则，即一个普通工人难以在参与游戏的同时又质疑游戏规则本身。当大量的普通工人在参与游戏时，会做出符合物质资本所有者预期的行为，于是，双方的利益在很大程度上被协调起来。[1] 可见，在古典企业中，物质资本所有者通过官僚控制，使得普通工人在一定程度上认可了物质资本所有者的剩余控制权。

综上所述，在古典企业中，物质资本所有者可以通过管理控制、技术控制和官僚控制，使得普通工人被碎片化和机械化支配，其专门知识和技能的作用被极大降低，其意识在一定程度上认可被占有生产剩余的分配现状。于是，物质资本所有者可以指挥和强制劳动，以占有大量的普通工人生产的生产剩余。

8.3　物质资本占有人力资本的效率损失问题

8.3.1　效率损失的原因

1. 普通工人的专用性人力资本投资

在古典企业中，物质资本所有者拥有绝对权力，而普通工人这一人力

① Burawoy M. *Manufacturing Consent*：*Changes in the Labor Process under Monopoly Capitalism* [M]. The University of Chicago Press，1979，Chapter 5.

资本所有者几乎没有权力。不过，基于默会知识的视角，即便是普通工人也进行了专用性资本投资。

20世纪50年代，英国学者迈克尔·波兰尼在颠覆笛卡尔构筑的、以可明确表述的（explicit）逻辑理性为依托的、西方理性主义的认识论传统，并深刻地洞察了人类认识表层逻辑理性下掩盖的默会知识（tacit knowledge），并认为人类的知识有两种：一种是通常意义上的，以书面文字、数学公式和图表所表述的符码化的知识（codified knowledge）或名言知识（articulate knowledge）；另一种是像我们在做某件事情的行动中所拥有的、既非言述（inarticulate）又难以言传（ineffable）的默会知识（tacit knowledge）。还指出"所有的知识都是建立在理解的基础之上的"，[1] 即默会认识本质上是一种理解力，心灵的默会能力在人类认识的全部过程和各个层次上都起着主导性和决定性作用，无疑提供一个认识论的新视角认识企业内大量普通工人的专用性人力资本投资。

在古典企业中，如果工人，尤其是大量的普通工人没有进行专用性人力资本投资，那么其拥有通用性的人力资本，既不创造生产剩余，也不应该获得任何生产剩余，也就不存在物质资本所有者占有和效率损失的问题。从默会知识的视角看，在古典企业中，大量的普通工人必然投入了专用性人力资本，尽管单个工人的专用性人力资本的投入量很小或极小。"暗会技能这一概念的重要性在于其指出在劳动过程中劳动者的主体性地位和一个劳动力集体的主动性作用所具有的重大意义，并揭示管理者并不是全知全能的"，因此"哈里·布雷弗曼式的去技能化（deskilling）作用有限"，无法根除工人的默会知识，"工人具有推理能力和特定工作岗位上的专门知识等'认知'素质以及协调和管理他人等的'互动'能力"。[2] "即便非熟练工人也需要某些知识以从事相应的工作，因此泰勒制提出计划职能与执行职能的绝对分离是不可能实现的，进而无法成功地将工人还

---

① Polanyi M. *Study of Man* [M]. Chicago：The University of Chicago Press，1958：12，73.
② Gordon D. M. *Fat and Mean* [M]. New York：The Free Press，1996：183.

原为机器人"①。可见，即便在古典企业中，大量的普通工人依然投入了专用性人力资本。

　　当然，从默会知识的视角看，相比普通工人，技术工人以及其他人力资本投资者的默会知识对企业的贡献更大，资产专用性投入量也更多，物质资本所有者更难以监督和计量，难以采取压迫性的直接控制策略，于是采取激励为主的责任自治策略，并与其分享部分生产剩余。

2. 普通工人抵制生产剩余被占有

　　在古典企业中，物质资本所有者可以通过管理控制、技术控制和官僚控制，使得大量的普通工人处于被碎片化和机械化支配的地位，并极大地降低对工人专门知识和技能的依赖，使得工人的资产专用性程度很低，并在一定程度上从心理和行动上都接受了物质资本所有者的权威和自己生产的生产剩余被占有的分配格局。

　　不过，从默会知识的视角看，在古典企业中，大量的普通工人投入了专用性人力资本，尽管可能单一工人的专用性人力资本的投入量很低，甚至极低。然而，大量的普通工人整体的专用性人力资本的投入量是相当可观的，甚至占生产剩余相当大的比例。这部分的专用性资产投入产生的合作租金很明显地被物质资本所有者占有了。

　　大量的普通工人不具有承担退出成本的动机和能力，在资产专用性被侵占时会理性地选择留在企业，而物质资本所有者却拥有对工人施加成本的能力。于是，大量的普通工人难以获得其专用性资产带来的生产剩余。不过，从默会知识的视角看，大量的普通工人拥有"推理能力和特定工作岗位上的专门知识等'认知'素质以及协调和管理他人等的'互动'能力"，② 无法通过泰勒制的去技能化，即"计划职能与执行职能的绝对分

---

　　① Buroway M. and Wright E. O. Coercion and Consent in Contested Exchange ［A］. in E. O. Wright (eds.), Interrogating Inequality ［C］. London and New York：Verso, 1994：191－192, 171.

　　② Gordon D. M. *Fat and Mean* ［M］. New York：The Free Press, 1996：183.

离"（脑和手分离），"将工人还原为机器人"。[①] 马克思指出，工人的劳动是一种"活劳动"，其拥有"可变资产"，而其劳动过程不仅可以转化原有的价值，还可以创造一个新价值。巴泽尔（1977）指出，人力资本所有者可以控制劳动努力的供给，是一个"主动的财产"（full-fledged property），连奴隶也不例外。[②] 于是，工人可以通过偷懒行为规避自身劳动价值被过分利用和所创造出来的生产剩余被占有。

8.3.2　效率损失的具体表现：普通工人视角

大量普通工人的偷懒行为具有合理性的一面，但这一合理性必然会带来效率损失。具体表现在如下几个方面：

1. 限制产量

科学管理运动创始人泰勒指出，"在工人方面，达到这个标准的最大障碍是他们采取的慢速度，或者是工作懒惰或所谓的'磨洋工'，挨钟点"。[③] 工人"很少有人不去花费相当多的时间内来研究他以多慢的速度工作，但仍能使其雇主相信他正以良好的速度进行工作的"。[④]

1920 年，美国西方电气公司在其子公司霍桑工厂进行了著名的霍桑实验，并成为后来人力关系学派的实证基础。霍桑实验中关于产量限制和非正式组织的研究指出：（1）虽然工人有能力实现更高的产量，但是仍有意地进行产量限制并为团队所认可；（2）工人避免过快或过慢的现象，以便使得产量报告平均化；（3）团队会利用非正式的内部规则惩罚生产冒尖者和与管理者关系亲密者。人际关系学派主张通过建立新型人际关系，即实

---

①　Buroway M. and Wright E. O. Coercion and Consent in Contested Exchange ［A］. in E. O. Wright（eds.），Interrogating Inequality ［C］. London and New York：Verso，1994：191 – 192，171.

②　Barzel Y. An Economic Analysis of Slavery ［J］. *Journal of Law and Economics*，1977，20（1）：87 – 110.

③　布雷弗曼. 劳动与垄断资本 ［M］. 北京：商务印书馆，1979，90.

④　转引至米尔格罗姆，罗伯茨：经济学、管理与组织 ［M］. 北京：经济科学出版社，2004：189.

现从"经济人"转变为"社会人",进而改进企业效率和工人福利。

不过,在古典企业中,大量的普通工人的生产剩余被物质资本所有者占有,工人的产量限制行为有合理性的一面,即产量限制是工人对过度劳动作出的出于自我保护动机的策略反应。马克思指出:"资本用……不变部分即生产资料吮吸尽可能多的剩余劳动。"① 工人的劳动力"可以创造价值,而且创造的价值比它本身的价值大"。工人"理智的、节俭的","爱惜我的唯一的财产——劳动力"。"只在它的正常耐力和健康发展所容许的限度内使用它。"②

2. 降低产品质量

前文分析指出了碎片化和机械化并不能完全将工人转化为会呼吸的机器。相对于产品数量而言,工人生产产品的质量就更加难以监督和计量。在古典企业中,即便普通工人无法争取到自己在生产剩余中应得的份额,却可以以漫不经心的态度应付工作,即普通工人可以在某种程度上控制劳动质量,进而降低产品质量。

2000年9月,当时世界最大的轮胎生产商费尔斯通公司调查涉及271起死亡和800多起车祸伤害事故的案件时发现,这些产品质量问题与其下属的迪凯特工厂失败的罢工事件相关。在罢工失败后,工人不得不接受更长的劳动时间、更低的工资和更严苛的纪律。与该厂其他年份相比,问题轮胎数量明显增多。可见,工人难以决定劳动待遇,却可以以最"漫不经心"的态度去应付工作,进而在很大程度上影响产品质量,而这却难以物质资本所有者监督和计量。

3. 占有或损坏企业财产

工人既可以通过产量限制和降低产品质量等手段间接的占有企业财

---

① 马克思. 资本论:第1卷 [M]. 北京:人民出版社,2018:260.
② 马克思. 资本论:第1卷 [M]. 北京:人民出版社,2018:261.

产，又可以直接地占有或损害企业财产。工人占有企业财产以及浪费生产材料和破坏设备等损坏企业财产等是一种普遍存在的行为。麦吉尔（Mcgurn，1988）指出，美国的一项研究表明，至少有75%的人承认曾经有过超过一次的占有雇主财产的行为。[①]

当然，虽然不能因为这一行为普遍存在就认可其正当性，但其在一定程度上有其合理性的一面。在古典企业中，在大量的普通工人无法获得由其创造的生产剩余这一不合理的前提下，普通工人占有企业财产的行为在一定程度上是一种实物补偿，普通工人损害企业财产则在一定程度上是一种心理补偿。只有承认工人占有或损害企业财产的这一原因，才更有利于从根本上减少或解决这一问题。

4. 拒绝人力资本再投资

如果工人进行生产剩余的再创造，无疑需要进一步投入专用性人力资本。不过，专用性资产一旦转作他用，就会出现价值减损或毫无价值。于是，只要工人的专用性人力资本投资量不能分享到相应的生产剩余，他会理性地选择不进行专用性人力资本再投资。

前文分析指出，少量的技术工人拥有资产专用性程度较高的人力资本，与物质资本所有者形成双锁定的契约关系，可以与物质资本所有者分享相应的生产剩余，愿意进行人力资本的再投资。不过，在古典企业中，大量的普通工人却只有资产专用性程度极低的人力资本，并产生的少量生产剩余往往被物质资本所有者占有。一般而言，大多数的普通工人进行专用性人力资本投资难以实质性地改变人力资本的资产专用性程度，也就难以分享到相应的投资回报。于是，理性的普通工人因缺乏实质性的激励，会拒绝专用性人力资本再投资，也就无法实现生产剩余的再创造，进而使得企业效率提升陷入困局。

---

① McGurn T. Spotting the Thieves Who Work Among US [J]. *Wall Street Journal*, 1988 (8)：16.

5. 劳资冲突和抗争

除了上述非公开的抵制形式外，普通工人在一定情况下会采取公开的劳资冲突和抗争。这种冲突和抗争可能是非生产性的和非效率的。劳资冲突和抗争的关键在于追求相对公平，尤其是改变物质资本所有者权力过大，以至于工人不得不服从的困境。在资本指挥和强制劳动情况下，劳动对工人而言是一种伤害。"劳动对工人来说是外在的东西，也就是说，不属于他的本质的东西。因此，他在自己的劳动中不是肯定自己，而是否定自己，不是感到幸福，而是感到不幸，不是自由地发挥自己的体力和智力，而是使自己的肉体受折磨，精神遭摧残。因此，工人只有在劳动之外才感到自在，而在劳动中则感到不自在。因此，他的劳动不是自愿的劳动，而是被迫的强制劳动。"[1] 在这种情况下，"工人对强加于他们的被降格了的工作方式的敌对情绪仍然是一股地下暗流，只要雇佣条件容许，或者资本家追求的更大的劳动强度超过工人的身心能力的限度的话，它就会冲到地面上来"。[2] 于是，企业成为了 Edwards 意义上劳资双方的冲突和抗争的"战场"。[3]

8.3.3 效率损失的具体表现：物质资本所有者视角

在古典企业中，物质资本所有者基于自己利益最大化的选择下，也减少了工人，尤其是普通工人的专用性人力资本投资量。具体表现在以下两点。

1. 过于注重监督，而非激励

在古典企业中，从手工工场中的物质资本所有者本身，到工厂制企业

① 马克思. 1844 年经济学—哲学手稿 [M]. 北京：人民出版社，2018：54 –55.
② Braverman H. *Labour and Monopoly Capital：the Degradation of Work in the Twentieth Century* [M]. London：Monthly Review Press. 1974：151.
③ Edwards R. *Conflict at Work：A Materialist Analysis of Workplace Relations* [M]. Oxford：Blackwd Ltd. 1979.

中的监工和工头，再到近代股份企业中的管理者，物质资本所有者需要管理者对企业进行监督和计量。物质资本所有者需要付出一定的监督成本，以规避工人的偷懒等机会主义行为。同样，物质资本所有者可以对大量的普通工人的专用性人力资本投资进行激励，即让普通工人以分享资产专用性投资收益的形式付出一定的激励成本，以规避其偷懒等机会主义行为。

不过，在古典企业中，物质资本所有者往往更强调监督，而非激励的作用。这一现象产生的原因主要有：（1）在古典企业中，大量的普通工人被碎片化和机械化支配，专门知识和技能也极大地降低，监督和计量的结果往往显而易见，物质资本所有者倾向于相信管理的作用；（2）普通工人的默会知识难以察觉，专用性人力资本投资与产出的关系往往较不明显，物质资本所有者倾向于不相信激励的作用；（3）物质资本所有者往往将工人的专用性人力资本投资的新增量视为监督的结果并加以占有，而非激励的结果加以鼓励和合作。于是，工人理性地选择隐藏劳动潜力，物质资本所有者则更依赖监督和计量。戈登（Gordon，1990）对美国非农工业部门中的私人企业的调研指出，监督需求往往随着企业规模的扩大而更加强烈，企业中非生产性的监督和计量雇员的占比显著提升，在1987年这一比例已经达到24%。①

在这一情况下，企业潜在的效率，尤其是普通工人人力资本再投资后的新增生产剩余没有实现。更何况，普通工人还尽量压低现有的人力资产专用性投资，使得企业效率难以实现。可见，物资资本所有者过度的监管的理想点，并不是企业成本—产出的最优点，而只是物资资本所有者个人利益最优点。

2. 对人力资本投资不足

物质资本投入和人力资本投资对于企业都必不可少，并且二者需要适

---

① Gordon. Who Bosses Whom? The Intensity of Supervision and the Discipline of Labor ［J］. *The American Economic Review*, 1990, 80 （2）: 28 – 32.

度的比例。在古典企业中，物质资本所有者往往重视物质资本的投入，而忽视对人力资本的投入，进而导致企业效率损失。"由于古典企业的产权特征，科层企业往往带来了非效率的过度数量和质量的机器，同时又造成了权威、细分工作和令人不愉快的工作氛围。"① 这一现象形成的原因主要有：

一是物质资本所有者对人力资本投资在一定程度上需要工人的配合，并且短期内难以见效，尽管长期可能获得很高的回报；而对于物质资本和监督的投入往往可以得到一个较为确定的结果，尽管回报有限且容易被其他竞争者模仿。不过，物质资本所有者往往倾向于确定性的短期收益，于是选择后者。

二是在古典企业中，物质资本所有者更希望通过管理控制中的科学管理，实现泰勒制中的概念和执行分离（脑和手的分离），对普通工人实行去技能化策略，强化监督和计量，而非激励，进而防止普通工人的偷懒行为。这一过程也减少而非增强人力资本投资，使得工人的劳动潜力难以发挥和生产剩余的再创造难以实现。

三是在古典企业中，物质资本所有者往往考虑通过技术控制，利用机械化支配工人的劳动过程，降低对其专门知识和技能的依赖，将大量的普通工人变成同质化、可互换化、无技能化或半技能化的局部机械的操作者，进而可以拥有更大的权力。正如诺布尔指出，"一种技术被选择与其说是它在技术上的或经济上的优越性，毋宁说是选择的权力的影响极其巨大"。②

可见，在古典企业中，为了短期确定性收益、方便监督和计量以防止工人偷懒行为和获得更大的权力等目的，物质资本所有者往往选择了过度的物质资本投入和很少的人力资本投资。也就是说，古典企业忽视人力资本，而过度使用物质资本，并不是在生产最优边界上，而是在边界内运行，使得企业效率减损。

---

① Pagano. PropertyRights, Asset Specificity, and the Division of Labor Under Alternative Capitalist Relations [J]. *Cambridge Journal of Economics*, 1991 (15)：315 – 42.
② 诺布尔. 生产力：工业自动化的社会史 [M]. 北京：中国人民大学出版社，2007：180.

8.4 应对物质资本占有人力资本的效率损失问题及国外经验

古典企业是物质资产所有者拥有绝对权力的一种企业制度。在这一企业制度安排下，物质资产所有者可以凭借其拥有的绝对权力占有工人，尤其是大量普通工人创造的生产剩余，进而造成了效率损失。这一企业制度经历了手工工场、工厂制企业和近代股份公司三个阶段，曾是大工业时期的主流，并广泛存在于现今世界各国和地区，尤其是在发展中国家，以及各国和地区的中小企业中。因此，应对古典企业的效率损失问题有其必要性。

从契约关系的角度看，物质资本所有者之所以可以占有普通工人的生产剩余的原因在于劳资之间权力不对称。为了实现企业效率，必须在企业内构建制衡的权力结构。这一实现途径主要有两种：一是企业内的工人联合组成工会，以集体的力量减弱劳资之间权力不对称；二是通过企业外的政府和法律等第三方强制力减弱劳资之间权力不对称，使其与普通工人形成制衡关系。下面分别介绍这两种途径。同时，在上述途径下，发达经济体实现了适合各自国情的、解决劳资之间权力不对称的具体方式。

8.4.1 工会减弱劳资之间权力不对称

1. 新古典经济学反感工会缺乏实践支持

工会产生后可以部分的垄断劳动力市场，获得较强的讨价还价能力，并与物质资本所有者形成集体谈判机制。虽然工会权力和效率之间的关系是一个富有争议性的话题，但是新古典经济学认为工会因垄断劳动力供给而产生效率损失的观点却没有得到实践的证实。米尔斯（Mills，2000）指出，由大规模的调查表明，所有主要制造业的工会化会使得劳动生产率提高 20% ~25%；水泥和木制家具行业的工会化则将使得劳动生产率提升 6% ~15%；建筑业工会化下的工人生产率高于非工会化下的工人生产率。① 克拉克（1984）、瑞查德（1979）等研究指出，工会提高了劳动力的成本，却可以激励资方寻求降低其他生产成本；工会化企业较稳定和长期化的工作条件，可以节约人力资本替代和培训等费用；工会化企业较高的工资待遇，使得工人提高了相应的劳动生产率，并吸引高素质的工人加入。哈佛大学 Freeman 指出，工会具有降低工人之间收入差距、较低的辞职率、对资方降低成本的压力有利于提高生产率。②

2. 工会作用是保护资产专用性高的工人与现实不符

现代企业理论认为，工会的作用是保护工人的专用性人力资产投资。也就是说，人力资产专用性投资越高的工人应当得到工会的保护。完全忽视了工会作为企业内资产专用性投资极低的工人联合以弱化劳资之间权力不对称，也缺乏对现实的解释力。威廉姆森以美国铁路工会为例阐述工会保护资产专用性工人的观点。然而，美国最早的铁路工会绝大多数都是由农业转移出来的农民组织的苦力，并没有什么专用性资本投资可言。同时，美国历史上最强力和激进的工会不是早期的专业行会或协会组成的那些工会，而是调动所有劳动者的联合和平等对待工农的工会，成员多是非熟练工人的劳动骑士团（knights of labor）。③ 此外，美国工会的成员组成也很好地反驳了威廉姆森的观点。20 世纪 90 年代以来，在美国工会会员中，蓝领工人所占比例 47% 以上，远高于他们在总劳动人口中所占的 30%。同时，美国白领工人大多数没有工会化，而且 20 世纪 80 年代以

---

① Mills C. W. *Letters and Autobiographical Writings* [M]. Berkeley：University of California Press，2000：417 –418.

② Samelson P. A. and Nordhaus，W. D. *Economics*（15th）[M]. Mc. Graw Hill Book，Inc. 1994：482.

③ 参见 Mills D. Q. *Labor – Management Relations*（5th）[M]. McGraw – Hill Companies，1994. 一书中关于美国工会的历史。

来，白领工会的选举活动急剧下降，并且在选举中的成功率也降低了。①
由前文分析可知，工会主要保护资产专用性程度较低，而资产专有性几乎
为零的普通工人。

3. 以工人联合的工会减弱劳资之间权力不对称

Littler 指出，工人对抗雇主最为重要的因素之一在于提升工人组织
起来对抗雇主的能力。② 如果工人逐一与资方就雇佣条件进行谈判。那
么，每个工人必须与其他所有工人竞争。结果必然是资方与接受最低工
资、最差劳动条件和最高劳动强度的工人签订劳动合同。然后，依此方式
替换掉那些坚持更好劳动条件和更低劳动强度的工人。③ 这时，工人陷入
个人理性与集体理性冲突的"囚徒困境"，即在没有工会的情况下，两
个劳动者会同时选择接受工作，而非拒绝，并获得雇佣条件 $c < a$（见表
8-1）。

表 8-1 劳动博弈雇佣条件矩阵

		B	
		拒绝工作	接受工作
A	拒绝工作	a, a	0, b
	接受工作	b, 0	c, c

注：$b > a > c$。

同时，工人和资方谈判时，讨价还价能力在一定程度上受到双方在谈
判僵持和谈判过程所花费成本的影响。亚当·斯密指出，雇主和雇员之间

---

① Mills C. W. *Letters and Autobiographical Writings* [M]. Berkeley：University of California Press. 2000：46.
② Littler C. R. *The Development of the Labour Process in Capitalist Societies* [M]. London：Heinemann Educational Books Ltd. 1982：44-46.
③ 塞缪尔·鲍尔斯等. 理解资本主义：竞争、统制与变革：第四版 [M]. 北京：中国人民大学出版社，2022：289.

的"利害关系绝不一致。劳动者盼望多得，雇主盼望少给"，在争议中，雇主往往居于有利地位。"雇主的需求没有劳动者那样迫切"，"雇主总比劳动者较能持久"。① 不过，工会可以在很大程度上负担这一争议成本，而单一工人与资方谈判则往往做不到。可见，工会增强了工人对抗物质资本所有者的能力。

4. 工会减弱劳资之间权力不对称的前提

作为减弱劳资之间权力不对称的工会必须具备两大前提：一是独立性；二是实效性。

第一，为减弱劳资之间权力不对称，工会必须在组织上和领导的人事关系上独立于企业。（1）如果物质资本所有者可以染指或干预工会的组建，工会会员则难以通过民主选举产生工会领导。那么，工会领导很可能成为物质资本所有者的"附庸"，工会减弱劳资之间权力不对称也就无从谈及。（2）企业工会领导者的人事关系尤其是工资报酬的发放方式需要独立于企业。企业工会领导者的报酬要来自工会经费，而非由物质资本所有者支付，即改变工会领导由企业雇佣而为工会成员聘用。

第二，工会要可以实质性的弱化劳资之间权力不对称，而非对会员给予小福利或组织娱乐性活动。工会实效性最根本的保障在于具有适度的罢工权。工人利用工会对抗雇主的主要途径是集体谈判制度。资方与劳方之间针对工作条件、工作报酬和工作时间等雇佣条件进行集体谈判是发达国家规范和调整劳动关系的最基本和最有效的手段之一，既可以约束劳方过度和过激的抗争，也能抑制资方的权威主义冲动。拉马斯瓦米（Ramaswamy，1981）指出，工会拥有罢工等中断工作的权力是集体谈判的最前提之一。②

---

① 亚当·斯密. 国民财富的性质和原因的研究：上 [M]. 北京：中国人民大学出版社，2022：60-61.

② Ramaswamy E. A. U. *Ramaswamy, Industry and Labour: An Introduction* [M]. Delhi: Oxford University Press. 1981: 155-156.

8.4.2　第三方强制力实现企业内权力制衡

由上述分析可知，在古典企业中，存在着物质资本所有者指挥和强制劳动，并且占有普通工人的生产剩余。这给予基于国家和法律作为第三方强制性力量介入企业以弱化劳资之间权力不对称的合理解释。

现代企业理论认为，通过 GHM 理论的事前激励和交易费用理论的事后适应性治理，企业参与者可以按照资产专用性程度分享生产剩余，自发实现企业效率。政府和法律等第三方强制性力量也就没有必要介入企业当中。威廉姆森认为，"与一般契约不同，雇佣契约是自我约束的隐形合同……应该排除通过国家程序——法庭和管理机构——来解决纠纷的作用"。[①] 威廉姆森进一步指出了原因，一是内部纠纷双方具有深刻的知识，而想将这一知识告知法院需要支付高昂的费用，二是允许内部纠纷提交法庭并由其判决，将降低层级制组织的完整性和效力。然而，面对各国越来越多、越来越详细的关于规范劳资关系的立法的现实，现代企业理论明显缺乏解释力。

以美国为例，政府和法律对于劳动者保护的法律进程就很好地诠释了其逐渐意识保护资产专用性极低的企业雇员的重要性。在 1898 年以前，美国宪法第 14 修正案规定禁止强迫劳动。美国最高法院认为，没有强迫劳动则意味着劳资双方签约自由，即雇主与雇员对雇佣契约各个细节进行公平的谈判。此时，政府的介入就意味着妨碍了契约自由。不过，在物质资本所有者拥有绝对权力时，签约自由并不能实现企业内制衡的权力关系。斯蒂纳（2002）指出，"契约自由能实现公平和效率的前提是签约各方拥有对等的讨价还价能力。不过，在现实中，一旦雇主占据了主导地位，签约自由即意味着剥削自由"。[②] 1898 年，美国犹他州通过法律限定

① 威廉姆森．资本主义经济制度：论企业签约与市场签约［M］．北京：商务印书馆，2020：348－349．
② 斯蒂纳．企业、政府和社会［M］．北京：华夏出版社，2002：638．

地下矿工的劳动时间为每天 8 小时，并在判决中指出，"当产业业主和工人并不具有对等地位，并且在一定程度上存在利益冲突。业主自然从工人身上想获取最大限度的劳动，而工人则因害怕被解雇而不得不遵守各种企业内的规章制度。如果工人可以正确地运用其判断力就会发现这些规章制度对其健康和体力有害。可见，工人实际上不得不选择服从业主规定规章制度。在这种情况下，雇主的私心往往是一种危险的控制和支配力量，而立法机关可以正当的介入……当契约双方处于不对等关系的情况下，或公共卫生要求签约中一方必须受到保护而免受时，虽然签约双方均为成年人并具有签约能力，但并不意味着政府就没有干预的必要性"。① 美国最高法律认可了犹他州对地下矿工劳动时间限定的案件，意味着美国正式考虑雇员契约中劳资之间权力不对称的问题。1932 年，美国《诺瑞思—拉瓜德尔》法明确了基于权力制衡的观点保障工人加入工会权力。"企业物质资本所有者组织了各种协会，而没有组织的单个的工人是孤立无援的，因此，出于集体谈判、互助或相互保护的目的，有必要让工人享有完全自由的结社权力。"② 为此，1935 年，美国成立了国家劳动关系委员会（NLRB）专门处理与裁决雇主"不公正劳动行为"的投诉，在雇主不服从裁决时向美国巡回上诉法庭申请执行法庭命令，以"纠正雇佣关系中偏向雇主的巨大权力失衡问题"。③

1920 ~ 2000 年，美国联邦法律颁布了 ADA 美国残疾人法案、ADEA 就业年龄歧视法案、CWHSSA 合同工作时间与安全标准法案、EPPA 雇员多方面保护法案、EQPA 工资平等法案、ERISA 雇员退休收入保障法案、FLSA 公平劳动标准法案、FLMA 家庭和医疗假期法案、IRCA 移民改革和控制法案、LMRDA 劳工管理报告和揭示法案、MHSA 联邦矿业安全与卫生法案、MSPA 临时工人与季节性农业工人保护法案、NLRA 国家劳资关

① Commons J. R. *Legal Foundations of Capitalism* [M]. The Macmillan Company, 1924: 81 - 82.
② Mills C. W. *Letters and Autobiographical Writings* [M]. Berkeley: University of California Press. 2000: 126.
③ John F. Steiner and George A. *Steiner*, *Business, Government and Society* [M]. McGraw - Hill, Inc. 1997: 639.

系法案、OHSA 职业安全与卫生法案、RA 重新安置法案第 503 条款、RLA 铁路劳工法案、SCA 服务合同法案、UC 社会保障法案失业补偿法案、VRR 选择性训练培训和服务法案退役军人再就业权力条款和 WARN 工人调整和再培训通知法案等。[1] 这些法案涉及雇员的工资和福利、工作环境、条件和强度，不能因性别、年龄、生理缺陷、工会行动、种族、国籍和宗教等原因随意解雇雇员的具体情况等各个方面。除了联邦法律外，各州的法律还有相关规定。例如，某些州法律甚至规定如果雇主解雇工人会破坏包括口头承诺等默认的诚信原则，就不能解雇工人。

从这个意义上说，美国已经不再是"人们普遍认为的、与新古典企业理论相对应的、雇员权力仅被限定在雇员契约中的盎格鲁—美利坚公司"[2]，而是一个被第三方强制力严格限制了劳资之间权力不对称的企业。

8.4.3　发达市场经济体中权力制衡下的企业模式

物质资本所有者占有处于弱势地位的普通工人的人力资本创造的生产剩余并且降低企业效率，进而降低了整个社会经济的总水平。在以工会作为企业内制衡方式、政府和法律作为企业外制衡方式下，劳资之间权力不对称得到抑制，物质资本所有者和普通工人最佳的选择都是分享（部分或全部）由自己创造出来的生产剩余，极大地缓解了企业效率损失问题。当今世界上主要发达市场经济体都根据各自不同的国情，在内部制衡和外部减弱劳资之间权力不对称的基础上，形成了具有各国特色的利益分享方式，确保工人获得部分或全部自己创造出来的生产剩余，缓解了这一企业效率损失问题，在一定程度上才使其能够达到如今发达的经济水平。具体分析如下。

---

　　① John F. Steiner and George A. *Steiner*, *Business*, *Government and Society* ［M］. McGraw‐Hill, Inc. 1997: 640.

　　② Aoki M. Horizontal vs Vertical Information Structure of the Firm ［J］. *American Economic Review*, 1986: 971 –983.

1. 美国的企业股权模式

由前文分析可知，美国工人联合形成工会以及政府和法律等作为第三方强制等共同弱化了企业内的劳资之间权力不对称。物质资本所有者理性的选择不再是（也没有能力）占有普通工人的生产剩余，而是以分享生产剩余的方式激励普通工人进行人力资本再投资以提高劳动生产率，进而实现了企业效率。美国企业最典型的模式就是企业股权模式。简单介绍如下。

美国股权模式最开始的形态是利润分享模式。早在 1974 年，美国人加勒廷（Gallatin）就在自己的工场中实施了利润分享制。不过，这一利润分享制一直发展较为缓慢。20 世纪 20 年代，福特、宝洁和柯达等大公司实行了这一利润分享制后，这一制度逐渐得以推广。此时，理论分享主要有分享利润和分享收入两种形式。20 世纪 50 年代，以激励工人的职工持股计划在美国问世，即采取以股份分享利润的形式。美国企业通过职工持股计划（Employee Stock Ownership Plans，ESOPs），即企业员工通过现金支付、贷款购买等方式拥有企业的股票，进而以劳动者和所有者的双重身份参与企业生产、经营和管理等活动的一种股权激励形式。20 世纪 80 年代，美国企业实行职工持股计划的原因逐渐增多，如筹集资本、反对敌意收购、资产博弈和介入公司重组等。不过，美国企业实施职工持股计划的最基本的功能在于以利益共享的形式提供一种长期激励和福利机制。到 1998 年，美国职工中约有 42% 参与了职工持股计划。[1]

在传统的古典企业中，工人只能通过生产获得劳动力报酬，而企业运行所产生的权益都倾向于以资本股份为权益标准的物质资本所有者。这种企业制度安排严重伤害了工人的劳动积极性。职工持股形式可以让工人拥有股份，打破了古典企业中物质资本全封闭的财富垄断形式，从而使得企业"为股为本"在一定程度上包含"以人为本"的因素，并可以分享应

---

[1] 胡学勤. 劳动经济学：第五版［M］. 北京：高等教育出版社，2018：269.

得的权益。职工持股计划有利于工人愿意承担更多的责任和义务，并相互监督以减少偷懒行为，还有更大的动力去进行人力资本再投资，提高了企业的技术水平和劳动生产率，实现了企业效率和公平，并且增进社会效率、公平和稳定。

2. 日本的企业福利模式

20 世纪 60 年代开始，与此前重视"富国"和大资本家利益不同，日本政府和企业都有意识地抑制劳资之间权力不对称，并以高福利的形式与企业员工分享生产剩余，到达实现"民富"的目的。日本政府实施了著名的"收入倍增计划"。① 与此同时，为了提高工人减弱劳资之间权力不对称和实现国民收入增长，日本政府配套完善了企业工会制度，制定了包括劳动关系法、劳动基准法、工会法在内的"劳动三法"，承认并保护包括团结权、协商权、争议权在内的"劳动三权"。加之，由于日本企业极其强调"家庭"意识和共识观念，② 物质资本所有者愿意以企业内工会的形式实现与员工的协商和合作。正是在日本政府、法律和企业的共识下，日本企业形成了以终身雇佣、年功序列、企业内工会为标志的企业福利模式。这一企业福利模式被普遍认为是工人权力最大的企业模式。最终，日本企业模式的转变使得日本最终实现了由"国富"向"民富"的转变。"这些成就让日本国民生活方式、社会形象、思维方式乃至日本列岛的面貌都发生了根本性变化，就像换了个国家似的。"③

正是由于日本企业抑制了劳资之间权力不对称，形成了劳资双方相互制衡和相互锁定的企业内部权力结构，以至于日本物质资本所有者和工人

---

① 20 世纪 60 年代开始，日本经济出现"刘易斯拐点"，劳动力由供过于求向供不应求转变。日本政府实施著名的"收入倍增计划"。1960～1973 年，日本国民收入和 GDP 年均增长均在 10% 以上，人均实际收入增加了 2 倍，而失业率仅在 1.1%～1.3% 的低水平。

② 在日本企业内极其强调"家庭"意识，即企业参与者与企业之间不是普通的伙伴关系，而是企业既要求参与者忠诚与关注，又给予那些为它的发展付出巨大努力的参与者的一种类似家庭的认可和对待。同时，日本企业坚持达成共识，尽管要让每一个企业参与者的意见一致需要付出极大的努力和成本，并且使得决策过程十分缓慢和烦琐。

③ 林直道. 现代日本经济 [M]. 北京：北京大学出版社, 1995.

都愿意进行资产专用性投资，提高技术水平和生产效率，最终提高了企业效率。日本企业重视对员工的人力资源投入，并采取员工岗位轮换、非集中分配利益的方式，协调劳资冲突。日本企业员工多对劳资关系有信任感，人员流动性较小。这也有利于技术保密、储备和升级。美国员工平均连续工作年数仅为 6.6 年，而日本员工则为 12 年。[①] 同时，在日本企业中，往往是工作现场人员握有关键技术和技术的主要部分，则与欧美企业中专业技术人员掌握技术远多于工作现场人员有着本质的区别。[②] 于是，在有现场经验的技术人员、工程师和管理人员的指导下，持续接受公司培训并具有包括轮岗在内长期工作经验的日本企业一线工人，可以在原材料管理、工作进程和工作分派等诸多方面，根据技术改进的需要做出相应的调整，促进技术创新和产品升级。在此基础上，以丰田企业为代表的日本企业才可以实施注重现场质量管理的全员参与质量控制（TQC），使得日本企业产品质量享誉世界。

3. 德国的企业共决模式

20 世纪 50 ~ 70 年代，德国逐渐以法律的形式确立了企业劳资共同决策制。这一制度已经成为德国企业共决模式的基石。1951 年的《钢铁煤炭企业共同决定法》、1952 年的《经营构成法》和 1972 年的《共同决定法》共同构成了德国企业共同决定模式的法律框架。其中，《钢铁煤炭企业共同决定法》只适用于钢铁、煤炭，以及相关行业。《经营构成法》规定，在企业规模超过 5 人时，就应该成立代表员工利益的厂务委员会。厂务委员会有员工招聘、调动职位和解雇的同意权，以及工作环境、工作时间、工作范围和工作流程的协商权。在 500 ~ 2000 人的企业中，员工可以通过选举监事进入监事会的形式行使在人事、员工关系和经济事务上的决策权。在这一企业规模中，监事会人数为 3 ~ 21 人，且能被 3 除尽，其中

---

① 日本内阁府. 平成 18 年次经济财政报告 [EB/OL]. 平成 18 年 11 月 27 日，http：//www5. cao. go. jp/j – j/wp/wp – je06/06 – 00000pdf. html.

② 克利斯·弗里曼，罗克·苏特. 工业创新经济学 [M]. 北京：北京大学出版社，2004：2.

劳资双方的比例为1：2。劳方代表由工人和工会代表选举产生，资方代表由股东大会选举产生。《共同决定法》规定2000人以上的企业，劳资双方按照1：1的比例选举监事会成员。在监事会主席的任命中，以监事会2/3以上的多数同意。若第一次选举劳资双方僵持不下时，则在资方代表中产生并需过半数的资方代表同意。在对于董事会成员的任命中，必须获得监事会2/3以上的多数同意，并且必须有1名员工事务董事。可见，在德国所有企业中，厂务委员会在协调基层劳资关系中发挥重要作用；在500~2000人的企业中，资方代表在监事会中占2/3的绝对地位；而在2000人以上的企业中，虽然资方在经济事务的决策中略占优势，但是劳资双方在企业决策中的权力已经相差无几了。加之，"德国人对合作精神与良好秩序特别重视"。即便在最差的情况下，监事会和厂务委员会也会使得管理者必须在最低限度上行使其管理职能，并且保证提案和账目等的正确。[1]

企业共同决策通过充分知情、平等参与和透明决策可以有效缓和劳资对立，增进企业内协调和团队精神，极大减少罢工等极端事件，有利于形成和谐的劳资关系。同时，企业共同决策提升工人对自身价值和企业共同价值的认同感和责任感。有了劳动者参与的决策更具有合理性，也更容易遵守。学者普遍认为，德国企业劳资共同决策模式是德国企业成功的关键所在。奥沙利文认为，德国共同参与的企业治理模式，可以培养出世界一流的高级技术工人。这对于战后德国组织控制的制度化对德国企业推行了品质竞争力战略具有重要利益，并使得德国在豪华汽车、精密机械、电气设备和医药等高附加值产业建立较强的国际竞争优势。[2] 德国企业在很大程度上实现了列宾斯坦所谓的博弈中的"黄金规则"（golden rule），即每个职员都追求企业利益最大化，并像企业对待他们一样对待企业。雇员仿佛是为自己的企业一样拼命工作。于是，"两个设计相同的工

---

[1] 奥沙利文. 公司治理百年：美国和德国公司治理演变 [M]. 北京：人民邮电出版社，2007：263-266.
[2] 奥沙利文. 公司治理百年：美国和德国公司治理演变 [M]. 北京：人民邮电出版社，2007：267.

厂——设计所需劳动力相同且生产相同的福特企业。同样的工厂在联邦
德国每天多生产50%的小汽车，少使用22%的劳动力"。① 德国法学家
托马斯·莱赛尔认为，"没人可以断言，共同参与法弱化了德国经济；相
反，在德国，总的工作气氛是好的，与国际相比，它有较高的企业效益，
劳动冲突又比较少。这不能不说，实施共同参与法是其原因之一，它体现
了一种民主结构"。②

4. 瑞典的团结工资模式

瑞典企业共享模式最主要的特征体现在工会联合会及其团结工资政
策。19世纪50年代，瑞典第一批有组织的罢工运动开始。19世纪末期，
某些特定行业形成了工会组织。1898年，瑞典工会联合会（LO）建立。
瑞典工会联合会是瑞典14个工会组成的联盟组织，其会员数占瑞典雇员
总数近70%，是大多数瑞典蓝领工会的全国核心组织。③ 这使得瑞典成为
全球工会化程度最高的国家之一。瑞典工会联合会在其第一次代表大会中
提出了团结工资政策，成为瑞典企业工资制度的重要基础之一和瑞典企业
模式中最典型的特征。

团结工资政策要求根据全国企业平均值支付工资，而非企业的实际支
付能力。这种工资政策具有如下好处：一是相对于多个小工会的分散的工
资谈判制度，团结工资这种集中化的工资谈判制度可以达到通货膨胀和适
应之间的一种最佳平衡，并对于"不能从分散化的工资谈判中获得好处的
低报酬工人有利"；二是团结工资政策消灭了"压低工资"现象，即效率
不好的企业不能通过向雇员支付低于平均工资的方法求得生存；三是适当
的工资成本压力会提高资本对劳动力的替代率，加快企业重组和引进新技
术，进而提高劳动和资本生产率；四是团结工资政策缩小了工资差别，减

---

① Leibenstein H. The Prisoners' Dilemma in the Invisible Hand：An Analysis of Intrafirm Productivi-ty ［J］. *The American Economic Review*，1982（72）：92 – 97.
② 托马斯·莱塞尔. 德国股份公司法的现实问题 ［J］. 法学家，2017（3）：86.
③ 瑞典工会联合会官方网站：http：//www. sweden. cn/work/labormarket/tradeunion/.

少了工人从高收入部门跳入低收入部分的收入损失，有利于劳动力流动；五是不同工人之间的分配冲突会造成通货膨胀的压力，而团结工资政策将这一"工资—物价"螺旋形通货膨胀减少到最小的程度。[①]

实践证明，瑞典的联合工会和团结工资政策没有削弱，反而极大地增强了瑞典的企业竞争力，乃至整个经济水平。从 19 世纪末至今，瑞典从欧洲最穷的农业国到一个拥有先进的工业和科学技术的发达国家。瑞典拥有爱立信、沃尔沃、ABB、伊莱克斯等世界知名企业以及一大批极具世界竞争力的中小企业。[②] 2017 年瑞典在全球创新指数排名第三。[③] 瑞典的经济绩效和社会绩效一直高居发达国家前列。[④]

8.5 小 结

物质资本所有者凭借剩余控制权占有大量的普通工人的人力资本，并造成了企业效率损失。这一现象以古典企业最为典型。在古典企业中，由于机械化和碎片化支配劳动过程、专门知识和技能的作用极大地降低以及劳动力供给过剩和劳动者缺乏保障等原因，大量的普通工人资产专用性极低，讨价还价能力极低。同时，与普通工人相比，技术工人较为重要，在总工人人数中仅占极小的比例。加之，独立的管理者的监督和计量作用尚不明显。上述情况使得物质资本所有者的讨价还价能力极高。于是，物质资本所有者在以技术为主要标准区分核心工人和普通工人后，可以通过管理控制、技术控制和官僚控制等权力的运用，达到占有大量的普通工人的生产剩余、实现个人短期收益最大化的目标。

---

① 菲利普·怀曼. 瑞典与"第三条道路"：一种宏观经济学的评价 ［M］. 重庆：重庆出版社，2008：46－54.

② 阎维洁. 瑞典经济发展模式及启示 ［J］. 宏观经济管理，2019（8）：75－85.

③ 驻瑞典经商参处. 瑞典在全球创新指数中排名第三 ［EB/OL］. 中华人民共和国商务部，2018－07－13，http：//www. mofcom. gov. cn/article/i/jyjl/m/201807/20180702765968. shtml.

④ 刘凤义，胡春玲. 瑞典共享型劳资关系的形成、演变与绩效分析 ［J］. 教学与研究，2011（11）：35－63.

　　从默会知识的视角看，尽管大量的普通工人的资产专用性程度和讨价还价能力极低，却无法被转化为会呼吸的机器。普通工人可以控制努力水平、人力资本专用性的投资和再投资。于是，物质资本所有者占有普通工人的生产剩余，必然会带来效率损失。从工人的视角看，这种效率损失体现在限制产量、降低产品质量、占有或损坏企业财产、拒绝人力资本再投资和劳资冲突和抗争等。从物质资本所有者的视角看，这种效率损失表现为过于注重监督，而非激励，以及对人力资本投资不足等。

　　物质资本所有者占有普通工人这样一问题的关键在于劳资之间权力不对称。于是，通过企业内的工人联合组成工会、企业外的政府和法律等第三方强制力共同减弱劳资之间权力不对称，构建制衡的企业内部权力结构，使得劳资双方基于资产专用性程度实现合作博弈和企业效率。在此基础上，发达经济体建立了符合本国特色的、工人参与利益分享和创造生产剩余的企业模式，如美国的企业股权模式、日本的企业福利模式和德国的企业共决模式、瑞典的团结工资模式等。

第9章

现代股份公司的企业内部
权力和效率问题

根据前文分析可知，与古典企业阶段类似，在现代股份公司阶段，机器是社会生产力的物化产物，垂直组织与之相适应，权力的集中是效率的必然要求。不过，在现代股份公司阶段，企业的控制权已经由古典企业中的物质资本者手中转移到了管理者手中，即管理者这一人力资本所有者和大量中小股东这一物质资本所有者的关系为 $s_l \to 1$，$s_k \to 0$。于是，人力资本所有者会凭借权力占有物质资本所有者创造的组织租金，并且造成效率损失。因此，本章以现代股份公司为主要对象，探究人力资本占有物质资本的权力和效率问题。

9.1 管理者拥有权力的条件

在现代股份公司中，社会生产力物化在以机器设备为标志的固定资产投资上。不过，股权日趋分散化，既使管理者基于效率原因得到股东授权并进行集中决策，又导致大量的股东趋于"质点化"，使管理者的人力资本的资产专用性程度极高，而大量股东的物质资本的资产专用性程度极低，于是，作为人力资本所有者的管理者获得权力占有股东利益。本节将具体分析管理者拥有权力的条件。

9.1.1　股权分散化

1932 年，伯利和米恩斯最早发现提出了股权分散化趋势。20 世纪，美国和英国的股份公司的规模不断扩大，而且日趋集中。到 1930 年，美国最大 200 家非金融股份公司控制了 49.2% 的公司财富、38% 的经营性财产和 22% 的国民财富。这些公司规模扩大的同时，股东持股状况却日趋分散。富有阶层不再集中地投资其财产，而是分散地投资不同的公司。① 根据伯利和米恩斯出版的《控制的演化》（1968）一书中企业控制的分类：（1）接近完全的所有权控制；（2）多数所有权控制；（3）少数所有权控制；（4）通过法律手段控制；（5）管理者控制（股东拥有所有权，但公司的控制权掌握在管理者手中），将超过 20% 的投票权的股票视为"重要"股票，不"重要"的股票则视为由管理者控制的。按照上述标准来看，伯利和米恩斯研究发现，在 1929 年美国最大 200 家非金融股份公司中，有 58% 的财富是由管理者控制的（见表 9-1）。

表 9-1　　　　美国最大 200 家非金融股份公司的控制类型

控制类型	公司数量	占全部公司比例	占全部公司资产比例
完全所有权控制	12	6	4
多数所有权控制	10	5	2
少数所有权控制	46.5	23	14
机构控制	41	21	22
管理者控制	88.5	44	58
清算人控制	2	1	0
总计	200	100	100

---

① 伯利，米恩斯. 现代公司与私有财产 [M]. 北京：商务印书馆，2005：57-79.

在伯利和米恩斯研究的基础上，Cosh 和 Hughes 对美国和英国最大 54 家股份公司的样本研究中发现，在上述公司中，英国公司最大股东持股数量占总股份的比例的中位数是 3.7%，而美国公司则是 5.1%。这支持了伯利和米恩斯的研究结论，并说明英美两国大型公司的股权结构的分散程度进一步扩大。

在公司规模越来越大，而单个股东拥有股票数却越变越少的前提下，伯利和米恩斯得出了所谓的"伯利—米恩斯命题"，即从股东所有权中分离出来的经济权利日益集中到管理者的手中，造就了一批拥有"绝对权力"的"经济皇帝"，并代表所有者站在了"借以行使权力的位置"上。伯利和米恩斯认为管理者拥有的权力是"绝对权力"，即管理者在现代股份公司内拥有"最高的、宪法和其他法律制度约束都无法比拟的'权威'"。

需要指出的是，在美国，大型企业往往是符合"伯利—米恩斯命题"意义上不存在"重要股东"的现代股份公司，而中小型企业多是存在少数"重要股东"的股份公司。在 20 世纪 80 年代，与股票价格相联系的长期激励性报酬机制在美国大型股份公司中盛行时，虽然美国大量的中小型股份公司出现类似的发展趋势，但是远没有大型股份公司那样激烈（见表 9 - 2）。同时，在日本和德国，银行往往是大型股份公司的重要股东，使得公司股权激励程度也远低于美国同类型企业。可见，在现代股份公司中，股东的分散化必然增加管理者的讨价还价能力。于是，在现代股份公司中，股东过于分散以至于缺乏"重要股东"，进而致使管理者的讨价还价能力极高，进而可以获得"绝对权力"。

表 9 - 2 美国大中型股份公司持股结构

	公众持有	家族	国家	公众持有的金融机构	公众公司	其他
以 10% 为限的美国大型公司	0.80	0.20	0.00	0.00	0.00	0.00
以 10% 为限的美国中型公司	0.50	0.30	0.00	0.00	0.00	0.20

注：资料节选自 LaPorta R., Lopez-de-Silanes F. and Shleifer A. Corporate Ownership Around the World [J]. *Journal of Finance*, 1999, 54 (2): 471 – 517.

9.1.2　管理者接受授权和集中决策

在古典企业中，物资资本所有者作为出资者往往理所应当地成为所有者，并做出高效的决策。如果有 n 个人共同组建企业，并以各自双向沟通的方式协调问题，需要协调的次数为 C_n^2 次，即 $\frac{n(n-1)}{2}$ 次。如果企业是只有一个人做主，如古典企业，那么，协调次数则降为 $n(n-1)$ 次。当企业人数越多时，"一个人做主"的古典企业式的协调次数降低得越多，交易成本降低的幅度也越大。

不过，现代股份公司不仅规模远大于古典企业，并且作为出资者的中小股东的人数众多。在这一情况下，如果现代股份公司还采取古典企业中物质资本所有者一致、大多数表决、全体所有者集体管理的方式，必然会因巨额的协调次数产生天量的交易成本而难以运行。可见，在现代股份公司中，如果将决策权集中在有能力的管理者手中，其效率会客观上超过大量的中小股东自行管理。于是，在现代股份公司中，唯一可行的方式是采取信任委托的方式将决策权交给管理者以集中决策，并辅以股东监督。

同时，为了保证决策的准确性，就必须将足够的信息及时、准确地传递到最高决策层的手中。仅从信息传递的角度看，这一企业内信息传递相当困难。首先，企业内信息的集中和传递有时间成本。如果环境变化比较剧烈，信息往往会延迟，决策就会根据过时信息做出，必然导致决策失灵。其次，企业往往难以创造出足够的激励使得员工有积极性来准确地传递信息。除了上述两大普遍原因外，即使企业可以无成本地集中和传递信息，并且员工也有传递信息的足够激励，企业仍然存在着另外一大难题。Jensen 和 Meckling 指出，企业信息可以分为专用信息和通用信息两类。其中，通用信息可以在不同人之间传递，而专用信息无论如何也离不开信息采集者本身。在这种情况下，唯一能够有效解决科学决策的办法就是向专有信息者授权。也就是说，尽可能地使决策权和决策信息集中在同一个决策主体上是决策成功的关键。

由上述分析可知，在现代股份公司中，股权分散导致了决策必要信息与抉择权必须尽量集中才有效率。与之对应的是，管理者有难以传递的专用信息和运用这一信息进行科学决策的能力。于是，股份公司决策信息和决策权集中的客观要求与管理者内在能力共同决定了其具有极高的资产专用性程度，进而获得"绝对权力"。

9.1.3　股东趋于"质点化"

在现代股份公司，公司的全部财富以股票的形式表示。同时，公司的全部财富以"一股一票"和"同股同权"被等分为若干小份，以至于社会大众几乎都没有投资门槛，以便社会大众进行投资和现代股份公司进行筹资。于是，现代股份公司中的股东不再像古典企业中的物质资本所有者那样单独或几人合伙拥有足够的建立企业的资金，投资的资金门槛被极大地降低了。

同时，在现代股份公司中，股东无须了解和掌握如何驾驭由专业化的分工、精细化的流程和复杂性的技术等构成的现代股份公司，而交由管理者"全权"负责。于是，就古典企业中物质资本所有者需要负责企业的经营和管理而言，现代股份公司中的股东的能力要求被极大地降低了。

加之，在现代股份公司中，随着大股东更加倾向于采取分散投资以转移风险，使得单个大股东持有某一上市公司的股权比例日趋下降，即伴随着现代股份公司的规模日益扩大，而单个股东持有某一公司股份的数量却趋于降低。

现代股份公司中的股东趋于"质点化"，即单个股东的资产专用性程度极低，即在资本市场中的替代者"比比皆是"，而在公司中的讨价还价能力可以忽略不计。在股票市场上，大量股东以"用脚投票"的方式频繁进入和退出公司就是股东"质点化"的外在表现。于是，股东"质点化"

使得单个股东甚至即便是股东作为整体的资产专用性投资也难免不被管理者占有。

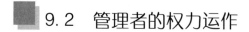

9.2 管理者的权力运作

9.2.1 管理者的基础权力及其运作

在现代股份公司中，管理者运用权力在防止自己被股东大会委任的董事会替换，占有大量中小股东的利益。具体的权力运作方式如下：

管理者将大量的公司资源投入到某一投资领域中。董事会因缺乏必要的信息难以监督管理者的投资。一旦投资作出后，董事会即便发现了该投资减少了公司价值，也因投资已经变成沉没成本，并且替代成本高昂而无计可施。

在现任管理者的决策下，企业的价值可以表示为：

$$V_i = \alpha_i B(I) - c \cdot I$$

其中，I 是由现任管理者决定投资的数量，α_i 是现任管理者的管理能力，$B(I)$ 表示每单位生产在投资量为 I_i 时所带来的利润现值，c 为单位投资的成本。假设 $B' > 0$，$B'' < 0$，$\lim\limits_{I_i \to \infty} B' = 0$。

如果现任的管理者被最优的替代者替代，由于投资具有不可回收性，替代者需要追加投资实现项目运转。于是，企业在新的替代者管理下的企业价值为：

$$V_j = \alpha_j B(I) + \alpha_j B(\Delta I) - c \cdot (I + \Delta I)$$

其中，α_j 为替代者的投资能力，ΔI 为必须追加的替代投资。$\Delta I > 0$。

在现任管理者和替代者之间，公司价值之差为：

$$\Delta V = (\alpha_j - \alpha_i) B(I) - \alpha_j B(\Delta I) - c\Delta I$$

可见，即便替代者对投资的管理能力优于现任管理者的管理能力 $a_j > a_i$，只要 $\alpha_j B(\Delta I) + c\Delta I - (\alpha_j - \alpha_i)B(I) > 0$，即因为投资具有事前难以评价和事后的不可回收性，董事会在很大程度上选择现任管理者，而非替代者。这也意味着只有当董事会支付足够多的替代成本的情况下，才能作出解除不尽职、无能的现任管理者的决策。当然，理性的现任管理者会选择自己最擅长和最熟悉的领域，以便尽可能缩小 a_j 和 a_i 之间的差距。这既可以避免自己被替代，也在一定程度上能获得尽可能多的个人权力。

一般而言，替代者事后追加投资的替代投资与现任管理者的原有投资规模成正比，即 $\Delta I \propto \gamma I$。一般而言，现任管理者会努力扩大投资规模，而非选择最佳的投资者规模。随着公司的投资规模扩大，股东对现任管理者的依赖增加，替代其的难度也随之加大。加之，在投资前，管理者通过高估投资预期，使得董事会认为投资规模的扩大必然会带来更多的利润，进而可以在短期内获得更高的相对利润。于是，管理者可以获得更高的包括金钱报酬、在职消费以及其他福利和未来雇佣前途等潜在好处。这也在一定程度上揭示了管理者喜欢企业规模最大化，而非利润最大化的秘密。[①]

此外，设 θ 为管理者持股比例，并且 θ 远低于 1。这使得管理者与大量中小股东之间利益并不一致，并且很少承担投资的大多数后果，即管理者实际上只承担 $\theta[\alpha_j B(\Delta I) + c\Delta I - (\alpha_j - \alpha_i)B(I)]$。

从上述分析可知，管理者可以利用信息不对称和投资的不可回收性，使得董事会难以将其替代。同时，管理者并不承担大多数投资的绝大部分的后果，却可以利用权力选择扩大企业投资规模，以及由此带来的包括现金、在职消费、其他福利和好处等在内的巨额报酬。

9.2.2 管理者的衍生权力及其运作

在现代股份公司中，由于投资的事前难以评价和事后的不可回收性，

---

① Baumol 在《商业行为、价值与增长》(1959) 一书中提出了管理者的目的不是利润最大化，而是公司销售额最大化。Marris (1964) 提出了在一定利润（股东满意的最小利润限制）下的公司增长最大化。二者构成了著名的经理主义的公司增长模型。

使得董事会在选择替代者替代现任管理者时需要考虑巨大的替代成本，即只有当 $\alpha_j B(\Delta I) + c\Delta I - (\alpha_j - \alpha_i)B(I) < 0$ 时，董事会才会替代现任管理者。那么，管理者完全可以将其中的一部分利益转让给其他参与者，尤其是将部分利益输送给重要的公司合作方和监督方（如董事会成员），使其与自己结成利益"共同体"，甚至形成"个人帝国"，进一步增强其讨价还价能力。

同时，管理者可以利用权力将替代成本转化为个人收益，进而占有股东利益。管理者可以通过预先高估利润、买入资产等方式获得利益，并通过关联企业、超额激励等方式，将尽可能多的不当得利 $\alpha_j B(\Delta I) + c\Delta I - (\alpha_j - \alpha_i)B(I)$ 转化为个人收益。

此外，管理者可以利用权力"做低"现代股份公司价值，实现与潜在收购者共谋或管理层收购。由于投资的事前难以评价和事后的不可回收性，管理者可以在事前以预先高估利润、买入资产等方式，尽可能地扩大公司规模。一旦投资真正回报低于预期时，股价会随之降低。这时，潜在收购者或管理者可以低价收购公司，并获得相应潜在收购者事前许诺的报酬，或管理者收购后价值回归的收益。

9.3 管理者侵害股东的效率损失问题

9.3.1 效率损失的原因

1. 股东的"双重风险"

与一般资产专用性投资者面临着资产专用性投资被机会主义者占有的单一风险相比，现代股份公司中的股东投资则面临着"双重风险"：一是股东提供给公司的是以货币为载体的资金。货币是一种一般等价物，可以提供一般购买力，以致于股东提供的资金很容易被滥用和吞食。二是除了具有一般购买力外，股东提供的资金还可以进行专用性投资，而专用性投资具有移作他用时的价值减损的特性。

对于任何现代股份公司而言，股东的第一类风险永远都不会消除。尽管股东可以通过"用脚投票"退出和分散投资来转移风险。不过，如果将公司的生存视为一系列不完全契约的缔结过程。那么，作为整体的股东和实际上和公司关系是永续的，故除非公司倒闭，否则股东不可能转移风险。当然，整体的工人和公司的关系也是永续的。不过，作为整体的债权人和供应商等是否永续存在一定争议。因此，威廉姆森认为，在现代股份公司的所有利益相关者中，股东勉励的风险最大。

2. 管理者侵害股东利益的"双重因素"

在现代股份公司中，现任管理者这一人力资本所有者只需要在自己最擅长和最熟悉的领域进行最大规模的投资，就可以加大自己被替代的难度，并且增加股东对其的依赖度，并使得股东在一定程度上从心理和行动上都接受了管理者的权威。同时，理性的管理者既不尽心，也不尽力从事公司的经营和管理，并由此造成了公司最为严重的损失。这一效率损失的原因有两个方面：一是经营者与股东的利益并不一致。在决策时，管理者不以股东利益为第一诉求。同时，管理者在有意利用手中权力为自己谋求利益时，在绝大多数情况下必然会占有股东的利益。二是股东不能准确、有效和低成本地察觉管理者的决策行为，存在着监督的困难。

（1）管理者与股东利益不一致。在现代股份公司中，管理者拥有很少股份，甚至没有股份，却掌握了公司的控制权；而公司的剩余索取权的绝大部分则掌握在股东手中，二者不具有完全的对应关系。于是，公司剩余控制权和剩余索取权的分离这一矛盾使得管理者自身利益最大化和股东利益最大化的不一致被加强，进而导致企业效率降低。公司管理者与股东的利益差异越大，企业效率降低的可能性越高。

在现代股份公司中，股东聘请管理者代表自己管理公司的经营。虽然股东并不知道公司的最大收益和如何实现这个最大收益，但是股东希望管理者通过努力给自己带来最大的收益。不过，理性的管理者拥有很少，甚至几乎没有公司股份。为公司创造最大的收益这一目的并不符合其自身的利益诉求。于是，由前文模型可知，管理者会理性地选择扩大公司投资规模。随着公司投资规模的扩大，管理者被替代的可能性降低，其影响力会相应地扩大，管理者可以获得更高的包括金钱报酬、在职消费、其他福利和未来雇佣前途等潜在好处。不过，过度扩大公司规模的行为会增加公司不合理的开支和不必要的风险，势必会影响公司利益最大化。

如果说管理者谋求公司规模最大化在一定程度上要基于股东利益考虑，即在满足股东最低利益要求的基础上扩大公司规模，那么，在某些情况下，管理者则完全背离了股东利益。例如，管理者可以与潜在的收购者达成"秘密"协议：管理者在任期内对公司管理采取不尽责的、"无为而治"的态度。在公司被兼并后，收购者给予管理者一笔数额巨大的解雇补偿。

（2）股东与管理者之间的信息不对称。在现代股份公司中，管理者难以被替代并可以占有股东利益的关键在于二者之间存在着信息不对称。不仅单个股东如此，股东联合亦如此。一是存在"理性无知"。单个股东认为自己监督成本过高且无济于事，但若其他股东联合监督则也可坐享其成，即每个股东都理性地选择不监督。于是，个人理性无法产生集体理性的存在。二是存在"机会主义"的障碍，股东联合起来，即以股东大会委托给董事会的形式监督管理者，董事会也会在一定程度上被管理者干预并与之合谋，以至于难以监督管理者。

因为股东不能准确、有效和低成本地察觉管理者的决策行为，所以管理者可以占有公司利益。在管理者进行项目决策时，管理者对项目的未来市场状况和预期收益有着远多于股东和董事会的信息。在项目决策上，由于存在事前的信息不对称，管理者可以夸大项目的难度，压低预期收益。同时，管理者可以提高完成基数之后的奖励。由于存在着事后的信息不对称，管理者可以控制项目的收益，以免一次性超额过多，以便逐次提高奖励标准并持续获得超额奖励。在管理者直接占有公司财产方面，公司董事会难以察觉。管理者可以将公司中利润丰厚的业务外包给与自己有关联的企业。董事会不清楚管理者是基于关联企业的能力，还是关联企业与管理者的关系才获得这一业务。在管理者进行在职消费方面。董事会也难以监管。例如，管理者用公款出差考察一个项目，股东很难分清管理者究竟是为了公司利益而奔波，还是为了满足个人兴趣而旅游。

9.3.2　效率损失的具体表现：管理者视角

在现代股份公司中，管理者侵害股东的利益造成效率损失的具体表现如下。

1. 过度投资

由前文模型分析可知，现任管理者会努力地扩大投资规模，而非选择最佳的投资者规模。随着公司投资规模的扩大，股东对现任管理者的依赖增加，替代其的难度也随之加大。加之，在投资前，管理者可以通过高估投资预期，在短期内获得更高的相对利润，并获得更高的包括金钱报酬、在职消费以及其他福利和未来雇佣前途等潜在好处。不过，过度扩大公司规模的行为会增加公司不合理的开支和不必要的风险，势必影响公司利益最大化。

2. 营造"个人帝国"

管理者可以通过在董事会和公司管理高层安排自己的人手，以输送公司利益为代价笼络公司的某些重要的合作方，不断将公司营造成"个人帝国"。在"个人帝国"中，管理者可以利用权力，以"国王"的身份来获得巨大的私人利益。同时，一旦管理者建立"个人帝国"，即便其不再适合经营公司，也可以防止股东寻找替代者接替其地位。在营造"个人帝国"的过程中，管理者不断地将公司利益以个人的名义输送给"合作者"

和自己，降低了公司效益；并且极力地打压公司内的"反对者"以防止被替代，形成巨大的公司"内耗"。

管理者的"个人帝国"一旦形成，则往往难以打破，以至于当其出现意外事故后，股票市场会有积极的表现。研究发现，当公司高层管理者在心脏病发作或飞机失事事件等导致的突然死亡后，其所经营的公司股票价格会提高，甚至出现大幅增长（Johnson，Magee，Nagarajan and Newman，1985）。这种增长幅度与管理者不愿意将资金返还给投资者而致力于建立"个人帝国"的状况正相关。他们认为，在掌管"个人帝国"的管理者死后，剩余控制权的收益流会减少，而股东剩余索取权的收益则会相应扩大。①

3. 直接占有公司财产

管理者直接占有股东财产是公司利益受损最主要和最频繁的形式，主要表现为财富转移和在职消费。在法律对股东尤其是中小股东保护不利时，管理者会直接采取财富转移的形式占有股东财产。伯利和米恩斯描述1900～1915年美国的现代股份公司就面临着这一问题。在这一时期，美国许多铁路公司由于管理混乱而最终破产而被管理者廉价购买。除了上述破产而沦为管理者所有的极端形式外，管理者还通过"内幕消息""从现有的股东手中低价购买股票，然后，再伺机将其高价抛出"。管理者"不去维持一个合理的市价赖以存在的环境"，相反，"还可以发布具有误导性的财务报告或散布非正式的消息，来强化其对市场的操纵行为"。② 在保护股东尤其是中小股东的法律不断完善时，直接的财富转移的渠道会受到法律的极大限制，而在职消费等方式依然可以为管理者带来丰厚的个人收益。

---

① Johnson，Magee，Nagarajan and Newman. An Analysis of the Stock Price Reaction to Sudden Executive Deaths：Implications for the Management Labor Model ［J］. *Journal of Accounting and Economics*，1985：151–174.

② 伯利，米恩斯. 现代公司与私有财产 ［M］. 北京：商务印书馆，2005：133–135.

4. 虚增公司利润

在现代股份公司中，大量的中小股东利益最直接的体现就是利润最大化。于是，管理者可以运用权力虚增企业利润，借以巩固自身地位。管理者主要采取短期行为、买入或出售资产等方式虚增利润，反而实质性地削弱了公司效率。

（1）短期行为。由于公司管理者的货币收益和非货币收益（如声誉等）往往在只与自身任期内的公司业绩相关。于是，管理者在决策时就因任期的限制而偏重短期经营业绩。管理者可以通过减少广告费用支出、减少设备维护费用支出、削减科技研发投资，甚至运用财务巧妙做账或金融上的灵活操作把未来收益做到当期，或做多当期账面利润。这种会计操作手法并没有真正提高公司利润，相反地却削弱了公司的长期竞争力，进而影响了公司的效率。

（2）买入或出售资产。在公司进行新业务时，管理者倾向于夸大预期收益，并且大量买入资产，即便用高价购入资产，也可以在短期内实现相对利润，而董事会往往缺乏评价新业务的足够信息。当投资做出后，所有的投资已经变成了沉没成本。此时，即便董事会认识到新业务的真实价值，并认定这一新业务减少而非增加公司价值，往往选择维持现状。由于投资的不可回收性，董事会替代管理者则可能意味着巨额的追加投资。同样，管理者可以通过出售资产的方式，既可以增加相对利润，又对任期内的业绩及管理者自身的报酬产生正面影响。即便某些资产对公司长期发展是有利的，管理者也会在一些情况下选择性地出售，以维持业绩和自身报酬。可见，无论是高估项目预期收益而买入资产，还是为了维持利润率而出售资产，都在很大程度上有损于公司效益和可持续发展能力。

5. 设计捆绑性契约

当公司与员工、供应商、销售商、债权人和消费者等签订契约时，管理者通常精心设计和选择对自己有利的契约结构。例如，在订立债务契约时，管理者可以约定如若更换管理者，则债务到期。同时，管理者会签订一些由管理者自身名誉，而非公司名誉为支撑的契约。因此，管理者而非公司拥有对方的信任。这样，管理者可以将公司其他参与者的利益与管理者自身利益以契约的形式"捆绑"在一起，进而达到"捆绑"公司的目的。

6. 过度地压低债务比例

在财务学上，负债等成本固定型筹集手段引发的普通股每股收益（EPS）的波动幅度大于利息税前利润（EBIT）的波动幅度，即存在财务杠杆效应。当投资收益率较高时，负债等成本固定型资本越高，财务杠杆系数越大，普通股本利润率上升的幅度越大；反之，则普通股本利润率下降的幅度也越大。虽然财务杠杆效应有负面效应，但是不同的行业中的企业要根据实际情况合理地利用，而非过度地降低债务比例。有些管理者通过过度降低公司债务比例以达到降低经营难度的目的，却吹嘘公司的低债务情况是为了公司的稳定运行。Modigliani 和 Miller 经研究指出，如果管理者过度自夸公司的低债务状况，这在很大程度上只可能是因为其无能，而非为了公司安全和股东利益。①

7. 抵御潜在收购者的收购

如果某一公司的业绩过低，资本市场的潜在收购者会收购该公司，并且选择更具有职业精神和能力的管理者来管理该公司，以便获得股票上涨的收益。不过，现任公司管理者可以通过权力阻挠潜在收购者对公司的收购行为，继续维持自身的权力和公司的低效率运营。同时，由于资本市场的收购行动常常伴随着大量的隐蔽信息和行动，为管理者抵御收购和占有股东利益打开了"方便之门"。管理者抵御收购的有如下几种典型的形式：（1）毒丸（poison pills），管理者以低价等形式向收购方以外的其他定向

---

① Modigliani F., Miller M. H. The Cost of Capital, Corporation Finance and the Theory of Investment [J]. *American Economic Review*, 1958, 48 (3)：261 - 297.

增发股票来增大收购者的难度。（2）控制董事会改选，管理者通过建立公司董事会分年度改选制度，可以有效地防止收购方在持股优势时，立刻也在董事会形成优势，即经过若干次董事会改选后，收购方才能占据董事会优势地位。在此期间，管理者仍能维持控制权。此外，管理者可以通过制定董事任职资格的详细规定，增加收购者提名合适的董事候选人的难度。（3）金降落伞（golden parachutes），现任管理者制定控制权变动条款，以便在失去职位后能够获得报酬及其他收益的补偿。（4）绿色邮件。公司以私下协商的方式从某些或单一股东手中溢价回购其持有的股票，并规定该被回购股票的股东不再企图进一步接管公司，以消除大股东的接管威胁。这一行动降低了公司价值，也削弱了某些大股东对公司的控制。（5）合谋。管理者和收购者合谋达成一致，管理者以低价贱卖公司，而收购者则保证在控制权转移后给予管理者更好的待遇。

由上述分析可知，在现代股份公司中，管理者拥有极高的讨价还价能力，可以确保自己不尽责或无能时不被董事会替换，甚至形成"个人帝国"，并可以利用权力占有股东利益，实现私人利益。

9.3.3 效率损失的具体表现：股东视角

在现代股份公司中，股东基于自己利益最大化的选择，也减少了对资产专用性的投资。具体体现在如下三点。

1. 减少投资规模

一旦股东意识到现代股份公司管理者侵害股东利益，就会选择"用脚投票"当大多数股东甚至未入市的潜在股东意识到管理者侵害股东利益时，就会选择退出或不再"进场"。这时，股票市场的整体规模就会缩小。这也就意味着资本市场的最佳投资规模并没有实现。管理层侵占股东必然牵涉到运用法律这一终极力量维护股东权利保护的问题。研究将49个国家或地区的法律分为两大类和四个系别，即英美为主的判例法系，以及德国成文法系、北欧成文法系和法国成文法系；并计算出相关国家的"股东权利保护的综合指数"。其中，英美判例法系国家对股东权利保护最好，平均值为3.39；北欧成文法系国家排名第二，平均值为2.5；德国成文法系国家排名第三，平均值为2.0；法国成文法系国家最差，平均值为1.75。[①] 同时，他们认为，各国政府和法律对股东，尤其是中小股东的保护越好，其资本市场越发达，即中小股东越愿意为企业提供资金，反之亦然。此外，他们的研究还指出，各国政府和法律对股东的保护程度与资本市场发展水平和国民经济的发展程度正相关。

2. 进行过度投机

在资本市场上，如果现代股份公司管理者侵害股东利益的现象普遍存在，那么，股东理性的选择将不再是看重公司增值带来的价值回报，而是追求股价波动带来的价差收益。

在现代股份公司中，股东是公司利益的直接和最大受益者。公司价值是股东衡量所有问题的基础，也是公司运行的最终动力。当股东看重公司价值回报时，管理者则更倾向于看重新技术和新工艺的研发、适度的投资规模、提高产品质量；公司也会提高透明度、加强信息披露和审计、增强股东权利、理顺利益相关者关系、增强董事会有效性等，来完善公司治理。当股东追求股价波动而获得价差收益时，股东更倾向于看重管理者进行短期操作、买入或卖出资产来虚夸预期利润，进行多元化，尤其是市场追捧的"股票概念"，而非专注提高原有产品的竞争力，发布具有误导性的财务报告或散布非正式的消息等，使得股票价格有暴涨的预期。这种虚假的增长实质性损害了公司增长的潜能，并最终损害了股东的利益。

---

① La Porta R. , Lopez-de-Silanes F. , Shleifer A. , et al. Law and finance ［J］. *Journal of Political Economy*, 1998, 106（6）：1113–1155.

3. 不利于职工持股制度的形成

普通工人可以通过职工持股参与公司的利益分配。这一利润分享制可以打破工人只能通过生产获得劳动力报酬，而物质资本所有者获得所有权益的困局。于是，在新的利益分配格局下，工人愿意承担更多的责任和义务，并相互监督以减少偷懒行为，还有更大的动力去进行人力资本再投资，激发了工人的劳动积极性，实现了企业效率。

不过，职工持有需要一个重要的前提条件，即可以约束管理者侵害股东利益的行为。如果管理者通过资产转移或在职消费占有股东利益的行为，持股的普通工人将面临着获得资本收益减损的问题。如果管理者形成"个人帝国"，那么，持股的普通工人会长期获得极低的分红或派息等剩余索取权回报。如果管理者经营无能或不尽责而导致公司亏损而股价急剧下跌，普通工人的持有股票的价值会严重缩水。如果普通工人持股需要花费一笔巨额的工资或储蓄购买，而非奖励的话，普通工人的持股计划就是对普通工人财富的掠夺，而非生产剩余的分享。

可见，如果不能够很好地解决管理者侵害股东利益的问题，就会影响到普通工人参与生产剩余分享，不利于在公司层面调动普通工人的劳动积极性，进而丧失一条改进公司效率国际通行的有效途径。

9.4　应对管理者侵害股东的效率损失问题及国外经验

现代股份公司是以管理者为代表的人力所有者拥有绝对权力的一种企业制度。在这一企业制度安排下，管理者可以凭借其拥有的绝对权力占有股东，尤其是大量的中小股东的利益，进而造成了效率损失。现代企业制度是当今世界企业的主流。虽然现代股份公司数量较少，却在企业总产值和国民经济中占据了相当大的比重。因此，应对现代股份公司的效率损失问题有其必要性。

在契约关系的角度看，作为人力资本所有者的管理者之所以可以占有股东利益的原因在于其拥有极高的专用性人力资本而获得了大部分的剩余控制权。为了实现企业效率，必须在现代股份公司内构建制衡的权力结构。这一实现途径主要有两种：一是在公司内形成机构投资者或增加董事会的独立性，以集体的力量减弱管理者和股东权力的不对称；二是通过企业外的政府和法律等第三方强制力约束管理者，使得现代股份公司内形成制衡关系。

9.4.1 企业内减弱管理者和股东的权力不对称

在现代股份公司中，增强股东的讨价还价能力主要有两个途径：一是确保股东大会授权的、监督管理者的董事会的独立性；二是以中小股东联合的方式形成积极行动的机构投资者参与公司治理和监督管理者。

1. 董事会独立性

威廉姆森指出，让管理者进入董事会（参与型董事会）没有很大的必要性。同时，由于管理者已经掌握了大量的公司信息，让他们参与董事会决策会助长其占有股东利益的行为，使得参与型董事会沦为管理者控制公司的工具。[1][2] 在参与者可以控制参与者大会的情况下，让管理者参加参与者大会。[3]

在现代股份公司中，股东不直接参与公司的经营和管理，而是通过股东大会选举董事会监督管理者间接实现的。董事会作为股东授权监督管理

---

① 奥利弗·E. 威廉姆森. 资本主义经济制度 论企业签约与市场签约 [M]. 北京：商务印书馆，2020.

② 当然，威廉姆森认为，如果股东可以控制董事会，管理者进入董事会有如下好处：一是有利于董事会近距离地判断管理者才能，二是董事会基于管理者提供的信息可以更好地做出投资决策，三是有利于维护公司与管理者之间的雇佣关系。

③ 类似问题，如经理是否参与股东大会的研究，详见 ［美］奥利弗·E. 威廉姆森. 资本主义经济制度 论企业签约与市场签约 [M]. 北京：商务印书馆，2020.

者的机构，管理者参与董事会必然涉及两大问题：一是管理者干预董事会对其监督，甚至与董事会成员"合谋"占有股东利益；二是管理者将获得决策权和执行权，"既是运动员，又是裁判员"，更助长其占有股东利益的行为。于是，一个独立和公正的董事会，成为股东最值得信赖的监督管理者的受托机构。

20 世纪 80 年代以来，增强上市公司董事会独立性成为一种普遍的共识。越来越多的美国公司采取聘任外部董事，尤其是独立董事的方式，增强董事会独立性。一般情况下，独立董事与公司没有任何关系，已经具有一定的社会地位和身份，因此被认为难以被管理者收买，可以维持股东的合法权利。在董事会下设的薪酬委员会往往就由独立董事组成，决定了管理者的报酬结构和水平，力求最大限度激发管理者的工作动机和抑制其占有股东利益。例如，教师保险、养老金协会和大学教师退休权益（TIAA－CREF）养老基金提出一项关于监督管理者的政策，要求并鼓励它所投资的公司都能够拥有分散的、独立的董事，并且独立董事在董事会中占据过半席位，还希望董事们对股东更负责任。该基金于 1992 年公布了13 家未能与之达成改革协议的公司名单，并批评这些公司支付了过高的管理者薪酬。

2. 积极行动的机构投资者

机构投资者是聚集单个投资者、单个机构资金并代表分散投资者利益的特殊股东。机构投资者可以大致分为养老基金、共同基金、保险公司和银行四类。一般而言，机构投资者拥有雄厚的资金实力、专业性的投资者和丰富的投资经验，通常可以获得稳定的投资收益。机构投资者以股东联合的方式正逐步成为现代股份公司的公司治理和监督管理者的新趋势。

20 世纪 60 年代以后，美国上市公司治理出现了新变化，主要表现在机构投资者的异军突起。由于个人投资者在通常情况下通过证券组合获取利润的能力弱于机构投资者，以及美国社会福利体系的建立，个人投资者逐渐让位于机构投资者。20 世纪 80 年代初期到中期，美国机构投资者持有资产平均增速为14.9%，80年代后，这一速度则保持在10%以上。从20世纪90年代开始，美国机构投资者所持有的股票市值首次超过了个人投资者，占整个权益类资本市场的50%左右，占美国金融资产总数的20%以上，使得股东结构有了根本性的变化。①

与此同时，美国的法律及司法解释也逐步认同机构投资者参与公司治理以监督管理者的行为。在美国公司治理演进过程中，美国的民主思想，主要体现在反对金融寡头和金融垄断等方面，影响了美国的融资体系和上市公司治理。美国学者罗伊认为，"美国的政治反复阻止金融中介发展到拥有足以在最大型企业中产生影响力的大量股票"，同时，"美国的法律拆散了中介机构、它们的投资组合以及它们之间的协调能力"，以至于"阻止它们进入产业部门的董事会。现代美国企业不得不适应这种政治氛围"。② 在这一背景下，美国机构投资者也是如此。它们更加关注短期利益，而非公司长期发展，即所谓的"公司治理消极主义"。不过，20世纪80年代以来，美国一系列司法解释逐步认同了机构投资者参与公司治理，即在保证养老基金安全的前提下，机构投资者可以根据基金利益对上市公司进行投票。美国劳动部也明确机构投资者在考虑成本和收益的基础上，可以独立或与其他股东一起积极地参与公司治理。

20世纪90年代以后，以加州退休基金系统（CalPERs）、TIAA – CREF等美国养老机构，以及Lens基金为代表的机构投资者开始关注公司。Lens基金选股标准是：（1）市场表现差却有增长潜力；（2）通过股东积极干预可以改善公司治理和监督管理者。一般而言，机构投资者通过在股东大会提交提案或议案、呼吁管理者或董事会改变公司管理或战略、撤销公司CEO（如通用、IBM、美国运通公司等）等方式，干预公司决策。这种"公司积极主义"对管理者施加了来自股东的直接压力，改善了公司治理结构，增强了股东的讨价还价能力，提高了公司价值。

---

① 宁向东. 公司治理理论 [M]. 北京：中国发展出版社，2006：371.
② 马克·罗伊. 公司治理的政治维度：政治环境与公司影响 [M]. 北京：中国人民大学出版社，2008：1.

9.4.2 第三方强制力减弱管理者和股东的权力不对称

1. 现代企业理论拒绝第三方强制力与现实不符

现代企业理论认为，通过 GHM 理论的事前激励和交易费用理论的事后适应性治理，企业参与者可以按照资产专用性程度分享生产剩余，自发实现企业效率。政府和法律等第三方强制性力量也就没有必要介入企业当中。威廉姆森认为，"与一般契约不同，雇佣契约是自我约束的隐形合同……应该排除通过国家程序——法庭和管理机构——来解决纠纷的作用"。① 威廉姆森进一步指出了原因，一是内部纠纷双方具有深刻的知识，而想将这一知识告知法院需要支付高昂的费用，二是允许内部纠纷提交法庭并由其判决，将降低层级制组织的完整性和效力。然而，面对世界各国越来越多、越来越详细的关于规范保护中小股东权益的立法的现实，现代企业理论明显缺乏解释力。

管理者侵害股东必然牵涉到运用法律这一终极力量维护股东权利保护的问题。研究指出，各国政府和法律对股东的保护程度与资本市场发展水平和国民经济的发展程度正相关。② 美国资本市场的发展史就是一部完善监督管理者行为的法律史。在 20 世纪 30 年代以前，证券市场上管理者可以随意操作信息披露，并为追求自身利益而占有公司利益。不过，在罗斯福新政后，美国通过建立一套强有力的法律体系规范其资本市场，并产生了独立监管机构——美国证券交易委员会（the American Securities and Exchange Commission，SEC）。一方面，美国政府制定法律以约束职业性的会计团体的设立及其执业权力。在此基础上，会计职业团体也会制定会计和审计原

---

① 威廉姆森. 资本主义经济制度　论企业签约与市场签约［M］. 北京：商务印书馆，2020：348 – 349.
② La Porta R. , Lopez-de-Silanes F. , Shleifer A. , et al. Law and finance ［J］. *Journal of Political Economy*, 1998, 106（6）：1113 – 1155.

则，并监督会计人员和审计人员的工作，进而可以监督管理者对信息披露的操纵。另一方面，证监会对上市公司年报和招股说明书的最低披露要求做出规定，对市场内幕交易和关联交易做出监控。在美国政府的监管下，美国现代股份公司的管理者侵害股东利益得到有效的遏制，资本市场得以良好的运转。

在现代股份公司中，管理者拥有剩余控制权，具有极强的讨价还价能力，而股东则趋于"质点化"，几乎没有讨价还价能力。于是，管理者和股东根据各自讨价还价能力进行博弈的唯一结果就是前者占有后者的利益。这就给予政府和法律作为第三方强制力干预现代股份公司以减弱管理者和股东的权力不对称以合理性的解释。

2. 完善股东权力以减弱管理者和股东的权力不对称

在现代股份公司中，股东是公司利益的直接和最大受益者。公司价值是股东衡量所有问题的基础，也是公司运行的最终动力。于是，股东的压力就成为公司治理改善的原动力。股东的压力实现需要通过股东的权力运行来实现。一般而言，公司股东具有五大法定权力：一是获取公司信息的知情权，二是在知情之后的提案权，三是对涉及自身利益的提案的表决权，四是获取投资回报的收益权，五是权利受到侵害时的诉讼权。在各国法律中，通常都对股东的知情权和收益权作了类似的规定。对于股东，尤其是中小股东保护的差别主要体现在提案权、表决权和诉讼权上。同时，股东诉讼权和提案权直接关系到股东的讨价还价能力，并最终确保了股东的收益。因此，本节以探究提案权、表决权和诉讼权来研究如何提高股东，尤其是中小股东的讨价还价能力。

（1）股东提案权。股东提案权是指公司股东有权就公司的经营管理提出自己的意见和建议，并按照一定的程序决定是否被采纳。

为了防止"股东滥提"这一问题，股东提案权都会设置能否提案的"前置条件"，即提案资格。例如，在美国法律规定，必须实质上（beneficially）或名义上（ofrecord）拥有1%或1000美元市值以上、在外流通且具有表决权的股票（outstanding voting securities），持有股票超过 1 年并直至股东开会日，才具有提案权。

当然，股东提案并非全部提交临时股东会议或股东大会。例如，美国证监会规定：在过去 5 年，该议案第一次提出，并且表决时赞成票不超过总数 3％；或二次提出，第二次表决时赞成票不超过总数 6％；或三次及以上提出，最后一次表决时赞成票不超过总数 10％。公司可以在最后提案的 3 年内省略类似该提案的议案。不过，当公司拒绝股东提案时，必须在代理投票说明书文本确定的 80 日之前，就股东提案内容、说明材料、不予列入代理投票的理由、以上理由的法律依据和法律顾问的有关说明等，一式 6 份提交证监会。①

美国等发达经济体对于股东提案权的"前置条件"要求很低，对于公司拒绝股东提案的要求则很高。这"一低一高"的规定很大程度上确保了股东参与企业经营管理，并约束管理者管理的随意性的能力，减弱管理者和股东的权力不对称。

（2）累计投票制。表决权是指股东有权委托代理人出席或出席各种股东临时会议和股东大会，并就议案投票表决和发表意见。投票权主要分为"一人一票"或"一股一票"两种。"一人一票"就是以股东举手表决的方式，获得规定的多数股东赞成则议案通过。"一股一票"则根据股东持有股票的数量，获得规定的多数股票赞成则议案通过。基于"公平、公正、公开"的投资原则，世界上绝大多数国家几乎都采取"一股一票"。通常，一般决议通过的条件是赞成票超过已有表决权总票数的一半，特殊决议通过的条件是赞成票超过已有表决权总票数的 60％。

"一股一票"表决权的具体形式包括"简单多数制"和"累计投票制"。"简单多数制"是每拥有一手股票（100 股）的股东获得一张选票，进行董事会、监事会等候选人的表决。"累计投票制"则是拥有一手股票（100 股）的股东获得与总候选人数相等的选票，那么股东可以将所有选

---

① 参见美国证监会网站，http：//www. sec. gov/rules. shtml。

票集中投给一个或多个候选人。这种方式有助于增加中小股东推荐其满意的候选人。美国伊利诺伊州的上市公司最先采取了"累计投票制",该州法律于1870年认可了这一制度设计。之后,美国各州纷纷效仿此立法。最终,美国《标准公司法》第三十三条明确规定了"累计投票制"。

"累计投票制"更加实质性地体现了股权公平。①"累计投票制"产生由少数股东代表的董事不违背"资本多数决定"原则,这是权力制衡在公司法中的体现和发展。②"累计投票制"有利于激发小股东的积极性,并有利于保护其合法权益。

（3）股东诉讼权。由前文分析可知,管理者占有中小股东的最主要的原因在于后者缺乏讨价还价能力。因此,在市场经济的发展过程中,发达市场经济体逐步发展起了中小股东代表公司"法人"对以管理者为主体的占有公司利益的行为提起诉讼的权力和制度,即代表诉讼制。股东诉讼权利与其他法律主体的诉讼权利无本质差别,并需要按照相关诉讼法的法律规定和程序行使和实施。不过,股东诉讼因其特殊情况,在明确股东诉讼法理的股东代表诉讼制度的基础上,发达市场经济体都实施了与单个诉讼和共同诉讼有很大不同的股东集体诉讼。

①代表诉讼制度。基于信托理论关于受托者的忠实义务和善良管理者的注意义务的理论,《公司法》认为可以对公司管理者的以权谋私行为提出诉讼。不过,管理者是与公司法人签订对公司尽职管理的服务契约。也就是说,当管理者以权谋私时,理应由公司对其进行诉讼。然而,公司法人往往难以对其进行诉讼,甚至公司法人常常就是管理者本人。在这种情况下,当广大中小股东的利益受到管理者侵害时,就缺乏对管理者提起诉讼的、明确的利益主体。

股东诉讼制度就是为了解决当管理者占有公司利益时,股东有权按照法律规定和程序,代表公司对管理者提起诉讼的制度。股东诉讼制度的法理基础在于:第一,当以股东财产为基础形成的法人实体（即公司）的利益受到侵害时,作为公司所有者的股东有权利要求侵害者给予赔偿;第二,作为委托人的股东有权对未履行忠实义务和注意义务的管理者所造成的侵害要求赔偿。同时，在法理上，股东必须以公司名义，而非个人名义对管理者提起诉讼：第一，股东以有限责任对公司进行投资，不经分红、派息和清算等法定程序，不能从公司获取财产；第二，公司以全部资产对外承担责任，赔偿理应先交给公司，由公司再进行偿还，以防止公司对第三方的偿债能力受到影响。

1742 年，英国首先提出了股东代表制度的雏形。1938 年，美国《联邦诉讼规则》首次对股东代表制度做出了相对完整的规定。二战后，日本等亚洲国家逐渐建立了股东代表制度。虽然没有股东代表诉讼制度，股东可以借助《上市公司章程指引》、民事诉讼法、信托法等有关规定对管理者侵害进行诉讼，但是由于这些法律有较多的模糊和不明确之处，直接阻碍了股东维权。同时，股东代表诉讼制度仅是法理上对股东权利的承认，要真正意义上增加中小股东的讨价还价能力，必须要实施股东集体诉讼制度。

②集体诉讼制度。集体诉讼制度起源于英国，1966 年，美国《联邦民事程序法》纳入集体诉讼制度。后来，集体诉讼制度被世界多国采用。起初，集体诉讼制度主要应用于消费品类民事责任类诉讼案件中。从 1980 年起，集体诉讼制度开始适用于证券类民事案件当中。在美国，股东集体诉讼是一种常态。迄今为止，约 18.4% 的美国上市公司曾被集体诉讼，在美国上市的外国公司被诉比例也高达 14%。[①]

单个诉讼是指一个法律主体因财产或人身关系提起诉讼。共同诉讼是指所有利益相关的法律主体因财产或人身关系提起诉讼。不过，股东难以采取单个诉讼或共同诉讼：一是现代股份公司中股东人数众多，多数的受害股东因经济上得不偿失，根本就不会提起单个诉讼。单个诉讼不仅需要支付律师费、诉讼费等费用，还需要花费大量的时间成本，却只能得到公司对单个股东的补偿。这一补偿往往难以抵偿广义的诉讼成本，使得大多数股东选择放弃。二是现代股份公司中股东人数众多，协调所有利益受损

---

① 阳虹霞. 海外集体诉讼警示录 [J]. 新财经，2015（3）：22－25.

的股东进行共同诉讼往往需要支付金钱和时间等巨额的交易费用，几乎无法实现。三是如果所有利益受损的股东都选择单个诉讼，那么法院需要为此受理大量的类似案件，工作量极大，效率极低，严重浪费了司法资源。于是，集体诉讼制度就成为了一种合理的、具有现实操作性的选择。

股东的集体诉讼是指，有一到二位的原告作为众多股东的代表，即作为"首席原告"就股东利益受损提起诉讼。美国《联邦民事诉讼程序法》第23条规定：只有满足：第一，参与诉讼的成员众多，以至于无法进行共同诉讼；第二，各成员诉讼法律问题和侵权事实等原因相同；第三，首席原告与其他成员指控一致、利益一致，二者无利害冲突；第四，在首席原告有足够的时间、精力和能力来进行诉讼活动时，才能认定为集体诉讼。首席原告参与包括律师交涉、搜取证据、参与庭审等整个诉讼过程。一旦达成和解或法院判决后，该结果将适用于首席原告代表的全体股东。如果所有股东会按照一定比例获得赔偿，那么，这些股东不能以相同事由对管理者再次提起诉讼。

与单个诉讼或共同诉讼成本过高且收益过低相反，集体诉讼制度具有实际的操作性，提高了广大中小股东的讨价还价能力，也对管理者侵权和懈怠有实质性威胁，有利于保障公司利益和提升企业效率。

③集体诉讼维权实例分析。如果只是股东利用股东集体诉讼机制来维护自身权利，考虑到时间和金钱成本，集体诉讼的维权效果必然不佳。不过，在发达市场经济体，往往是由专门的律师事务所进行股东集体诉讼，对管理者侵害股东形成了有效的制约，对于中小股东则达到了良好的维权效果。集体诉讼制度也是资本市场上中介机构监督公司管理者的必要前提。本节以浑水等做空机构为例来阐述这一问题。

现代信息经济学将信息传递过程描述为来自信源的信息经信道传递给信宿，信宿将自身意见反馈给信源，信源再次选择、修正和补充信息给信宿，直到信宿满意为止。虽然存在信息反馈机制，但是信息传递过程至少存在信源选择性编码、信道噪声干扰和信宿本身译码能力不足三大限制，无法消除信源和信宿之间存在的信息不对称（见图9-1）。以美国浑水研究（Muddy Waters Research）和香橼研究（Citron Research）为代表的，以做空上市公司为目的民间独立调查机构（后文简称浑水等做空机构）[①]的机理在于可以突破上述三大限制，发现上市公司治理问题。首先，浑水等做空机构通过查看上市公司公开文件、与上市公司领导层定期会面、包括上市公司投资者关系（Investor Relations，IR）在内的消息人士"告密"等方式获知上市公司可能存在治理问题，减少了信道噪声干扰；并拥有相当专业的破译能力，能够敏锐地判断上市公司是否存在尚未暴露的治理问题。在选定被质疑的上市公司后，浑水等做空机构组织专业人士通过调研收集信息并留下证据，规避上市公司选择性编码和信道噪声干扰，真实地掌握上市公司的治理问题。

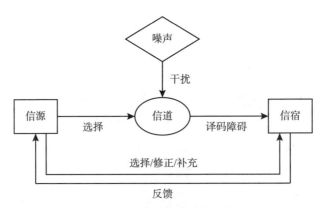

图 9 –1　信息传递过程示意

当然，浑水等做空机构并非单独行动，必须与对冲基金和从事股东集体诉讼的律师事务所一起形成做空问题上市公司的利益链条。在发现问题上市公司后，浑水等做空机构形成做空报告并卖给对冲基金等客户，还往往以融券或认沽期权的方式做空该上市公司股票。浑水研究所有报告的首句都是"您应该认识到使用浑水研究的风险……在出版这个报告之时，浑

---

① 不简称为做空机构，因为做空机构是指浑水研究、对冲基金等一切使用做空机制的机构。

水及其客户和雇员已经对所述股票采取做空策略，并将从股票下跌中获利"。① 同时，以对冲基金为首的天量资金在获得做空报告后，通过周密的做空计划"潜伏"在问题上市公司中，其看空投注的价格和规模往往紧密配合做空报告②。之后，浑水等做空公司选择恰当的时机公布做空报告，并与以对冲基金为主的天量资本一起做空问题上市公司股票，获得巨额收益。此时，律师事务所则"默契"地以集体诉讼的形式负责中小股东向被做空的问题上市公司索取高额赔偿。虽然中小投资者仅能获得扣除高达胜诉赔付金额30%左右的代理费③等费用后的余额，但是律师事务所预支了诉讼成本，并且高额的集体诉讼代理费规避了律师事务所的委托代理问题。可见，浑水等做空机构、对冲基金和从事股东集体诉讼的律师事务所一起加大了对问题上市公司的惩罚力度，还在一定程度上保护了中小投资者。

从上述研究可以看出，浑水等做空机构具有独特的信息收集和处理能力，能够主动且高效地发现上市公司管理者侵害股东利益等治理问题。不过，如果没有从事股东集体诉讼的律师事务所，无辜的中小股东会承担问题上市公司被做空的主要损失，而非管理者。可见，股东集体诉讼制度是浑水等做空机构监督公司管理者做空问题上市公司具有合理性的必要的前提条件。

9.5　小　结

在现代股份公司中，作为人力资本所有者的管理者凭借剩余控制权占有大量的股东的利益，并造成了企业效率损失。在现代股份公司中，随着公司规模的扩大，单个股东持有单一公司股票的数量趋于减少。在这一背

① 冯禹丁. 嘉汉林业：做空者的新猎物［N］. 南方周末，2011-6-9.
② 嵇晨. "浑水"如何搅起一池浑水［N］. 第一财经日报，2021-11-25.
③ 阳虹霞. 海外集体诉讼警示录［J］. 新财经，2015（3）：22-25.

景下，作为物质资本所有者的、大量的中小股东共同或集体决策的效率低下，加之，决策权和决策信息相统一的要求，使得授权给资产专用性程度很高的、作为人力资本所有者的管理者成为必然。于是，管理者掌握了绝大多数的剩余控制权，在现代股份公司内拥有"最高的、宪法和其他法律制度约束都无法比拟的'权威'"。与此同时，股东则日趋"质点化"，几乎没有讨价还价能力。

在现代股份公司中，在投资事前难以评估而事后又不可回收的情况下，拥有剩余控制权的管理者可以通过在自己擅长领域进行最大化的投资，确保自己即便无能和不尽职也难以被替代。在此基础上，管理者可以巩固权力并将权力转化为收益，实现私人利益。在现代股份公司中，股东投入了资金，承担了货币被滥用和转化为专用性实物资产投资可能减损的"双重风险"。同时，由于管理者和股东利益不对等和信息不对称，管理者有动力和能力占有股东的利益，进而导致了公司效率损失。从管理者角度看，现代股份公司的效率损失体现在过度投资、营造"个人帝国"、直接侵占公司财产、虚增公司利润、设计捆绑性契约、刻意压低债务比例和抵制潜在收购者收购公司等。从股东的角度看，现代股份公司的效率损失体现在抑制了资本市场规模、助长了过度投机行为、限制了职工持股制度的推行等。

在现代股份公司中，作为人力资本的管理者侵害股东利益的关键在于管理者和股东的权力不对称。于是，在企业内需要通过保持董事会的独立性、形成积极行动的机构投资者、在企业外则通过政府和法律等第三方强制力共同弱化管理者和股东的权力不对称，构建了制衡的企业内部权力结构，使得管理者和股东双方基于资产专用性程度实现合作博弈和企业效率。

第10章

后现代企业的企业内部权力和效率问题

根据前文分析可知，与古典企业和现代股份公司阶段不同，技术创新替代了机器设备成为社会生产力的标志。与之对应的是，权力集中的垂直组织已被适当分权的水平组织所取代。尽管后现代企业强调参与者共享企业生产剩余，却也存在其特有的权力和效率损失问题。需要指出的是，第一次科技革命和第二次科技革命都有技术创新企业和创业的技术专家。发明蒸汽机的瓦特和发明电灯的爱迪生等就是那个时候的技术专家，其企业就是那个时候的技术创新企业，爱迪生创立的爱迪生电灯公司是美国通用电气的前身。只不过，在那个时候，更多的是蒸汽机和电力等社会生产力"物化"的机器设备的运用而已。同时，作为水平组织的后现代企业，其某些问题不仅适用于技术创新企业，而且广义上的创新企业也面临着类似的问题。

10.1 技术专家拥有权力的条件

在后现代企业中，以技术专家为主体的技术专家拥有权力主要体现在：一是技术专家是企业核心竞争力的体现和核心业务的掌控者，二是技术专家的创新更多的是（甚至只能）激励，难以监督和计量。具体分析如下。

10.1.1 技术创新是企业核心竞争力

在后现代企业阶段，技术创新已经取代了机器设备成为社会生产力的标志。随着第三次科技革命的迅猛发展，出现了一批以技术创新为主要业务和核心竞争力的后现代企业。传统的企业发展轨迹往往都是"贸（贸易）—工（加工生产）—技（技术）"或者"工—贸—技"模式，技术被放在企业发展的"最后一环"，成为阻碍企业创新的"萎缩的小腿"，使得企业只能依靠不断引进和更新机器设备实现企业技术更新换代。与之不同，后现代企业则是"技—贸—工"或者"技—工—贸"模式，技术创新是企业的"最初一环"，又是其主要业务和核心竞争力的体现，贸易和加工生产则是衍生和附带业务，大多不涉及核心技术的贸易和加工生产还被外包给传统企业进行。以高通为例，1985 年，7 位大学教授在美国一个小城市圣迭戈创立了高通公司，这家以技术创新起家的公司持续将每年20% 的营收用于研发，以智能手机芯片、CDMA 和手机定位技术等闻名，并向全球 125 家以上的电子设备制造商提供技术使用授权，是全球拥有专利最多的企业之一，也是最近十年全球增长最快、获利最大的移动通信公司之一。具有创新精神的高通公司一直站在所有电子设备（包括消费电子设备）的前沿。早在摩托罗拉、诺基亚等模拟机风行全球的 1995 年，高通的创立者首次提出并制定了手机的互联网标准，还做出了世界第一台智能手机。同时，高通公司就开始智能手机芯片研发，至今已为全球手机制造商提供了超过 75 亿枚芯片。①

10.1.2 技术创新难以监督和计量

与简单劳动相比，管理者的管理水平和技术人员的技术能力的可监督

---

① 张思海. 高通公司 5G 专利战略研究 [D]. 长春：吉林大学，2022：15 - 25.

性、可控制性、市场可替代程度已经大大下降了。然而，与上述依靠知识、智力和经验等形成的人力资本不同，技术创新是以想象力驱动的产物，是一种创新性、试错性和知识性劳动，并在很大程度上出于天赋和难以复制的学习和工作经历，更加难以监督和计量，市场供给十分有限。同时，阿尔伯特·爱因斯坦指出"想象力比知识更重要"。前文也分析了技术创新对于后现代企业的重要作用。于是，对于技术专家的技术创新往往只有一条激励和包容的"路径"。同样以高通公司为例，高通公司最重要的文化是对创新和技术发明的肯定和包容。高通公司将技术创新人才视为企业"珍宝"，而非传统企业中可以做很大销售额或获得巨额利润的人。与一般公司的门禁卡列明成员的职位（总裁、副总裁、主管、员工和实习生等）不同，以创新立业的高通公司的门禁卡上却标注着发明者徽标，共分为知识产权贡献者（IP contributor）（至少向公司提出一个想法被公司提交专利申请但尚未授权）、发明者（inventor）（至少拥有一项授权的发明专利，并对行业或企业作出重要贡献）、知识导师（IP mentor）（利用自己的知识和领导力带动其他成员开发专利）、发明大师（master inventor）（拥有多项授权的发明专利，并对行业或企业作出巨大贡献）。高通公司对于创新者的包容和支持体现在其提前业界十多年进行智能手机互联网标准的制定和芯片的研发。虽然智能手机芯片的研发在十多年后才产生收益，但这些研发者在当时和此后一直享受公司最高的待遇、福利和尊重。

10.1.3 技术创新的股权激励

在现代股份公司中，股东是公司所有者，管理者拥有公司控制权，并以股权激励的制度拥有为数不多的股权。于是，管理者只是小股东，甚至不是股东，却实际上拥有控制权。这一现象是管理者与股东利益不一致的总根源。与之不同，在后现代企业中，技术专家本身就是企业的大股东。

在后现代企业创立之初，技术专家拥有全部或绝大部分股份。在此后的多轮融资稀释股权后，技术专家凭借其创业股、干股、期股、分红转本股和股权期权等仍然拥有名目繁多的股权。即便是后加入企业的技术专家，仍然可以凭借技术创新以类似创业的技术专家方式（除去创业股）获得大量的、与其技术创新贡献相当的股权。以微软为例，1979 年微软创立时，比尔·盖茨和保罗·艾伦分别持有 60% 和 40% 股份。1986 年上市时，比尔·盖茨和保罗·艾伦分别持有 45% 和 15%，这使得比尔·盖茨成为亿万富翁，并很快成为全球首富。同时，为引进大量的技术专家，微软是最早执行股权激励的公司之一，80% 以上的员工拥有股权激励，并且股权激励与贡献挂钩。[①]

10.2 前期资本投资者和技术专家的权力和效率问题

在垂直组织中，机器设备的固定投资是社会生产力的标志，这使得权力往往集中在前期资本所有者 C_0 手中。即便是在现代股份公司中，股东仍然是"终极"所有者，管理者只能通过过度投资、营造"个人帝国"、直接侵占公司财产、虚增公司利润、设计捆绑性契约、刻意压低债务比例和抵制潜在收购者收购公司等逐渐"蚕食"公司资产。与之不同，在水平组织中，如果前期物质资本投入要求不太高，或者前期资本所有者 C_0 难以掌握核心的密集技术、管理和制度。在这种情况下，一旦前期资本所有者 C_0 无法较好地处理好适度分权，技术专家这一新的企业参与者 N 很可能选择"另立门户"，与原有的资本所有者形成竞争关系，甚至取而代之。有研究指出，在 500 家成长迅速的年轻企业，有 71% 是已有企业雇员通过

---

① 刘冠楠. 上市公司股票期权激励模式探究：以微软公司为例 [J]. 商场现代化，2011 (11)：163.

模仿或修改原雇主的创意而建立起来的。[①] 那么，如何使得企业前期资本所有者和技术专家分享技术创新带来的成果，而不是让其"自立门户"，是关系到后现代企业效率的重大问题。

就以著名"八叛逆"为例，这"八叛逆"大多是该公司技术研发专家和项目负责人，后又均创立了著名的国际大公司。具体而言，诺贝尔奖获得者、晶体管的合作发明者威廉·肖克利创立了肖克利半导体公司。在该公司中，有 8 位研发者从事用硅来取代传统的锗材料的双扩散基型晶体管研究，却受不到肖克利的重视。于是，8 个人选择了离开肖克利半导体公司，而被肖克利斥之为"八叛逆"，后又改称为"八个天才的叛逆"。此时，费尔柴尔德公司旗下的仙童（Fairchild）半导体公司为这 8 位研发者提供了 150 万美元。"八叛逆"的企业依靠硅晶体管的技术创新，成为硅谷成长最快的企业。后来，仙童半导体公司以 300 万美元购买"八叛逆"的企业全部股权，而"八叛逆"每人拥有价值 25 万美元的股票。尽管"八叛逆"的企业为仙童半导体公司带来巨大利润，并使得后者一度引领这一行业的发展。然而，仙童半导体公司经理没有支持"八叛逆"的企业的持续发展，转而将其利润抽调到费尔柴尔德总公司维持盈利水平。最终，"八叛逆"先后离开了仙童半导体公司。"八叛逆"中的赫尔尼、罗伯茨和克莱尔离开仙童成立了阿内尔科公司，格拉斯创办西格奈蒂克斯半导体公司，斯波克成立了美国国家半导体公司（NSC），桑德斯创立了超威半导体公司（AMD），诺依斯和摩尔则成立了英特尔公司（Intel）。[②] 最终，这些新兴企业逐渐成为半导体和微处理器业界领军企业，而仙童公司则逐渐沦为二流企业。

在后现代企业中，前期资本所有者仅仅凭借物质资本难以实质性的控制技术专家。技术专家往往希望的是展现自己的技术创新的价值和实现自

---

① Bhidé A. V. Building the Professional Firm：McKinsey & Co.：1939 - 1968 ［R］. Havard business school working paper, 1996：94.

② 吴军."八叛徒"与硅谷：分崩离析的仙童半导体，如何造就了今日的硅谷以及宽容文化？［J］. 21 世纪商业评论，2019（11）：66 - 71.

身的价值。在上述案例中，肖克利半导体公司和仙童半导体公司都为"八叛逆"提供了前期物质资本，仙童半导体公司一度还是拥有"八叛逆"企业100%股权的母公司。不过，由于肖克利半导体公司对新材料的不认同，而没有对"八叛逆"的研发给予支持。仙童半导体公司则没有持续支持有着巨大盈利前景的"八叛逆"企业，而是转移"八叛逆"企业的利润用于支持费尔柴尔德母公司的盈利。这才导致了"八叛逆"的最终自我创业。

由上述案例可以看出，如何保护企业的核心资源和核心人才不流失，防止技术专家"另立门户"是关系到企业生存和发展的重大效率问题。传统意义上的拥有企业所有权、权力的制衡和约束等并不适用于后现代企业。在后现代企业中，技术专家需要实现技术创新并分享其结构。只有为技术专家提供持续的资金、管理等支持和足够的股权等激励，即与技术专家一起成长，才能真正与其分享高额的创新回报。

10.3 创业的技术专家和外部资本所有者的权力和效率问题

10.3.1 理论分析

在后现代企业初期，创业的技术专家凭借对技术创新的独占，对企业具有绝对的控制力。在后续的多轮筹资的过程中，创业的技术专家的这一控制力会逐渐下降。为了投入资本获得有保障的利润，风险投资者等外部资本要求在企业融资契约中被创新者授予足够的控制权。于是，创业的技术专家和外部资本所有者就会因控制权进行争夺。

在后现代企业中，由于创业的技术专家创立了后现代企业，往往在企业中担任董事长、CEO 等要职，以持续把控企业。赫马林和韦斯巴赫（Hermalin and Weisbach，1988）指出，董事会的监督 CEO 的强度：一是

CEO 能力的减函数，二是与董事会的独立性成反比，三是随着信号的准确性而增长。创业的技术专家拥有技术创新这一企业的核心能力，而这一技术创新却几乎无法在事前被监督和计量，进而可以获得很高的事前估值。创业的技术专家可以通过资金的控制权以技术创新的名义将支持自己的技术搭档或亲信安排到董事会中，还可以以技术创新的不确定性为名高估自己的股权，并使得自己的报酬和激励采取不与股票价格挂钩的方式，降低董事会对其的监督。同时，创业的技术创新本身就是极度不确定性的活动，董事会对技术专家的监督能力较弱。不过，随着融资次数和金额的增加，创业的技术专家的股权会逐步稀释。一旦创业的技术专家及其技术同僚的股权不足以控制企业时，外部资本所有者就可能对创业的技术专家采取否定提议、撤销职务、驱逐董事会等措施。

创业的技术专家和外部资本所有者的权力之争有两个层面：第一，理念之争。创业的技术专家倾向于追求技术创新成果和自我价值的实现，这一过程必须面对较长的研发时间、很大的市场或研发导致的不确定性等。外部资本所有者则倾向于资本回报的安全和可预期的利润，寄希望于管理职业化和以所有权控制创业的技术专家。第二，利益之争。创业的技术专家想利用自身的控制权和影响力获得更多的私人利益和心理满足，而将企业利润转化为个人回报、营造"小集团"、任人唯亲等。管理者则借助于融资契约，获得特殊投票权、关键岗位的职业经理化、董事会席位等。通过这些方式，外部资本所有者可以提高经营管理的能力和水平，弱化创业企业家因任人唯亲等形成的人事风险，进而完善对创业企业的监督。

应该一分为二地看待创业的技术专家和外部资本所有者的权力之争。在创业初期，如果外部资本所有者就拥有很高的股权份额，那么技术专家的技术创新很可能失去必要的"土壤"，而外部资本所有者也最终会失去技术创新带来的巨额回报，甚至无法保障资本安全性。以乔布斯为例，1976 年，乔布斯在自家车库创办了苹果公司。1977 年，乔布斯在美国第一次计算机展览会展示了苹果Ⅱ号样机。1980 年底，苹果上市，乔布斯作为第一大股东兼董事长成为亿万富翁。经过持续融资，乔布斯的股权逐渐被稀释。1985

年，由于苹果公司的个人电脑业务受到 IBM 公司的"狙击"，总经理和董事们在董事会上撤销了乔布斯的经营管理权。没有掌握控制权的乔布斯几次想夺回权力均未成功，并于同年离开公司。此后，苹果公司逐步陷入经营困境，市场份额由 16% 降至 4%。直到 1996 年，乔布斯才重新回到苹果公司，开发了 iMax 和 OS X 手机操作系统以及后来的 iPhone 手机等产品。[①]

在创业后期，创业的技术专家如果还继续掌握太多的控制权，就会凭借控制权抑制外部资本所有者的监督和管理的改进，甚至会抑制其他技术专家以新的技术创新分享企业利润。爱迪生和特斯拉的"交直流电之争"就是典型的例证。爱迪生发明了白炽灯，创立了靠直流电运营的爱迪生电灯公司并拥有控股权。1883 年，特斯拉以高级技术员的身份进入爱迪生电灯公司。此时，特斯拉认为交流电比直流电更好，并表示自己可以制造交流发电机。不过，爱迪生不认可其观点，认为直流电好且更为安全。1886 年，因理念的分歧和研发上的阻挠，特斯拉辞职离开了爱迪生电灯公司，创建了特斯拉电灯与电气制造公司，并成为爱迪生最大的竞争对手。最终，交流电的普遍使用使得爱迪生电灯公司不得不与汤姆森—休斯顿公司合并，成立了通用电气公司（GE）。

由上述分析可以看出，在创业前期，往往只有创业企业家才能深刻理解和把握技术创新。此时，管理者的过度监督往往并不一定有利于技术创新。如果创业的技术专家没有足够的控制权，很可能因外部资本以管理者的视角运作后现代企业，而使得技术创新停滞，进而导致企业停顿甚至破产。到了企业逐渐成长和成熟，以及众多新的技术专家加入后，外部资本所有者的监督可以约束创业的技术专家的不当行为和规范企业的经营管理，有利于提升企业效率。

10.3.2　基于"AB 双层股权架构"的再探讨

如今，Facebook 和谷歌等美国大型科技公司均采用 AB 双层股权架

---

① 贺童. 苹果公司融资方式研究及其启示 [D]. 天津：天津商业大学，2021：23 – 25.

构，国内的阿里巴巴、京东等都采取了这一股权架构。美国纽约证券交易所和纳斯达克市场均允许上市公司采用这样的股权架构。顾名思义，将股票分为 A 类和 B 类，后现代企业向外部投资人公开发行的 A 类股票，每股对应一票的投票权；而以创业的技术专家为主的重要的内部人士手中则握有 B 类股票，每股对应 $n(n>1)$ 票的投票权。B 类股票不公开交易，只能在按照 1∶1 的比例转换成 A 类股票后出售。实行 AB 双层股权架构的目的在于创业的技术专家把控企业的技术创新的同时获得足够的资金，即在多轮融资甚至上市后，即便创业的技术专家失去了多数股权，仍可以继续掌控着公司发展，持续地完成技术创新，而不必担心会被辞退或面临敌意收购，避免前文所述的乔布斯离开苹果的现象发生。例如，Facebook 的创始人马克·扎克伯格持有 B 类股票，并且签订了 B 股投资者可授权他代为表决的"表决权代理协议"，使得他拥有公司 56.9% 的投票权，完全掌控着企业的技术创新和后续发展。京东董事长兼 CEO 刘强东所持 21% 的对应 20 份投票权 B 股，使其投票权超过 80%。①

不过，难以保障 AB 双层股权架构给予创业的技术专家过多的、过长的控制权，使其可以干涉企业成长所必需的企业管理规范化和职业化，也与十年来由美国机构投资者倡导的保护股东权益原则相违背。同时，这些措施使得创业的技术专家严重脱离了股东的影响和管理的监督，在一定程度上抑制了新加入的技术专家进行技术创新的可能性，并隔绝了愿意支付高价的潜在收购方。以上原因导致双层股权架构不能被资本市场广泛接受，伦敦、香港等证券交易所已对此下达禁令，这是导致阿里巴巴当初与香港股票交易所谈判失败，转而赴美上市的最主要原因。Facebook 的创始人马克·扎克伯格拥有绝对控股权并制定接班人的做法让投资者担忧，并被认为是 Facebook 在 IPO 后不久就跌破发行价的原因之一。京东董事长兼 CEO 的刘强东则拥有超过 80% 的投票权，以至于他不出席，该公司的董

① 郭晓舟. 双层股权结构下的控制权配置问题及改进研究：以京东集团为例 [D]. 南京：南京审计大学，2022：43－52.

事会无法举行正式会议。2012 年，针对标准普尔 1500 企业的研究表明，常规企业的股东年回报率高于为以创业的企业家为主的内部人士予以超级投票权的企业，二者分别为 7.5% 和 9.8% 。[①]

基于对"AB 双层股权架构"的分析更加印证了前文的观点。在创业初期，创业的技术专家需要保持足够的控制权（可以是 AB 双层股权架构下的低股权而高投票权），以持续推动技术创新，避免因理念之争而导致技术创新这一企业核心竞争力的停顿。不过，到了创业企业成长期和成熟期，股东监督和管理者规范化和制度化都是必要的。因此，如何制定更加合理的"AB 双层股权架构"，在创业的技术专家的重要内部人士和外部投资者之间形成平衡是提升后现代企业效率的一个重要问题。

10.4 小　　结

古典企业和后现代企业是权力集中的垂直组织，其权力和效率问题主要集中在权力集中者和几乎无权力者之间的权力不对称，以及由此产生的前者占有后者生产剩余的问题。与之不同，后现代企业是权力相对分散的水平组织。权力相对制衡并不意味着没有效率问题。在后现代企业中，存在着前期资本所有者和技术专家之间的矛盾，创业的技术专家与外部资本所有者之间的矛盾。这些矛盾有理念之争，也有利益之争。于是，需要在后现代企业的不同发展阶段，采取不同的企业组织形态，调和二者利益冲突，实现企业效率。

---

① Masulis R. W. , Wang C. , Xie F. Agency problems at dual – class companies ［J］. *The Journal of Finance* , 2009, 64（4）: 1697 – 1727.

第11章 ▋

社会主义市场经济下我国企业内部
权力和效率演进历程

　　虽然本书侧重于企业内部权力和效率的理论研究，但是任何理论都不能忽视对现实中的企业的指导作用。前文构建了企业内部权力和效率的博弈模型和"技术—权力结构—效率"的博弈模型，并且分析了不同企业阶段的企业内部权力和效率问题，研究还是要落脚到对我国企业内部权力和效率的理论和实践上来。本章运用上述理论对社会主义市场经济下我国企业内部权力和效率问题的演进历程进行分析。由于国内和国外的后现代企业内部权力和效率问题具有共性，故在此不再赘述。

■ 11.1 国企内部权力和效率由失衡
向平衡的演进过程

　　国有企业关系到我国国民经济命脉的重要领域，在整个国民经济中起到了主导和控制作用。同时，国有企业是我国经济体制改革的主力军，分析我国国有企业内部权力和效率问题有着极其重要的理论和现实意义。我国国有企业经历了由国企改革初期失衡阶段向深化改革后平衡阶段的演变过程。

11.1.1 国有企业改革的历史过程简介

为了适应当时社会发展的需要，在当时社会主义理论的指导下，新中国于 1956 年完成了"三大改造"，全面建立了高度集中的计划经济体制，形成了公有制"一统天下"的局面。1956 年 2 月国务院通过了《关于目前私营工商业和手工业的社会主义改造中若干事项的决定》，规定："各地国营工业、商业部门应该迅速筹备建立起各行业的专业公司，以便使社会主义改造工作和业务工作有分工管理机关。"[①] 这样，兼具企业职能和政府职能的传统国营企业建立起来，而这种企业治理会呈现出"内部治理外部化，外部治理内部化"的问题，[②] 具体表现：一是政企不分，国家通过各个分管的部委和多层级的政府部门形成了自上而下控制和指挥企业经营活动的链条，并实行统收统支、统购统销；二是市场观念淡漠，企业以完成国家下达的计划指标为目的，而不以市场需求为导向，不考虑市场需求、产品销售和利润等；三是平均主义，企业内部存在着严重的平均主义和"大锅饭"思想，干好干坏一个样，干多干少一个样。可见，这样的企业严重缺乏内在的生机和活力，严重束缚了企业参与者的积极性和创造力，极大地约束了企业发展。

为解决高度集中的诸多弊端，1978 年的改革开放翻开了中国经济新的一页。党的十一届三中全会以后，中国经济体制改革开始正式启动。此后，我国国有企业经历了国企改革初期（1978～2001 年）和国企改革深化（2002 年至今）两个阶段。其中，我国国有企业改革初期可以细分为：双轨制治理阶段（1978～1992 年）、公司制产权改革阶段（1993～2001 年）两个子阶段。我国国有企业改革深化可以细分为：纵深推进阶段（2002～2011 年）和持续深化阶段（2012 年至今）两个子阶段。

---

① 转引自豆建民. 中国公司制思想研究［M］. 上海：上海财经大学出版社，1999：93.
② 李维安，武立东. 公司治理教程［M］. 上海：上海人民出版社，2002：294.

1. 国企改革初期之双轨制治理阶段（1978～1992 年）

国有企业改革从"放权让利"开始，到 1993 年现代企业制度开始构建之间的 15 年中，公司治理机制表现出了计划与市场并行的双轨制特点，国家逐渐减少了对企业的直接行政调节手段，经济调节手段逐渐增多。这一时期又可进一步细分为三个阶段：

第一个阶段是从 1978 年党的十一届三中全会到 1984 年党的十二届三中全会，主要以向企业"放权让利"。这一放权让利的改革没有改变国营企业是行政附庸者的地位，却在一定程度上调动了企业的积极性。

第二个阶段为 1984～1986 年。国营企业由"上缴利润"变成了"利税分流"（上缴所得税后再缴纳调节税）的形式，并形成了"厂长负责制"。

第三阶段是 1987～1992 年。国有企业开始实行以承包经营责任制为主要形式的企业制度建设。不过，在实践中，承包制出现了企业行为短期化、"包盈不包亏"、承包基数的随意性和不规范等问题。

2. 国企改革初期之公司制产权改革阶段（1993～2001 年）

1993 年 11 月，党的十四届三中全会通过了《关于建立社会主义市场经济体制若干问题的决定》，明确提出我国国有企业改革的目标是建立现代企业制度，即适应市场经济和社会化大生产要求的，产权清晰、权责明确、政企分开、管理科学的企业制度。在国有企业的改革中，明确了国有企业的产权主体和独立法人地位。中央统一所有、中央和地方分集形式国有资产出资人权力，并设置国有资产管理委员会。建立了以资本经营为基础，以国有资产管理公司为连接，向上对国有资产管理委员会负责，向下对经营实体公司负责的营运体系。

与此同时，我国企业治理的相关法律、法规进一步完善。1993 年 12 月，新中国的第一部《公司法》颁布。1997 年以后，证券监管部门出台了一系列法规和条例，我国上市公司治理日趋完善。其中，最重要的有两点：一是 1998 年 5 月 7 日开始实施稽查特派员制度，即向国有重点大型企业派驻稽查特派员，对企业财务和经营管理业绩实施监督稽查的制度；二是 2000 年 3 月开始实施的监事会制度。这样，我国逐步建立了兼具美国、日本和德国特色的公司治理结构。

3. 国有深化改革之纵深推进阶段（2002～2011 年）

在党的十六大之后，伴随着现代企业制度建设的继续深化、国有资产管理方式的变化和资本市场的改革，我国国企改革进入了纵深推进阶段。主要体现在：（1）2003 年 4 月，国有资产管理委员会成立；（2）要求中央和省、直辖市、自治区，两级政府设立国有资产管理机构；（3）成立专门的国有资产管理机构，改变部门分割行使国有资产所有者职能。

4. 国有深化改革之持续深化阶段（2012 年至今）

在党的十八届三中全会明确提出完善国有资产管理体制，改革国有资本授权经营体制，组建若干国有资本运营公司，支持有条件的国有企业改组为国有资本投资公司。

2014 年 7 月，6 家央企入选首批国资"四项改革"试点，即（1）在国家开发投资公司、中粮集团有限公司开展改组国有资本投资公司试点；（2）在中国医药集团总公司、中国建筑材料集团公司开展混合所有制经济试点；（3）在新兴际华集团有限公司、中国节能环保公司、中国医药集团总公司、中国建筑材料集团公司开展董事会行使高级管理人员选聘、业绩考核和薪酬管理职权试点；（4）在国资委管理主要负责人的中央企业中选择 2～3 家开展派驻纪检组试点。

2015 年 9 月，《关于深化国有企业改革的指导意见》发布，对未来国企改革指明了方向。

2020 年 6 月，《国企改革三年行动方案（2020～2022 年)》通过中央全面深化改革委员会审议，标志着国企改革将在国企混改、重组整合、国资监管体制从管资产向管资本改革等方面进入新阶段。

11.1.2 国企改革初期（1978～2001年）国企股东和管理者权力和效率失衡分析

1. 国企改革初期（1978～2001年）国有企业股东和管理者权力失衡分析

我国国有企业可以大致分为烟草、电力、电信、石油石化、煤炭等资源型企业，其次是电子、钢铁、贸易、施工等一般竞争性企业，再者是军工企业、转制科研院所等企业，最后是中储粮、中储棉等政策性企业。不难看出，我国国有企业大多属于长线技术下的垂直结构。同时，从前文分析可知，长线技术具有相对恒定的技术参数、技术特征和相配套的较为硬性的管理技能。这一技术特征注定了权力集中在少数企业参与者手中更为有效。其中，最先、最有可能的参与者是前期资本所有者 C_0。前期资本所有者 C_0 需要对长线技术所必需的前期资本，尤其是满足整个长线技术特征所必需的机器设备、厂房等大量的物质资本进行投资，是最初的企业"全权"拥有者。同时，长线技术的技术特征和管理特征使得前期资本所有者最有可能逐渐掌握大部分后续的关键技术和管理技巧，进而持续地控制和指挥企业，尤其是当长线技术链较短时。不过，当长线技术链较长并且前期资本所有者不积极时，企业内部权力往往会被新的参与者，尤其是企业高层管理者这一新的企业参与者 N 占有。在我国国有企业改革初期（1978～2001年），我国国有企业前期资本所有者往往是不积极的参与者。主要原因如下：

第一，在国有企业改革初期（1978～2001年），所有权和经营管理链条过长。国有企业完整的所有权链条包括"全体人民—政府—国务院国有资产监督管理委员会及其他相关主管部委—（各省）国有资产监督管理委员会及其他相关主管部门—国有资产经营管理有限公司及其他相关管理部门—国有企业—企业高层管理者"。国有企业的经营管理链条包括"国务院国有资产监督管理委员会及其他相关主管部委—（各省）国有资产监督管理委员会及其他相关主管部门—国有资产经营管理有限公司及其他相关管理部门—国有企业—企业高层管理者"。国有企业的过多层次的监管和多头监管使得原有的所有者难免呈现出不积极的态度，甚至出现"缺位"现象。

第二，在国有企业改革初期（1978~2001年），"外部人内部化"现象严重弱化了前期资本所有者的积极态度。上级主管部门将企业财产的使用权和经营管理权交给企业厂长和经理，并且对后者进行监督和管理。二者之间存在着极强的行政关系。所谓的"外部人"是指按照相关规定不在"企业经营者"行列的人，如国有股权代表、相关主管部门官员、由原行业主管部门改派而形成的行业性总公司的管理者等。这些"外部人"是国有企业的监管者，对国有企业高层管理者这些"内部人"的业绩具有很强的"发言权"却不是国有企业收益增长的直接受益者，权力"变现"在很大程度上成为其合理选择。与此同时，国有企业的"内部人"需要得到具有上述特征的"外部人"对其的业绩肯定。于是，可能会出现国有企业"内部人"通过对"外部人"的权力定价，并"借花献佛"，以权力等价或一定程度溢价的国有资产及其收益给予"外部人"，以换取"外部人"对"内部人"业绩的认可而非监管。在这一情况下，作为前期资本所有者利益代表的"外部人"不仅不是积极的所有者，而且还会给予"内部人"随意处置的、无所不包的自主决定权。

第三，在国有企业改革初期（1978~2001年），在"国有上市公司—国有控股公司"模式下，国有企业管理者的"双面人"角色使得前期资本所有者难以成为积极的企业参与者。国有大企业在改制过程中往往采取"一分为二"的做法，即将优良（或核心）资产和相关核心业务及骨干人员独立上市以引进新的投资者成为国有上市公司，而将因一时难以处理的历史遗留问题或体制问题而形成的企业遗留部分放在控股公司（也被称为"集团公司"或"续存公司"），进而形成了"国有上市公司—国有控股公司"模式。这一模式中的国有上市公司与国有控股公司两部分之间实际上"形分实合"却又关系"不明不白"，以至于业务关联、人员兼职、公共设施交叉、资金和财务重叠，公司高层经理"身跨两边"，成为"双面人"。上市公司和控股母公司之间或明或暗地保留了相当多的"通道"，为二者之间的关联交易提供了极大的便利。在这一情况下，前期资本所有者对于国有控股公司或国有上市公司高层管理者往往难以成为积极的监管者。一方面，国有资产相关监管部门希望国有上市公司高层管理者提高业绩，尽可能地实现股东利益。另一方面，国有资产相关监管部门希望国有控股公司或国有上市公司高层管理者在一定程度上借助控股权和关联交易，向国有上市公司转嫁部分续存公司的负担，使其经济状况不再恶化或尽可能地得以改善。显然，二者是矛盾的，前者仅意味着企业效益，而后者关系企业效益和社会稳定。在"稳定压倒一切"的现实情况下，国有资产相关监管部门往往愿意上市公司尽可能多地承担控股公司的负担，而不仅仅是实现股东利益最大化。在很大程度上得到相关监管部门的谅解、认可，甚至"背书"的情况下，国有上市公司高层管理者可以在以关联交易等方式向控股公司"输血"的"暗箱操作"中获得好处。可见，在"国有上市公司—国有控股公司"模式下，国有资产的监管者对上市公司高层管理者的监管目标相互矛盾，又基于维护稳定、促进和谐等政治原因，不得不放松了对高层管理者的监督，甚至在某种程度上鼓励其进行关联交易行为。于是，在"国有上市公司—国有控股公司"模式下，很多国有上市公司和控股公司往往处于高层管理者几乎完全控制的状态，而前期资本所有者并未成为真正意义上的所有者。

第四，在国有企业改革初期（1978～2001年），国有股"一股独大"，极大地抑制了其他非国有资本所有者的前期资本所有者的监管积极性。绝大多数国有上市公司中的国有股股东拥有绝对控股权或相对控股权。一般而言，国有股"一股独大"的股权结构会抑制绝大多数中小股东乃至机构投资者对于国有投资者的"发言权"，使得国有股股东可以决定上市公司的董事会成员和高层管理者人选，进而掌控整个上市公司的运行。

基于上述种种原因，在国有企业改革初期（1978～2001年），国有企业内部权力集中到了以高层管理者为主，而非前期资本所有者的手中。虽然前期资本所有者有着名义上的最终决策权和监督权，但是实际上却并不太清楚国有企业的具体运作，也难以评价高层管理者的业绩。如果考虑到前期资本所有者在"国有上市公司—国有控股公司"模式下的不得不在一定程度上认可关联交易以及某些前期资本所有者的代表与高层管理者的合谋，国有企业的高层管理者实际上掌握了缺乏监管的控制权和经营管理权。由于长线技术下垂直组织中，权力集中比权力分散可以给企业带来更高的效率。同时，大多数普通工人、技术人员和中下层管理者都依赖于掌握了权力的高层管理者，这在很大程度上决定了在国有企业内部对于高层管理者的监督机制效果有限。于是，国有企业改革初期（1978～2001年），国有企业往往处于高层管理者几乎完全控制的状态。

2. 国企改革初期的国企股东和管理者的效率失衡分析

因为人事任命中的行政行为与市场激励行为不相符，国有企业高层管理者拥有企业大部分的权力的同时，却不能得到与权力相对应的"账面"报酬。国有企业高层管理者普遍人均货币收入较低，报酬结构不合理，行业产业明显。大多数国有企业高层管理人员的报酬是工资加奖金，部分实行年薪制，而在欧美较为普遍的股权激励机制在我国则并未大面积实施。我国国有企业高层管理者的激励机制比较静态化、激励强度较弱，个人报酬水平、持股数量与企业业绩之间没有建立规范和明显的联系。在这一情况下，在国有企业改革初期（1978～2001年），国有企业的高层管理者很可能利用权力将国有企业利益转化为个人收益。

20世纪80年代以后，我国开始实现"放权让利"国有企业改革。随之而来的是国企兴起了一股创办"三产"的热潮，而"三产单位"则是国有企业的厂长或经理转移企业资产和获取个人利益的"小金库"。"三产单位"主要利用与母公司的关联交易来获取利润。这些利润部分用于支付职工福利，而部分则进入国企高层管理者口袋。① 同时，这一阶段，大

---

① 张晖明. 中国国有企业改革的逻辑［M］. 太原：山西人民出版社，1998：159-160.

量的国有企业通过"折价"的方式，将企业资产转移到与自己利益关联的企业中。韩超华（1995）研究指出，南昌化工原料企业厂长、经理借与美国 PPG 公司合资生产白炭黑之名，行转移企业资产之实使股东利益受到严重损害。①

此外，在国有企业改革初期（1978～2001 年），国有企业高层管理者还通过管理层收购（MBO）这一股权转让方式，低价获得国有股股份。杨咸月、何光辉（2006）研究指出，"中关村"的高层管理者通过转移资产等手段预先将企业"做亏"，再以低价获取公司股票。朱红军、陈继云和喻立勇（2006）以宇通客车为例研究了高层管理者 MBO 指出，公司高层管理者先成立由其控股的"壳公司"，再通过虚增营业费、管理费，高额现金股利等充实"壳公司"的收购资金，同时也达到"做亏"公司和降低股价的目的，再通过"壳公司"低价收购上市公司股票，实现管理层收购。

3. 国企改革初期（1978～2001 年）国企股东和管理者权力和效率失衡再分析

委托—代理理论是现代股份公司理论的逻辑基础。委托—代理理论暗含着委托人自身必然是以自身利益最大化为导向的企业参与者。同时，（1）作为委托人的股东和作为代理人的管理者利益不一致和信息不对称，（2）由于没有"重要"股票（超过 20% 的投票权）的存在，使得作为委托人的股东协调困难和倾向于"搭便车"而缺乏监管能力的情况下，管理者可以占有股东利益。与之不同的是，我国绝大多数的国有企业是有相对控制权，不少国有企业还有绝对控股权。② 这意味着一般意义上的委托—代理理论难以解释我国国有企业中存在的管理者侵害股东利益的问题，而

---

① 韩朝华. 国有资产管理体制中的代理问题：一个国有资产流失案例的启示［J］. 经济研究，1995（5）.

② 一般而言，存在大股东的股份公司更多的是大股东"剥夺"小股东的问题，而非现代股份公司中管理者"侵占"股东利益的问题。

且这一问题往往比现代股份公司更为严重。

按照本书"技术—权力结构—效率"分析可以看出，在长线技术下，权力集中的垂直组织往往具有比较高的效率优势。在古典企业向现代股份公司转变的过程中，随着管理重要性的提升（主要由于技术链的延长导致管理的复杂化）和股权的分散化，导致管理者占有物质资本所有者利益，我国国有企业的技术链较长，随之而来的管理复杂性较高，使得管理者是重要的权力拥有者，却不应该是相对的强势方（相对于国有大股东而言）。不过，在国有企业改革初期（1978～2001 年），（1）监管链条过长导致监管"错位"和"缺位"、（2）"外部人内部化"使得监管者和管理者"同谋"、（3）"国有上市公司—国有控股公司"模式下的监管目标的双重性，使得国有大股东实际上并没有成为国有企业的"真正老板"，于是企业内部权力落到了十分缺乏监管的管理者手中。

11.1.3 国企改革初期（1978～2001 年）国企的管理者和员工权力和效率失衡分析

1. 国企管理者和员工的权力失衡分析

在国有企业管理者与普通员工之间，往往存在利益分享的分配关系。不可否认的是，国有企业管理者有干一番事业，做一些成绩，并以效率为原则管理企业的"实干派"。不过，国企改革初期（1978～2001 年），前文分析了国有企业资本所有者在监管上的"缺位"，给企业管理者利用权力为自己谋求私利提供了方便。与此同时，在国有企业内部，企业管理者需要普通员工服从权力。前者是企业厂长或经理行使权威的重要"工具"，后者则默认企业厂长或经理权威，至少不冲撞权威。

在国企改革初期（1978～2001 年），国有企业的垄断地位和亏损补贴机制使得国有企业管理者既可以掩盖自己的道德风险，又可以实现企业"保值增值"的业绩，还可以与普通员工分享一部分垄断收益。也就是说，垄断利润是国有企业管理者可以与普通员工分享的前提。当然，如果垄断利润尚且不足以支付高工资和高福利，企业管理者可以默许普通员工怠工或干私活等降低劳动强度和劳动时间，营造一种相对较高的"劳动投入—报酬比"。

在长线技术的垂直组织中，长线技术的技术特征决定了在某些操作环节的技术相对恒定性和管理的相对固定性，职务的高低的重要性远远高于技术高低。职务的高低主要由国有企业的厂长或经理评定。与此同时，国有企业的厂长或经理对奖励、福利待遇、劳动环境和劳动投入等在很大程度上具有决定权。对于大多数普通工人，管理者则主要与其分享垄断利润带来的高工资和高福利，并按照规章给予某些优秀者一定的表彰和奖励。当然，在长线技术的垂直组织中，普通员工是仅仅进行某一或某些操作的"局部工人"，即所谓的"螺丝钉"，难以短期内从市场中重新找到类似的岗位，尤其是国有企业处于垄断地位的情况下。同时，国有企业中也会制定一些降级、扣工资等惩罚措施应对偷懒或怠工。不过，在国企改革初期（1978～2001年），大多数国有企业管理者却往往并不严格地实施这些惩罚性措施。垄断利润带来的高工资和高福利以及相对宽松的工作等形成的高"劳动投入—报酬比"使得大多数工人愿意对于管理者权威带来的不适和管理者不当行为采取沉默态度。

2. 国企改革初期（1978～2001年）国企管理者和员工的效率问题

由于国有企业以垄断利润为基础的分享机制，形成了管理者、少数积极工人和大多数普通工人都不积极从事企业剩余生产，却又都满意现有制度安排的低效率。

第一，通过少数积极工人的"拥护"和大多数普通工人的"沉默"，管理者的绝对权威得到有效的维系，而其"假公济私"行为也难以引发剧烈的冲突和不满。于是，管理者不仅可以将国有企业的部分垄断利润转化为自己的私人利益，还可以获得工人的私下小规模的腐败行为，当然大部分普通工人仅在需要现行企业规章和制度变通时才会采取此行为。

第二，一方面，少数积极工人获得较高的职位和薪酬的来源是按照管理者意图"听话"和"办事"，那么他们会理性地选择继续得到并且扩大管理者对其的认可，而不是积极地从事剩余生产活动。另一方面，如果少数积极工人获得了具有一定监督任务的职位，他们并没有太多的动力去监督普通工人的生产剩余，而是协调管理者和普通工人的关系，让普通工人对管理者的行为选择"沉默"。

第三，大多数普通工人愿意享受由垄断利润带来的高工资和高福利以及相对宽松的工作等形成的高"劳动投入—报酬比"，并可以采取小规模腐败行为获得管理者对规章和制度的变通性解释。理性的管理者需要在企业内营造一种和谐的氛围，不愿对大多数普通工人采取严厉的监督行为。同时，虽然在大多数普通工人中存在少数认真工作的普通工人并可以获得管理者的表彰和奖励，但是这一举措对于大多数普通工人并不具有持久的激励作用，其实际效力还被少数积极工人"不劳而获"抵消。

在一般企业内，管理者是以效率为基本导向的，即通过监督和激励提高工人的努力程度以生产企业剩余。然而，在国有企业改革初期（1978～2001年），在国有企业内，管理者对工人监督和激励都充满了相互包容和理解的"人情味"。这种"人情味"还体现在工人服从管理者权力和放任其"假公济私"行为，而工人分享国有垄断利润等带来的高"劳动投入—报酬比"。不过，国有企业管理者和工人之间的权力和效率问题的关键在于，国有企业大股东实质上并没有成为"真老板"，无法给予企业管理者必要的监督和效率压力。

11.1.4 国企深化改革阶段（2002年至今）国企权力和效率向平衡转变

在国有企业改革初期（1978～2001年），我国国有企业内部权力和效率问题具有一般性的同时，有其特殊性，需要针对性的分析。我国国有企业的特殊性的总根源又在于作为"一股独大"的国有大股东及其委托的监管者虽然是理论上的"老板",却不是"真正的老板"。因此如何让国有大股东及其委托的监管者成为"真正的老板"是解决这一问题的关键。针对国企改革初期的权力和效率失衡问题,在我国国企深化改革阶段(2002年至今),国有企业制度安排作出了重大调整,使得国企权力和效率由失衡向平衡转变。具体分析如下:

第一,在我国国企深化改革阶段(2002年至今),突出"管资产",削弱国有企业所有权和管理权链过长的问题。2015年9月13日,中共中央、国务院印发的《关于深化国有企业改革的指导意见》发布。这是新时期指导和推进我国国有企业改革的纲领性文件。与以往强调"管资产""管人"和"管事"相结合不同,《关于深化国有企业改革的指导意见》明确了以管资本为主改革我国国有资本授权经营管理体制,并且明确要开展政府直接授权国有资本投资、运营公司履行出资人职责的试点。这样,国家直接面向几大国有资本投资公司或运营公司,而非直接面向众多的国有企业。

第二,在我国国企深化改革阶段(2002年至今),以国有资本投资公司或运营公司为纽带,减弱"外部人内部化"。《关于深化国有企业改革的指导意见》以国有资本投资公司为纽带,联系国资委和经营性国有企业。即由国有资产监管机制直接对所监管企业履行出资人权利的模式而改由国有资本投资或运营公司对所授权的国有企业履行出资人权利,使得国资委成为较为纯粹的监管者,并且形成了政府和市场之间的"隔离带"。

第三,在我国国企深化改革阶段(2002年至今),以委托存续公司的方式,逐步摆脱"国有上市公司—国有控股公司"模式。在厘清国有控股公司中国有上市公司和存续公司的基础上,将存续公司交出一个或几个托管公司管理,使上市公司与存续部分相互独立,而国有控股公司由存续公司的管理者转变为监督者。国有控股公司以国有上市公司红利或国有股减持的资金支付托管公司的成本,并且监管托管公司处理存续业务和资产的重组、原国有职工的分流与安置和不良债务的处理等问题。上市公司和存续公司由以前关联关系转为其与托管公司的商业关系。

第四，在我国国企深化改革阶段（2002年至今），以市场化的方式运作国有企业。我国国有资本投资公司逐步采取了对共有经营公司实行"少干预、硬约束"的监管方针。国有资本投资公司向国有经营公司派出包括外部独立董事组成的董事会，但不在上市公司兼任高级管理者。由董事会授权管理者负责执行董事会设定的战略和政策，并负责公司日常运营与管理。以市场化的方式严格选聘管理者，并不干预管理者对企业的日常运营和管理。同时，聘请专业机构进行财务审计，并监事会对审计结果进行考核和评价。此外，在国有持股机构之间的换股，使得多家国有持股机构相互制衡，在一定程度上纠正持股机构的非市场化行为。

11.2 民营企业内部权力和效率由失衡向平衡演进

改革开放初期，我国民营企业经历了三个阶段：（1）1978～1991年初步发展和企业内部权力和效率问题初显阶段；（2）1992～2001年快速发展和企业内部权力和效率问题凸显阶段；（3）2002～2011年蓬勃发展和企业内部权力和效率严重失衡阶段。2012年至今，党的十八大以来，社会主义市场经济体制改革和建设进入了新的历史阶段，我国民营企业内部权力和效率逐步由失衡向平衡转变。

11.2.1 改革开放初期（1978～2001年）民营企业家和管理者的权力和效率失衡

改革开放初期，大多数民营企业"脱胎"于家庭手工工业，并经历了家长拥有绝对权力的古典企业，其中部分企业逐步成长为需要外部职业经理人的现代股份公司。如有调查显示，我国民营企业"重镇"浙江的数十万户私营企业中，80% 出生于农村，近 1/3 是土生土长的"泥腿子"，并且 70% 以上只有初中以下学历。到 2012 年，我国大多数民营企业实际上只经历了"一代人"的时间，少数民营企业开始或刚刚完成由"第一代"向"第二代"的交接。

从产业分布上看，相较于我国国有企业大部分位于资源能源等产业链上游，我国民营企业大部分位于加工、生产和销售等产业链下游。不过，二者大多是大规模地运用机器设备，属于长线技术下的垂直结构。由于长线技术具有相对恒定的技术参数、技术特征和相配套的较为硬性的管理和制度，权力集中在少数企业参与者手中更为有效。其中，最先、最有可能的参与者是前期资本所有者 C_0，即创业的民营企业家手中. 当然，前期资本所有者往往并非一人，而往往是以某一个人或一个家庭为主，并且可能包括其亲戚朋友。在资本积累和再生产过程中，民营企业家要对整个长线技术所必需的机器设备、厂房等大量的物质资本进行投资，是企业实际控制者。不过，随着市场经济的发展，产品由供给短缺到普遍过剩；以及企业的规模增加，企业的技术、管理和制度建设的专业性和复杂性逐渐增加，民营企业的管理层开始出现了社会化和职业化的大趋势。如表 11 - 1 和表 11 - 2 所示，民营企业中家族成员的占比逐渐减低，而社会招聘的占比则逐步增加。

表 11 - 1　　　　　　我国民营企业管理层来源情况　　　　　单位: %

年份	家族亲戚	家族远亲或朋友	社会招聘	内部提拔	政府委派	其他
1998	64. 2	22. 9	2. 4	—	0	10. 5
1999	40	—	30	30	0	0
2001	11. 67	8. 59	43. 8	29. 24	0. 58	6. 11

资料来源: 中国私营企业发展报告［R］. (1978～1998, 1999, 2001) 整理而得。

表 11 - 2 　　　　　　　　浙江省民营企业管理层来源情况 　　　　　　单位：%

年份	家庭成员	社会招聘
2002	52. 68	47. 32
2006	49	51

资料来源：程学童，王祖强，李涛. 集群式民营企业成长模式分析 [M]. 北京：中国经济出版社，2005：90；姜明论. 我国民营企业治理机制变革实证研究——基于浙江省民营企业的调查 [J]. 经济问题探索，2007（4）：148.

　　职业经理人不断加入民营企业，为其发展和壮大注入了"新鲜血液"，却也引发了企业家与管理者之间的矛盾。早期的民营企业家在企业中居于中心地位，使得其和家族成员可以从企业获得直接的货币收益，还可以获得某些特殊的私人利益。随着民营企业的发展，民营企业家往往想在"增长—控制"中实现均衡。一方面，民营企业就为了企业发展和壮大，往往需要引进外部资金和招聘职业经理人。同时，外部投资者的加入民营企业，通常要求特殊的投票权、董事会的某些席位和企业关键岗位的职业经理化。二者都加剧了民营企业所有权和经营权的分离。另一方面，民营企业家的上述选择也意味着其与家族成员对企业控制权的逐步丧失甚至失控。

　　由于民营企业家往往既想实现增长，又不想失去控制，往往通过企业家自身创业者的影响、家族成员把控某一或某些关键领域和企业等级森严的核心文化压制已经在企业中实际拥有相对或绝对控制权的管理者。由前文分析可知，在垂直组织中，由于其他参与者对权力拥有者本身有依附关系，所以一旦作为权力拥有者的管理者选择离开企业，会产生"集体叛逃"的现象。如果这一现象发生，则会对民营企业的经营和管理产生重大负面影响，甚至导致企业瞬间瓦解。

11.2.2　改革开放初期（1978～2001 年）我国民营企业家和工人的权力和效率失衡

　　在民营企业中，民营企业家占据着中心地位。与管理者拥有部分控制权不同，单个工人缺乏资产专用性并且几乎没有资产专有性，极度缺乏讨价还价能力。由于经济社会发展阶段和社会制度的不完善，这一时期我国民营企业工人的权力普遍缺乏保护。

第一，相对于可以分享垄断利润的国企员工而言，民营企业员工对于工会的需要往往更为强烈。然而，工会在民营企业中发挥作用并不明显。赵德余（2011）对上海的工会作用调研发现，工会在工资集体协商中对增加工人工资发挥较大作用的比例仅占10.8%，而半数的工人表示不了解工会到底发挥了什么作用，或几乎不发挥作用。① 同时，在劳动纠纷时，普通工人的实际选择也往往并不考虑工会。

第二，在财政分权制度下，地方政府对企业规模增长具有依赖性，作为第三方强制力的地方政府自然倾向于民营企业家。陈刚等（2009）、杨其静（2010）等都指出，在推动地方经济发展的过程中，地方政府迫于经济和政治压力，可能会降低企业运营成本，为企业内"强权者"伸出"援助之手"；并在社会秩序压力较小时，放松对"无权者"的保护，即不可避免地伸出"掠夺之手"压制弱势群体。②③ 同时，民营企业和权力相互靠拢，在一定程度上结成了利益共同体。吴敬琏（2010）和王小鲁（2010）等指出，权力和资本相结合会演变为权贵资本主义，导致社会不公和非效率。④⑤ 周玮（2010）对上市公司数据分析指出，政府在经济中的强势地位和制度性缺失的存在，使得非国上市公司对政企联络十分热衷，其管理者在职消费与"政治密度"正相关。⑥

在这些大环境下，这一时期民营企业家通过延长工作时间、增加劳动强度、克扣工人工资、降低劳动保障等侵占工人合法收入和生产剩余成为

① 赵德余. 工会组织在职工工资决定中的影响与作用：来自上海的经验 [J]. 社会科学战线，2017：46-53.
② 陈刚、李树、余劲松. 援助之手还是攫取之手？：关于中国式分权的一个假说及其验证 [J]. 南方经济，2019（7）：3-15.
③ 杨其静. 分权、增长与不公平 [J]. 世界经济，2020（4）：102-120.
④ 吴敬琏. 收入差距过大的症结 [J]. 财经，2020（21）：47.
⑤ 王小鲁. 灰色收入与国民收入分配 [J]. 比较，2020（3）.
⑥ 周玮. 政治密度、在职消费与制度环境 [J]. 软科学，2020：65.

一种普遍现象，并被地方政府和企业默认的事实。一旦民营企业家侵占工人成为一种普遍却又被默认的事实，理性的工人必然会降低专用性资产投入，导致企业生产剩余损失，详见上文分析。

11.2.3 党的十八大以来（2012年至今）民营企业家和工人权力和效率向均衡转变

党的十八大以来，政府在促进民营企业快速健康发展的同时，也推动民营企业劳资关系由失衡向均衡转变。2015年3月21日，中共中央、国务院制定《关于构建和谐劳动关系的意见》，明确了新的历史条件下民营企业家和工人构建和谐劳资关系的系统性指导，为民营企业家和工人权力和效率均衡的构建奠定了基本的体制机制框架。

第一，党的十八大以来，强调依法治国，以法律为武器保护民营企业中工人的利益。2012年至今，我国政府在工资收入分配、劳动就业、劳动保护、劳动关系协调等方面出台或修改了一系列法规和政策性文件，有力推动了我国劳动保护的法治建设，强化了对民营企业劳动者合法劳动权益的保护。简要列举如下：（1）2013年，政府出台了《劳务派遣行政许可实施办法》《劳务派遣暂行规定》等一系列政策性文件；（2）2013年1月，人力资源和社会保障部、中华全国工商业联合会联合发布《关于加强非公有制企业劳动争议预防调解工作的意见》，又陆续出台了《关于加强专业性劳动人事争议调解工作的意见》《劳动人事争议仲裁组织规则》《劳动人事争议仲裁办案规则》；（3）2014年、2015年和2018年三次修订《就业服务和就业管理规定》，确保劳动者享有平等的就业权利；（4）2016年1月，《关于全面治理拖欠农民工工资问题的意见》印发，2020年5月《保障农民工工资支付条例》施行；（5）政府陆续出台或修订了《职业病防治法》《重大劳动保障违法行为社会公布办法》等法律法规。

第二，党的十八大以来，积极推动工资集体协商制度，建立工资决定机制和正常增长机制，促进民营企业员工工资合理增长，并在绝大多数地级市以上城市建立人力资源市场工资指导价格机制，引导民营企业工资水平增长。2020 年，在国家层面发布薪酬价位信息，并适时合理调整最低工资标准。2010~2020 年我国平均最低工资标准由 747.64 元增至 1641.08 元，涨幅达到 2.2 倍。[①] 针对民营企业欠薪高发、多发问题，政府应给予重点查处。我国劳动保障监察机构查处的欠薪案件、拖欠金额和涉及人数降幅在 30% 以上。[②]

第三，党的十八大以来，实施"彩虹计划"、集体合同制度攻坚计划，推动规范有序的集体协商机制落地，增强对劳动者的保护。在全国开展以小企业和农民工为重点的小企业劳动合同制度实施专项行动，督导中小民营企业与员工订立劳动合同。2016~2022 年，我国民营企业职工劳动合同签订率在 90% 以上。[③]

第四，党的十八大以来，进一步完善政府、工会、企业三方协商协调机制。党的十八大以来，全国县级以上普遍建立起政府、工会、企业共同参与的三方机制，有的地区还将政府、工会、企业共同参与的三方机制向工业园区、乡镇（街道）延伸，一些地方在政府、工会、企业共同参与的三方机制组织形式和运行方式上也有创新。[④]

■ 11.3 小　结

通过企业内部权力和效率的博弈模型和"技术—权力结构—效率"的博弈模型分析可以看出，我国大部分的国有企业和民营企业都是长线技术

[①] 路少朋，商圆月. 最低工资标准与低收入群体空间流动 [J]. 山西财经大学学报，2022 (6)：1 - 13.

[②] 奏响和谐音符：中国共产党成立 100 周年劳动关系工作述评 [N]. 中国劳动保障报，2021 - 7 - 1.

[③] 根据 2016~2022 年度人力资源和社会保障部发布的《人力资源和社会保障事业发展统计公报》数据汇总得到。

[④] 王永. 健全体制机制奏出和谐旋律：党的十八大以来我国构建和谐劳动关系工作综述 [N]. 中国劳动保障报，2018 - 12 - 18.

下强调权力集中的垂直组织。这一组织的权力和效率问题主要反映在两个层面，即资本所有者和管理者、资本所有者和工人。

在国企改革初期（1978~2001年），由于我国国有企业产业链很长和配套管理复杂等技术原因，以及大股东的"错位""缺位""内部人控制"等制度原因的存在，国有企业高层实际上掌握了几乎完全监管的剩余控制权和经营管理权。在这一情况下，国有企业的高层管理者很可能利用权力将国有企业利益转化为个人收益。加之，在国有企业以垄断利润为基础的分享机制上，管理者构建了按照管理者意图的、"听话"和"办事"的少数积极工人，以及"沉默"的大多数工人，使得自身权力和"假公济私"行为得以维系。在这一制度下，管理者、少数积极工人和大多数普通工人都不积极从事企业剩余生产，却又都满意现有制度安排的低效率。伴随着我国国企改革的深入推进（2002年至今），上述在我国国企改革初期（1978~2001年）国有企业内部权力和效率失衡的问题得以根本性纠正，使得我国国有企业内部权力和效率逐步由失衡向平衡转变。

与国有企业内部权力过于集中在管理者不同，我国民营企业内部权力往往过度集中于民营企业家手中。民营企业家往往想凭借权威和家族成员压制在企业中实际拥有相对或绝对控制权的管理者，以在实现增长的同时，却不想失去控制，这往往会导致权力拥有者的管理者选择离开企业，会产生"集体叛逃"的现象，对民营企业的经营和管理产生重大负面影响，甚至导致企业瞬间瓦解。这一时期，由于缺乏完善的工会组织和第三方强制力的必要保护，单个工人极度缺乏讨价还价能力，使得民营企业家占有工人的生产剩余成为一个较为普遍却又被漠视的问题。相对应的是，工人也会降低对企业资产专用性投资，导致企业生产剩余损失。党的十八大以来（2012年至今），政府在促进民营企业快速健康发展的同时，在工资分配、劳动就业、劳动保护和劳资争议协调等方面出台并落实一系列法规和政策文件，引导民营企业劳资关系由失衡走向平衡。

第12章

权力视角下企业实现效率的启示和对策

12.1 企业内部权力结构的非效率性根源

12.1.1 企业内部权力集中和权力不对称

在企业内部权力和效率的博弈模型和"技术—权力结构—效率"的博弈模型基础上，前文对不同企业类型进行分析指出，在长线技术占据主导的垂直企业中，企业内部权力集中意味着更高的效率。在古典企业阶段，机器设备这一长线是社会生产力的重要标志，形成了权力集中于物质资本所有者的垂直组织。在现代股份公司阶段，由于技术链延长导致管理的重要性的提升和股东的分散化，企业控制权转移到了管理者手中的垂直组织。

权力集中并不一定意味着权力不对称。如果企业内权力集中并形成两个或多个权力"寡头"，那么这些权力"寡头"会为了各自的资产专用性投资进行讨价还价。为了实现专用性资产的潜在价值，权力"寡头"们会给予对方相应的利益以激励其进行资产专用性投资。如果企业内权力集中于少数参与者手中，大多数参与者处于几乎没有权力的分散状态，那么权力集中意味着权力不对称。此时，企业参与者分为两类：一是权力集中者 $s_a \to 1$，二是几乎无权者 $s_b \to 0$。所有企业参与者都或多或少地进行了资产专用性投资。一般而言，权力和资产专用性投资成正比，即单个权力集中者进行了很多的资产专用性投资，而单个几乎无权者的资产专用性投资则很少。不过，尽管单个几乎无权者有很少的资产专用性投资，而几乎没有资产专有性投资，却缺乏退出企业的能力。

12.1.2 企业内部权力不对称下的合作博弈困境

根据重复博弈的无名氏定理，在重复博弈下，理性的个人能够进行合作，合作博弈均衡解优于非合作博弈均衡解。因此，高效的企业应该是企业中的权力集中者不无偿占有几乎无权者的资产专用性投资，即便这在短期内损害权力集中者的利益，并且让几乎无权者相信这一承诺。与此同时，企业管理者说服或鼓励几乎无权者持续进行资产专用性投资。如果双方达成合作，那么帕累托改进会使得信任问题得以解决。这样的企业自然比那些缺乏几乎没有权利一方持续进行资产专用性投资的企业具有竞争优势。

一般而言，在权力对称的情况下，双方既有合作意愿，又有合作动力，还有约束对方的能力，合作博弈可以顺利进行。在理想状态下，权力不对称的双方亦可以进行合作，并且实现企业效率。不过，在大多数情况下，权力不对称的双方进行合作面临着博弈困境。当然，某些合作博弈困境也给如何实现企业合作博弈提供了启示。

第一，合作博弈的企业参与者必须形成抑制机会主义行为的组织架构。对于新古典经济学家和威廉姆森等新制度经济学家而言，机会主义的无私行为不是一个广义上可以被接受的经济学分析前提，而自私自利才应该是更为一般性的情况。威廉姆森认为，机会主义普遍存在。因为即便企业参与者都不想采取机会主义行动，也要防范对方采取机会主义行动，而且一旦企业某些参与者不采取机会主义行动，对方却可以获得采取机会主义行动的机会。尽管新的行为经济学认可了人的利他主义倾向的存在，不过关于企业参与者之间关系的一般性分析不应该基于他们的无私行为。当然，Axelord（1984）研究表明"一报还一报"的重复博弈可以是参与者基于个人理性实现合作博弈。不过，如果考虑由于个体有限理性、信息不完全和信息不对称，使得企业每一个参与者都难以准确地确认其他参与者的合作诚意和彼此之间关系的持续性。那么"一报还一报"的博弈策略就显得进攻性太强，会导致背叛的连锁反应。如表 12 - 1 所示，在"一报还一报"重复博弈中，A 和 B 两个参与者在开局至第 n 轮选择了合作，而 B 在第 n + 1 局中错误地认为 A 在第 n 轮选了背叛并作出了背叛，那么，在接下来的博弈中，会引发双方会轮番进攻对方的连锁反应。[①] 于是，构建一个抑制机会主义的组织架构是企业合作博弈的基础。

表 12 - 1　　　　　　　犯错情况下的"一报还一报"策略

轮次	A	B
1	合作	合作
2	合作	合作
…	…	…
n	合作	合作
n + 1	合作	背叛
n + 2	背叛	合作
n + 3	合作	背叛

　　第二，随着企业参与者数量的增加，合作博弈更难以达成。在二人博

----

① 塞特斯·杜玛，海因·斯赖德. 组织经济学：经济学分析方法在组织管理上的应用：第 3 版［M］. 北京：中国人民大学出版社，2018：92 - 93.

弈中，非合作博弈行为损害的对象、程度和结果是明确的，回应策略也是明确和有针对性的。随着博弈人数的增加，非合作博弈行为损害的对象、程度和结果越发不明确，回应策略也越发不具有明确性和针对性，还很可能因为伤及无辜者而难以执行。于是，不合作者难以受到应有的惩罚，合作者则难以得到应有的补偿，进而导致非合作博弈在组织中蔓延和合作的崩溃。这意味着在小范围使用强调"熟人社会"的企业合作模式可能不适应于社会化大生产情况下的企业，如夫妻店的合作博弈模型对于大型企业往往根本不适用。

第三，权力集中者可以凭借侵占大量的几乎无权者的利益获得巨大的短期个人收益，使得合作博弈难以开展。如果几乎没有讨价还价能力者涉及 N 个人（如古典企业中的工人，或现代股份公司中的股东），权力集中者仅侵占每个人很小的利益 T，那么其可以获得 TN 也可以是很大的短期利益。权力集中者可以获得大量的短期利益，使得长期合作博弈并不是一个严格弱优策略。青木昌彦（2004）以日本企业的实践为基础，构建的经理居中调节的股东和员工联盟性质的合作博弈，并不符合这一情况。青木昌彦的合作博弈需要三个条件：一是企业参与者通过合作创造生产剩余要优于市场或与其他企业参与者合作；二是企业合作博弈是一个严格弱优策略均衡；三是合作博弈只有一个解，即可以产生一个合理的、唯一的组织均衡。① 其中第二个条件就是要求不存在上述短期利益高于长期合作博弈的情况。

通过上述分析可以得出，在一个多人组成的一般性企业中，存在着权力集中者和几乎无权者。必须构建一种组织架构抑制机会主义倾向，应该通过束缚权力不对称，即构造几乎无权者的权力加以平衡，或者增加权力集中者运用权力侵占几乎无权者的成本和减少相关收益，才能使得企业维持在长期合作博弈均衡上。

---

① 青木昌彦. 企业的合作博弈理论［M］. 北京：中国人民大学出版社，2005.

12.2 企业非效率化解途径之一：几乎无权者联合抑制权力不对称

12.2.1 几乎无权者联合的必要性

第一，制衡了权力集中者。新古典经济学认为，如果某一类人的联合会形成垄断，垄断会使得这类人控制某一类生产要素的供给，获得更高的讨价还价能力，导致契约不公平和效率损失。也就是说，新古典经济学否认任何联合的存在。事实上，在垂直组织中，权力集中者与几乎无权者本身的契约关系就不对等，即权力集中者可以侵占大量的几乎无权者的生产剩余，而后者缺乏退出机制和实质性的制衡手段。于是，几乎无权者联合体提高了资产专用性和资产专有性程度。也就是说作为整体的几乎无权者联合体，形成了一个新的"权力集中者"。那么，几乎无权者联合体与原来的权力集中制之间是"寡头垄断"的关系，制衡了后者的权力。

第二，激励资产专用性投资。在权力不对称的情况下，单个几乎无权者因无法抑制权力集中者占有其创造的生产剩余，而不进行相应的专用性资产投资，造成企业效率损失。与之不同的是，几乎无权者联合可以制衡原有的权力集中者，自然就愿意进行资产专用性投资，进而实现企业效率。原来几乎无权者联合后，会鼓励成员进行资产专用性投资，减少非生产性浪费，并使得契约关系稳定和长期化，节约替代成本，即以增加资产专用性投资获得相应的生产剩余。原来权力集中者则失去了通过占有几乎无权者获得收益的可能性，只能通过进行资产专用性投资获得相应的生产剩余。于是，由于几乎无权者联合这一形式的出现，激励原来几乎无权者和原来权力集中者都进行资产专用性投资并分享相应的生产剩余，实现了企业效率。

12.2.2　几乎无权者联合的前提条件

在不对等契约中，企业内几乎无权者通过联合组织这一形式，可以抑制权力集中者，进而实现企业效率。不过，这并不是说只要企业内几乎无权者一旦形成联合组织就可以。企业内几乎无权者进行有效的联合需要两大前提条件。

第一，独立性。为了制衡权力集中者，企业内几乎无权者形成了联合组织。这一联合组织必须具备独立性。如果联合组织不具备独立性，那么权力集中者可以染指或干预联合组织的组建，联合组织的成员则难以通过民主选举产生领导。一旦联合组织的领导成为权力集中者的"附庸"，联合组织制衡作用也就无从谈及。联合组织领导者的人事关系尤其是工资报酬的发放方式需要独立于权力集中者。联合组织领导者的报酬要来自联合组织成员经费，而非由集权者一方支付，即改变联合组织领导者由权力集中者雇佣而为成员聘用。这样还可以减少权力集中者"收买"联合组织领导者的可能性。

第二，实际效力。为了制衡权力集中者，企业内几乎无权者形成了联合组织。这一联合组织必须具备实效性。企业内几乎无权者形成了联合组织必须能够实质性地震慑到权力集中者，而非仅仅缓解二者之间的矛盾。例如，在古典企业中，工会实效性根本的体现就在于拥有适度的罢工权，迫使物质资本所有者相信工会退出的可置信威胁。同理，在现代股份公司中，股东大会，尤其是机构投资者可以提交提案或议案、呼吁管理者或董事会改变公司管理或战略、撤销公司 CEO，干预公司决策。

只有企业内几乎无权者形成了联合组织具备了独立性和实效性，才能真正意义上制衡权力集中者，形成制衡的企业内部权力结构，进而实现企业效率。

12.2.3　几乎无权者联合抑制权力不对称的建议

针对管理者侵占股东，尤其是中小股东利益，需要以完善股东联合体以抑制权力的不对称。主要体现在如下两个方面。

1. 增强董事会和独立董事的独立性

在我国企业实践中，管理者普遍全程参与所有董事会的决策。在董事会涉及"敏感"环节，如制定管理者薪酬结构和水平、对管理者业绩平等，管理者仍然参与董事会相关决策，往往形成了管理者"既是裁判，又是运动员"的问题。因此，只有在确保董事会控制公司的情况下，关于公司重大项目决策时，可由管理者提供必要的信息。在不能确保董事会控制公司的情况下，应该不让管理者参与董事会，并在上述"敏感"环节将管理者"驱赶"出去。

增强现代股份公司中的独立董事的独立性。现实中，我国股份公司中的独立董事，更多地扮演了"顾问专家"的角色，独立性被严重弱化。因此，需要从如下几个方面完善其独立性。（1）中国证监会和证券交易所细化对独立董事的职责、履职要求、失职问责和履职优劣的评价的规定。（2）独立董事选聘可以采取美国将独立董事提名权授予由独立董事组成的董事会提名委员会，并对独立董事的提名政策进行充分披露。（3）可以考虑由中上协或中上协成立的独立董事专业委员会建立独立董事薪酬基金，用于为独立董事的非主观履职责任提供救济和法律援助，以及对履职优秀的独立董事予以适当的奖励。[①]

2. 增强我国机构投资者和股东等监督管理者的实际效力

增加机构投资者参与公司治理，监督管理者的积极性。在发达市场经济体，作为单个股东联合形式之一的、积极的机构股东能够罢免现代股份公司（如通用、IBM、美国运通公司等）中的CEO。不过，在我国资本市场上却鲜有类似事件。因此，需要鼓励机构投资者的发展和参与公司治理的积极性。作为中小股东联合的另外一种形式，作为积极的机构投资者应

---

① 中国上市公司协会. 上市公司独立董事履职情况报告 [N]. 董事会，2014 – 1 – 22.

该积极公布相应的选股标准，与所投资的公司签订约束管理者条款，在股东大会提交提案或议案、呼吁管理者或董事会改变公司管理或战略、撤销公司 CEO 干预公司决策等方式，对管理者施加来自股东的直接压力，增强股东的讨价还价能力，增加公司价值。

降低股东参与公司经营管理的"门槛"。股东大会具有实际效力的重要体现在于中小股东参与企业决策和管理，并对管理者决策和管理提出不同意见。不过，我国提案权实质上没有给广大的中小股东这一权力。以提案权为例，美国股东的提案权资金门槛为"1% 或 1000 美元市值以上"，而我国规定股东提案权的资金门槛为"单独或合计持有公司 3% 以上的股东"。宁向东（2006）指出，超过 9 成的公司第一大流通股股东都达不到这一资金门槛，即便前十名流通股股东联合，仍然有 6 成半的公司难以让流通股股东享有提案权。[①] 因此，在股东提案权中，与其规定极高的股东提案权的资金要求，不如将重点放在如何限制重复提案这一问题上，如可以采取类似美国的"在过去 5 年，该议案第一次提出，并且表决时赞成票不超过总数 3%；或二次提出，第二次表决时赞成票不超过总数 6%；或三次及以上提出，最后一次表决时赞成票不超过总数 10%"的方法。

12.3　企业非效率化解途径之二：第三方强制力抑制权力不对称

12.3.1　第三方强制力的意义和途径

在企业内部权力不对称的情况下，企业内权力集中者实现了短期个人收益最大化，没有改进企业效率的动力；几乎无权者抑制了资产专用性投

---

① 宁向东. 公司治理理论 [M]. 北京：中国发展出版社，2006：351－352.

资，并拒绝资产专用性再投资，二者在企业生产的最优边界内形成了均衡。企业是国民经济的"细胞"，而企业非效率必然导致整个社会效率的降低。政府和法律作为企业外第三方强制力有能力并且有动力限制企业内权力集中者侵占几乎无权者的行为，保障几乎无权者应有的权力，进而减少二者之间的不对称性，提高企业效率。政府和法律作为第三方强制性力量主要通过两种途径限制企业内权力集中者，具体分析如下。

第一，限制权力集中者侵占无权者的行为。契约自由能实现公平和效率的前提是签约各方拥有对等的讨价还价能力。不过，在现实中，一旦企业内权力集中者占据了主导地位，签约自由即意味着剥削自由。在权力不对称的情况下，企业内权力集中者可以侵占几乎无权者创造出来的生产剩余。政府和法律作为第三方强制性力量可以抑制这种行为。如在古典企业中，物质资本所有者具备强迫普通工人在恶劣的工作条件下，随意延长工作时间、增加劳动强度，并随意将其解雇的能力。在现代股份公司中，管理者可以利用内幕消息从股东手中"低买高卖"股票，并发布具有误导性的财务报告或散布非正式的消息，来强化其对市场的操纵行为。政府和法律作为第三方强制力则要限制权力集中者这些行为，使得权力集中者难以通过上述途径侵占几乎无权者的生产剩余。

第二，保障几乎无权者应有的权力。首先，政府和法律作为第三方强制力必须保障几乎无权者享有完全自由的结社权力。由前文分析可知，几乎无权者形成联合组织可以与权力集中者进行集体谈判、平等协商，参与企业民主管理并且实现互助或相互保护，达到限制权力集中者的目的。其次，政府和法律作为第三方强制力则要保障企业内几乎无权者资产专用性投资不被占有的权力。在古典企业中，普通工人必须拥有取得劳动报酬的权利，休息、休假的权利，获得劳动安全卫生保护的权利，接受职业技能培训的权利，享受社会保险和福利的权利，提请劳动争议处理的权利，依法解除劳动合同的权利，对用人单位管理人员违章指挥、强令冒险作业拒绝执行的权利，对危害生命安全和身体健康的行为有提出批评、检举和控告的权利，对违反劳动法律、法规的行为有检举和控告的权利等。在现代股份公司中，股东必须拥有知情权、提案权、表决权、收益权和诉讼权五大法定权力。

12.3.2 第三方强制力抑制权力不对称的建议

1. 改变地方政府倾向于企业内权力集中者

地方政府对企业规模增长具有依赖性，导致地方政府倾向于企业内权力集中者。陈刚等（2009）、杨其静等（2010）、苗红娜（2012）等都指出，在推动地方经济发展的过程中，地方政府迫于经济和政治压力，可能会降低企业运营成本，为企业内"强权者"伸出"援助之手"；并在社会秩序压力较小时，放松对"无权者"的保护。于是，改变官员考核机制和逐步建立"财权和事权对等"的分税制是改变地方政府倾向于权力集中者的关键。2013 年 12 月 23 日，中共中央批准，中组部印发《关于改进地方党政领导班子和领导干部政绩考核工作的通知》，首次提出，"坚决纠正唯国内生产总值任用干部问题。"只有纠正唯经济增速论英雄的偏向，才能使得地方政府与企业老板之间相互的依赖关系，才能更好地注重发展质量、方式、效益和可持续性。在"财权层层上收，事权层层下移"的情况下，分税制要逐步调整中央和地方的税权和事权，使得二者相匹配，减轻地方政府"事多钱少"的问题，有利于改变其倾向于权力集中者。

2. 增强我国第三方强制力对工人的保护力度

在现有《劳动合同法》的基础上，需要进一步明确《劳动合同法》及相关法律中一些关于劳动界定的重要说明，以便更好地维护工人的合法权利。例如，我国《劳动合同法》并没有规定什么工作应计入劳动时间，美国《雇佣劳动法》则有明确规定，雇员一天工作结束后完成未完成的工作或纠正错误的时间、因工作需要必须等待的时间、工作期间短时间的休息、值班不超过 24 小时的职工在值班期间可以睡觉或做私事，以及值班超过 24 小时的雇员可以享受固定的睡觉时间（雇员同意将可以将睡觉时间从工作时间中排除）等都应该计入劳动时间。同时，我国《劳动合同法》必须规定相应的新条款以防止规避《劳动合同法》的行为。例如，《劳动合同法》中企业要与连续在单位工作满十年的员工签订无固定期限合同条款。企业可以在员工工作将满却未满十年时，重新与员工签订新的劳动合同。为解决这一问题，可以参照美国的经验。美国某些州法律规定如果雇主解雇工人会破坏包括口头承诺等默认的诚信原则，就不能解雇工人。如果采取默认诚信原则，资方就难以刻意通过解雇或变相解雇的方式来规避《劳动合同法》的相应条款。当然，这些法律条款的改进需要在借鉴国外发达市场经济体经验的基础上，还要结合我国实际情况和经济发展阶段进行适度的"微调"。

在执法层面，除非上级相关部委督办一些重大的劳动违法案件外，我国只有地方劳动执法部门进行企业劳动状况进行监察和行政查处，容易受到地方政府的干预。发达市场经济体则一般采取（国家和地方）两级且相对独立的、日常执法巡查的监督体制。同时，发达市场经济体还有国家层级的专门受理雇员对雇主"不公正劳动行为"投诉的机构，而我国则缺乏国家层级的日常劳动执法巡查机构。例如，早在 1935 年，美国就成立了国家劳动关系委员会（NLRB），可以专门裁决劳动争议，并对不服从裁决的争议提交美国巡回上诉法庭申请执行法庭命令。考虑到地方政府对于劳动争议倾向资方的普遍心态，我国应该建立国家和地方两级且相对独立的监督体制和仲裁机构，以及日常劳动执法巡查机构，以有效地解决劳资冲突。

3. 增强我国第三方强制力对股东的保护力度

股东提案权是股东监管管理者的重要"防线"。不过，我国现行的《公司法》在提案权的条款设计上存在着"一高一低"，即"门槛高，尤其是资金门槛高，而监管低"的规则，与主要市场经济体公司法那样采取"一低一高"的条款设计相反。美国标准公司法规定，"必须实质上或名义上拥有 1% 或 1000 美元市值以上、在外流通且具有表决权的股票，持有股票超过 1 年并直至股东开会日，才具有提案权"。然而，在我国现行的《公司法》中这一资金门槛为"单独或者合计持有公司 3% 以上股份的股东"。美国标准公司法规定，"当公司拒绝股东提案时，必须在代理投票说明书文本确定的 80 日之前，就股东提案内容、说明材料、不予列入代理投票的理由、以上理由的法律依据和法律顾问的有关说明等，一式 6 份提交证监会。"① 然而，中国现行的《公司法》则无相关规定。可见，需要降低我国法律对股东行使提案权设置过高的"资金门槛"，并且增强对提案权后期必要的监管，保障中小股东的权力，抑制管理者滥用权力。

同时，我国现行的《公司法》已经承认了股东代表制度，在法理上认可了股东起诉上市公司的行为，并取消了旧版《公司法》中股东起诉上市公司必须证监会的行政处罚为前置条件。在此基础上，我国现行的《公司法》可以考虑采取国外主要市场经济体公司法通行的股东集体诉讼制度，使得中小股东起诉上市公司的诉讼成本降低而更具有实际操作性，也使得中介机构可以借助集体诉讼制度维护中小股东的利益，进而实质性地抑制管理者滥用权力的行为，增强中小股东的讨价还价能力。

12.4 职工代表大会：一种弱化权力不对称模式的探索

在几乎无权者联合和以第三方强制力约束来弱化企业内部权力不对称的基础上，各国纷纷探索符合各国国情的企业治理模式，如美国的企业股权模式、日本的企业福利模式、德国的企业共决模式、瑞典的团结工资模式等（参见前文分析），以进一步弱化企业内部权力不对称。② 同样，为

---

① 参见美国证监会网站，http://www.sec.gov/rules.shtml。
② 需要指出的是，在应对现代股份公司中管理者侵占股东利益的问题上，世界各国纷纷效法美式治理的"五道防线"，即以股权激励为核心的经理报酬、董事会和独立董事制度、以股东大会和股东表决权的方式改选董事会、资本并购、社会舆论的监督和证券监管机构的规制。

了抑制权力的不对称，我国的企业治理更应该建立在本土传统和资源整合的基础上，探索具有我国特色的企业治理模式。

12.4.1　我国职代会的历程

20 世纪 50 年代和 60 年代，与计划经济相适应，并广泛适用于我国国有企业和集体企业的职工代表大会制度是企业职工行使民主管理权的重要方式，也是我国劳动者参与程度最高的一种企业治理模式。

不过，随着市场经济体制的建立和发展，以股东大会、董事会和监事会为主体的公司治理逐渐占据主导地位，而原有的民主管理体制日趋边缘化。我国 2005 年修订的《公司法》第十八条虽然规定"公司依照宪法和有关法律的规定，通过职工代表大会或者其他形式，实行民主管理。公司研究决定改制以及经营方面的重大问题、制定重要的规章制度时，应当听取公司工会的意见，并通过职工代表大会或者其他形式听取职工的意见和建议"，事实上，在强调资本和股东权力为核心的公司法体系下，职工代表大会除了在与员工利益相关的问题上发表意见，对公司的经营权和管理权缺乏实质性的影响力。同时，《公司法》在职工董事方面，仍然以所有制为特征区别对待。国有独资的有限责任公司"董事会成员中应当有公司职工代表"（第六十八条）。"两个以上的国有企业或者其他两个以上的国有投资主体投资设立的有限责任公司，其董事会成员中应当有公司职工代表；其他有限责任公司董事会成员中也可以有公司职工代表"（第四十四条）。股份有限公司的"董事会成员中可以有公司职工代表"（第一百零九条）。在职工监事方面，规定了"职工代表的比例不得低于 1/3"，看似提升了劳动者在公司治理中的地位，却回避了职工监事产生程序、任职保护和权力义务等问题，其实施的实际效果难以保障。2008 年开始实施的《中华人民共和国劳动合同法》第四条规定"用人单位在制定、修改或者决定有关劳动报酬、工作时间、休息休假、劳动安全卫生、保险福利、职工培训、劳动纪律以及劳动定额管理等直接涉及劳动者切身利益的规章制度或者重大事项时，应当经职工代表大会或者全体职工讨论，提出方案和意见，与工会或者职工代表平等协商确定"。不过，该规定对于平等协商的程序、无法协商确定时的处理等必要环节都没有规定，流于"形式"的规定只能将方案和意见交由物质资本所有者和管理者"拍板决定"了。

12.4.2 职代会利于民主管理

职工代表大会可以在水平方向，即企业的基层厂务层面上发挥民主管理的作用。职工代表大会可以协调员工的工作条件、工资待遇、工作流程工作范围社会保险和职业培训等社会事项，以及员工雇佣、调配、升迁、奖惩和解雇等人事事项有关。在职工代表大会协商的基础上，企业员工可以基于工作场所层面确定工资和待遇，并相互理解和接受基于技术等因素而形成的工资差异。这种工资差异可以激励员工之间的相互学习和资产专用性投入。同时，职工代表大会的协商机制使得员工之间建立依赖，消除员工之间的沟通交流障碍，使得所有人将注意力集中到生产任务上来，并形成普通工人和技术工人相结合的、完整的团队。在此基础上，企业员工可以在"共同知识"氛围下"干中学"，并在解决问题和完善生产流程中表现出积极性。

同时，职工代表大会的职工董事和职工监事拥有对于企业生产、财务和销售，以及企业停业、合并和分立等经济事项的参与权和决定权，可以在垂直方向上实行民主管理。这种垂直方向的民主管理使得不合理的规章制度可以更容易地被披露和更正。经过协商的、合理的规章制度可以更好地被接受、贯彻和执行。一部分"自上而下"的垂直监督会被员工之间的自我约束替代。同时，这种水平方向上的民主管理，减少劳资双方的信息不对称，可以鼓励双方采取互惠方式而非强制手段，降低双方机会主义倾向，有利于实现合作博弈。

12.4.3 完善我国职代会的建议

一是鼓励职工代表大会和职工董事和职工监事在企业水平方向和垂直方向积极进行民主监管。积极推行普遍推行职工代表大会制度。在考虑不同产业、行业和企业规模等因素的基础上，确定职工代表在董事会和监事会中的席位比例。

二是在法律层面上赋予职工董事和职工监事与股东董事和股东监事同样的权力的同时，应该明确在涉及职工重大利益的问题上，职工董事和职工监事必须代表职工依法行使参与权和监督权。当涉及董事或高层管理者涉嫌侵害职工重大利益时，职工监事有权且应该进行起诉。

三是为了保障职工董事和职工监事的独立性，并使其可以真正能够代表职工发表意见和行使监督权，应该规定未经职代会决定不得撤销、罢免职工董事和职工监事，不得无故调动岗位、解除职务或解雇。国家和地方劳动主管部门细化职工董事和职工监事的职责、履职要求、失职问责和履职优劣的评价的规定，对职工董事和职工监事选举和提名进行充分披露，并考虑成立相关的基金，对职工董事和职工监事提供救济和法律援助和适当的奖励。

四是为了增强职工董事和职工监事的考虑到目前我国的工会无法在上述经济事项上对资方和管理者形成非市场化的压力，应该基于职工代表大会的职工董事和职工监事在关系员工切身利益的重大经济事项及其变更问题上行使建议权和有条件（如过半数或2/3多数）的否决权。

由上述分析可知，职工代表大会并不是在企业治理之外的重建和再造，而是在企业内劳资关系的链条中嵌入劳动者参与的民主管理。同时，这一组织架构有着历史传承、我国本土特色和群众认识基础，并非"空穴来风"。劳动者参与的民主管理的合理介入企业治理，可以弱化劳资之间的权力不对称，形成多方合作博弈，有利于企业内和谐并且助推企业持续发展。

12.5 小　结

在长线技术占据主导的垂直企业中，形成了少数的权力集中者和大多数的几乎没有权力者。于是，企业内部权力集中演变成了权力不对称。权力不对称会使得合作博弈面临困境，而非合作博弈均衡解必然低于合作博弈均衡解，于是企业存在效率损失。应对权力集中者和几乎无权者的权力不对称可以通过几乎无权者的联合和第三方强制力的限制等途径来实现。在几乎无权者联合和以第三方强制力约束基础上，我国可以考虑以职工代表大会这一劳动者参与的民主管理的机制进一步弱化权力不对称，探索出一条符合我国国情的企业治理模式。

参 考 文 献

［1］阿道夫·A. 伯利，加德纳·C. 米恩斯 . 现代股份公司与私有财产［M］. 北京：商务印书馆，2005.

［2］阿兰·斯密德 . 制度与行为经济学［M］. 北京：中国人民大学出版社，2004.

［3］埃哈尔·费埃德伯格 . 权力与规则：组织行动的动力［M］. 上海：格致出版社，上海人民出版社，2017.

［4］艾瑞克·菲吕博顿 . 新制度经济学［M］. 上海：上海财经大学出版社，1998.

［5］奥利弗·E. 威廉姆森 . 资本主义经济制度：论企业签约与市场签约［M］. 北京：商务印书馆，2020.

［6］奥利弗·E. 威廉姆森、西德尼·E. 温特 . 企业的性质：起源、演进和发展［M］. 北京：商务印书馆，2020.

［7］奥利弗·E. 威廉姆森 . 效率、权力、权威与经济组织［A］//约翰·克劳奈维根 . 交易成本经济学及其超越［C］. 上海：上海财经大学出版社，2002.

［8］奥利弗·哈特 . 公司治理的理论与启示［J］. 经济学动态，1996（6）.

［9］奥沙利文 . 公司治理百年：美国和德国公司治理演变［M］. 北京：人民邮电出版社，2007.

［10］奥斯特罗夫 . 水平组织：一种简约有效、具竞争力的组织模式［M］. 海南：南方出版社，2006.

［11］邦雅曼·贡斯当. 古代人的自由与现代人的自由［M］. 上海：上海人民出版社，2017.

［12］保罗·米尔格罗姆，约翰·罗伯茨. 经济学、组织与管理［M］. 北京：经济科学出版社，2004.

［13］鲍曼. 现代公司与美国的政治思想：法律、权力与意识形态［M］. 重庆：重庆出版社，2001.

［14］日本内阁府. 平成18年次经济财政报告［OE/OL］. 平成18年11月27日，http：//www5. cao. go. jp/j－j/wp/wp－je06/06－00000pdf. html.

［15］彼得·德鲁克. 创新与企业家精神［M］. 北京：机械出版社，2018.

［16］彼德罗·彭梵得. 罗马法教科书［M］. 北京：中国政法大学出版社，2018.

［17］布尔. 生产力：工业自动化的社会史［M］. 北京：中国人民大学出版社，2007.

［18］布雷弗曼. 劳动与垄断资本［M］. 北京：商务印书馆，1979.

［19］曹洋. 基于"劳、资、政"三方视角的我国和谐劳动关系构建研究［J］. 中国劳动，2016（10）.

［20］查理德·马丁. 权力社会学［M］. 北京：商务印书馆，1992.

［21］陈刚，李树，余劲松. 援助之手还是攫取之手？：关于中国式分权的一个假说及其验证［J］. 南方经济，2019（7）：3－15.

［22］陈佳贵，黄速建. 企业经济学［M］. 北京：经济科学出版社，1998.

［23］陈克兢，万清清，康艳玲，杨国超. 自治性公司章程条款会沦为高管自利行为的保护伞吗：基于反收购条款的视角［J］. 会计研究，2021（11）：102－113.

［24］陈克兢，万清清，杨国超，等. 公司章程中的反收购条款：价值创造还是私利攫取？［J］. 管理科学学报，2023（2）：104－129.

［25］陈晓珊，匡贺武. 独立董事薪酬激励与高管超额薪酬：静态博

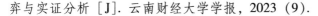

弈与实证分析 [J]. 云南财经大学学报, 2023 (9).

[26] 陈震. 高管层级差报酬的成因与后果 [J]. 南方经济, 2016 (3).

[27] 程学童, 王祖强, 李涛. 集群式民营企业成长模式分析 [M]. 北京: 中国经济出版社, 2015.

[28] 崔之元. 美国二十九个州公司法变革的理论背景 [J]. 经济研究, 1996 (4).

[29] 戴维·杨. 权力在经济学理论中的含义与作用 [A]//制度与演化经济学现代文选: 关键性概念 [C]. 北京: 高等教育出版社, 2005.

[30] 党印, 鲁桐. 企业的性质与公司治理: 一种基于创新的治理理念 [J]. 制度经济学研究, 2012 (4).

[31] 道格拉斯·C. 诺斯、罗伯斯·托马斯. 西方世界的兴起 [M]. 北京: 华夏出版社, 2015.

[32] 道格拉斯·诺思. 制度、制度变迁与经济绩效 [M]. 上海: 格致出版社, 上海人民出版社, 2014.

[33] 丁一凡. 权力二十讲 [M]. 天津: 天津人民出版社, 2008.

[34] 董华、赵生冬. 企业边界理论的发展: 观点比较与理论反思 [J]. 工业技术经济, 2013 (7).

[35] 豆建民. 中国公司制思想研究 [M]. 上海: 上海财经大学出版社, 1999.

[36] E.K. 亨特. 经济思想史: 一种批判的视角 [M]. 上海: 上海财经大学出版社, 2007.

[37] 凡勃伦. 有闲阶级论: 关于制度的研究 [M]. 湖北: 武汉大学出版社, 2019.

[38] 方竹兰. 人力资本所有者拥有企业所有权是一个趋势 [J]. 经济研究, 1997 (6).

[39] 菲利普·怀曼. 瑞典与"第三条道路": 一种宏观经济学的评价 [M]. 重庆: 重庆出版社, 2008.

[40] 付敏杰. 国有企业作为"特殊市场主体": 事实、理论与政策

[J]. 河北学刊, 2013 (11).

[41] 工人维权调查: 部分劳资矛盾转嫁到政府 [N]. 经济参考报, 2017 - 07 - 04.

[42] 郭晓舟. 双层股权结构下的控制权配置问题及改进研究: 以京东集团为例 [D]. 南京: 南京审计大学, 2022.

[43] 过聚荣. 公司治理的目标与模式: 关于近期公司治理理论的简要评述 [J]. 当代财经, 2013 (4).

[44] H. J. 哈巴库克, M. M. 波斯坦. 工业革命及其以后的经济发展: 收入、人口及技术变迁 [A]//剑桥欧洲经济史. 第6卷 [C]. 北京: 经济科学出版社, 2004.

[45] 哈罗德·德姆塞茨. 所有权、控制与企业: 论经济活动的组织 [M]. 北京: 经济科学出版社, 1999.

[46] 韩喜平, 郭喜武. 中国劳动关系发展研究报告 (1949 - 2019) [M]. 北京: 中国工人出版社, 2020.

[47] 汉斯曼. 企业所有权论 [M]. 北京: 中国政法大学出版社, 2001.

[48] 胡学勤. 劳动经济学: 第三版 [M]. 北京: 高等教育出版社, 2011.

[49] 黄桂田, 李正全. 企业和市场: 相关关系及其性质: 一个基于回归古典的解析框架 [J]. 经济研究, 2012 (1).

[50] 霍奇逊. 演化与制度 [M]. 北京: 中国人民大学出版社, 2017.

[51] 嵇晨. "浑水" 如何搅起一池浑水 [N]. 第一财经日报, 2018 - 11 - 25.

[52] 江左夷吾. 专访前 SEC 律师: 做空无过 "做空欺诈" 有罪 [EB/OL]. http://news.imeigu.com/a/1308822697444.html.

[53] 姜建强. 创新的合约选择与企业家精神 [J]. 经济学 (季刊), 2015 (10).

[54] 姜明论. 我国民营企业治理机制变革实证研究: 基于浙江省民营企业的调查 [J]. 经济问题探索, 2017 (4): 148.

［55］杰弗里·M. 霍奇逊. 演化与制度［M］. 北京：中国人民大学出版社，2017.

［56］杰拉尔德·冈德森. 美国经济史新编［M］. 北京：商务印书馆，1994.

［57］康芒斯. 资本主义的法律基础［M］. 北京：商务印书馆，2003.

［58］柯武刚，史漫飞. 制度经济学：社会秩序与公共政策［M］. 商务印书馆，2000.

［59］克拉克. 财富的分配［M］. 北京：华夏出版社，2013.

［60］克利斯·弗里曼，罗克·苏特. 工业创新经济学［M］. 北京：北京大学出版社，2004.

［61］拉斯缪斯. 博弈与信息：博弈论概论：第二版［M］. 北京：北京大学出版社，2009.

［62］雷雷，张大永，姬强. 共同机构持股与企业 ESG 表现［J］. 经济研究，2023（4）.

［63］李春燕，左海华. 非正式制度对日本公司治理的影响及对中国的启示［J］. 学术交流，2016（4）.

［64］李维安. 公司治理学［M］. 北京：高等教育出版社，2015.

［65］李维安，武立东. 公司治理教程［M］. 上海：上海人民出版社，2012：294

［66］林浚清，黄祖辉，孙永祥. 高管团队内薪酬差距、公司绩效和治理结构［J］. 经济研究，2013（4）.

［67］林直道. 现代日本经济［M］. 北京：北京大学出版社，1995.

［68］刘凤义，沈文玮. 制度经济学与马克思主义经济学：企业理论方法论的比较［J］. 当代经济研究，2014（11）.

［69］刘冠楠. 上市公司股票期权激励模式探究：以微软公司为例［J］. 商场现代化，2011（11）.

［70］刘金石，王贵. 公司治理理论：异同探源、评价与比较［J］. 经济学动态，2011（5）.

[71] 刘力刚，邴红艳.中国公司治理的路径依赖：理论与实证分析 [J].社会科学辑刊，2014（2）.

[72] 刘利，干胜道.利益相关者理论在我国的研究进展 [J].云南财贸学院学报（社会科学版），2019（2）.

[73] 刘启超，陈安平.社会网络：农民工人力资本积累的垫脚石还是绊脚石？[J].数量经济技术经济研究，2023（11）.

[74] 刘涛，王琦.劳动合同法：激辩与冲击 [N].中国企业家，2018-02-01.

[75] 刘向兵.以党的二十大精神引领中国特色和谐劳动关系建设 [J].中国人口科学，2022（6）.

[76] 刘章发，田贵贤.信息不对称、劳资议价与均衡工资决定 [J].经济评论，2017（4）.

[77] 柳建华，卢锐，孙亮.公司章程中董事会对外投资权限的设置与企业投资效率：基于公司章程自治的视角 [J].管理世界，2015（7）：130-142.

[78] 卢克斯.权力：一种激进的观点 [M].江苏：凤凰出版传媒集团、江苏人民出版社，2008.

[79] 卢锐.管理权力、薪酬差距与绩效 [J].南方经济，2017（7）.

[80] 卢梭.社会契约论 [M].上海：上海译文出版社，2020.

[81] 卢周来.缔约视角下的企业内部权力之谜 [M].北京：中国人民大学出版社，2019.

[82] 卢周来.企业内部权力的来源与配置：一个批评性综述 [J].经济学动态，2018（3）.

[83] 路少朋，商圆月.最低工资标准与低收入群体空间流动 [J].山西财经大学学报，2022（6）：1-13.

[84] 路易斯·普特曼，兰德尔·克罗茨纳.企业的经济性质 [M].上海：格致出版社，上海三联书店，上海人民出版社，2019.

[85] 罗明津，铁瑛.企业金融化与劳动收入份额变动 [J].金融研

究，2021（8）.

［86］罗纳德·H. 科斯，等，克劳德·梅纳尔. 制度、契约与组织：从新制度经济学角度的透视［M］. 北京：经济科学出版社，2003.

［87］罗纳德·H. 科斯. 论生产的制度结构［M］. 上海：上海三联书店，1994.

［88］马可·弗勒拜伊. 经济正义论［M］. 肖江波，韩力恒，马铭，译. 北京：中国人民大学出版社，2016.

［89］马克·罗伊. 公司治理的政治维度：政治环境与公司影响［M］. 北京：中国人民大学出版社，2008.

［90］美国证监会网站［EB/OL］. http：//www. sec. gov/rules. shtml.

［91］马克思.1844 年经济学—哲学手稿［M］. 北京：人民出版社，2000.

［92］马克思恩格斯全集：第 23 卷［M］. 北京：人民出版社，2001.

［93］马克思恩格斯全集：第 46 卷［M］. 北京：人民出版社，2014.

［94］马克思. 资本论：第 1 卷［M］. 北京：人民出版社，2018.

［95］马克思. 资本论：法文版［M］. 北京：中国社会科学出版社，1983.

［96］马克斯·韦伯. 社会组织和经济组织的理论［M］. 上海：上海译文出版社，1981.

［97］玛格丽特·布莱尔. 所有权与控制：面向二十一世纪的公司治理［M］. 北京：中国社会科学出版社，1999.

［98］毛蕴诗. 公司经济学前沿专题［M］. 北京：东北财经大学出版社，2017.

［99］孟捷. 经济人假设与马克思主义经济学［J］. 北京：中国社会科学，2017（1）.

［100］米歇尔·福柯. 权力的眼睛［M］. 上海：上海人民出版社，2021.

［101］宁向东. 公司治理理论［M］. 北京：中国发展出版社，2016.

［102］帕森斯. 现代社会的结构与过程［M］. 北京：光明日报出版社，1988：156

［103］乔纳森·查卡姆. 公司常青：英美法日德公司治理的比较［M］. 北京：中国人民大学出版社，2006.

［104］切斯特·巴纳德. 经理人员的职能［M］. 中国社会科学出版社，1997：129，132，134.

［105］青木昌彦. 比较制度分析［M］. 上海：上海远东出版社，2001.

［106］青木昌彦，等. 经济体制的比较制度分析［M］. 北京：中国发展出版社，2005.

［107］青木昌彦. 对内部人控制的控制：转轨经济中公司治理的若干问题［J］. 改革，1994（6）.

［108］青木昌彦. 企业的合作博弈理论［M］. 北京：中国人民大学出版社，2004.

［109］屈丽丽. 做空机制：美国另一种监管力量［N］. 中国经营报，2018－6－13.

［110］瑞典工会联合会官方网站［EB/OL］. http：//www. sweden. cn/work/labormarket/tradeunion/.

［111］荣兆梓，王亚玄. 增加价值生产的两种方法与社会主义创新激励的两重来源［J］. 当代经济研究，2021（8）.

［112］塞缪尔·鲍尔斯，等. 理解资本主义：竞争、统制与变革［M］. 北京：中国人民大学出版社，2010：289.

［113］塞特斯·杜玛，海因·斯赖德. 组织经济学：经济学分析方法在组织管理上的应用：第5版［M］. 北京：中国人民大学出版社，2018.

［114］盛洪. 现代制度经济学：上下集［M］. 北京：北京大学出版社，2015.

［115］舒尔茨. 制度与人的经济价值的不断提高［A］//财产权利与制度变迁［C］. 上海：格致出版社，上海三联书店，上海人民出版社，2014.

[116] 斯蒂纳. 企业、政府和社会 [M]. 北京: 华夏出版社, 2002.

[117] 斯蒂文·G. 米德玛. 科斯经济学 法与经济学和新制度经济学 [M]. 上海: 上海三联书店, 2007.

[118] 托马斯·莱塞尔. 德国股份公司法的现实问题 [J]. 法学家, 1997 (3).

[119] W. 阿瑟·刘易斯. 二元经济论 [M]. 北京: 北京经济学院出版社, 1988.

[120] 王丹莉, 朱卫东, 胡雪. 共同富裕背景下劳资共生模式理论构建与实证分析 [J]. 北方民族大学学报 (哲学社会科学版), 2023 (5).

[121] 王海杰. 企业内部权力的来源和配置: 批判与重建 [J]. 经济经纬, 2019 (3).

[122] 王身余. 从"影响"、"参与"到"共同治理": 利益相关者理论发展的历史跨越及其启示 [J]. 湘潭大学学报 (哲学社会科学版), 2018 (11).

[123] 王小鲁. 灰色收入与国民收入分配 [J]. 比较, 2020 (3).

[124] 王永. 健全体制机制奏出和谐旋律: 党的十八大以来我国构建和谐劳动关系工作综述 [N]. 中国劳动保障报, 2018 - 12 - 18.

[125] 王越子. 企业内部权力论 [D]. 成都: 西南财经大学, 2017.

[126] 吴涛. 基于实现企业组织和谐的治理研究 [M]. 成都: 西南财经大学出版社, 2018.

[127] 西格法德·哈里森. 日本的技术创新与管理: 从寻求技术诀窍到寻求合作者 [M]. 北京: 北京大学出版社, 2004.

[128] 小艾尔弗雷德·D. 钱德勒. 看得见的手: 美国企业的管理革命 [M]. 北京: 商务印书馆, 1987.

[129] 谢识予. 经济博弈论: 第四版 [M]. 上海: 复旦大学出版社, 2017.

[130] 新浪财经: 浪莎业绩下滑焦头烂额 被指偷漏员工社保 [OE/OL]. 2015 - 9 - 15, http://finance.sina.com.cn/chanjing/gsnews/20150914/

084723237293. shtml.

［131］徐嘉倩，史珂，徐莉萍，辛宇. 管理层权力下沉与高管薪酬激励效率损失［J］. 当代财经，2023（10）：1－14.

［132］徐细雄，刘星. 放权改革、薪酬管制与企业高管腐败［J］. 管理世界，2013（3）：119－132.

［133］许楠，刘浩，蔡伟成. 独立董事人选、履职效率与津贴决定：资产专用性的视角［J］. 管理世界，2018（3）.

［134］亚当·斯密. 国富论［M］. 北京：华夏出版社，2006.

［135］颜光华，沈磊，蒋士成. 基于资产专有性的企业控制权配置［J］. 财经论丛，2015（3）.

［136］杨春清，朱卫东. 增加价值分配结构现状及其决定因素分析：基于我国上市公司的实证研究［J］. 中国管理科学，2015（3）.

［137］杨浩. 现代企业理论与运行［M］. 上海：上海财经大学出版社，2014.

［138］杨瑞龙，杨其静. 企业理论：现代观点［M］. 北京：中国人民大学出版社，2015.

［139］杨瑞龙，杨其静. 专用性、专有性与企业制度［J］. 经济研究，2011（3）.

［140］杨瑞龙，周业安. 企业的利益相关者理论及其应用［M］. 北京：经济科学出版社，2010.

［141］杨瑞龙，周业安. 企业共同治理的经济学分析［M］. 北京：经济科学出版社，2011.

［142］杨其静. 分权、增长与不公平［J］. 世界经济，2018（4）：102－120.

［143］杨其静. 企业家的企业理论［M］. 北京：中国人民大学出版社，2015.

［144］杨小凯，张永生. 新兴古典经济学和超边际分析［M］. 北京：人民大学出版社，2010.

[145] 伊查克·麦迪思. 企业生命周期 [M]. 北京：中国人民大学出版社，2017.

[146] 衣长军. 公司治理理论的国际比较与启示 [J]. 南京林业大学学报（人文社会科学版），2015（9）.

[147] 约翰·克劳奈维根. 交易成本经济学及其超越 [M]. 上海：上海财经大学出版社，2002.

[148] 约瑟夫·熊彼特. 经济发展理论 [M]. 北京：商务印书馆，2020.

[149] 詹姆斯·汤普森. 行动中的组织：行政理念的社会科学基础 [M]. 上海：上海人民出版社，2007.

[150] 张晖明. 中国国有企业改革的逻辑 [M]. 山西：山西人民出版社，1998.

[151] 张立富，陈浩. 劳资伙伴关系的最新研究进展与趋势分析 [J]. 中国人力资源开发，2016（15）.

[152] 张思海. 高通公司5G专利战略研究 [D]. 长春：吉林大学，2022.

[153] 张维迎. 产权安排与企业内部的权力斗争 [J]. 经济研究，2010（6）.

[154] 张维迎. 企业的企业家：契约理论 [M]. 上海：上海三联书店，1995.

[155] 张衔，黄善明. 员工效用函数、员工剩余控制权与企业治理结构创新 [J]. 经济体制改革，2011（3）.

[156] 张衔. 马克思对"斯密教条"的批评及其现实意义 [J]. 教学与研究，2014（2）.

[157] 张衔，庄志晖. 当代西方主流经济学批评：一个理论述评 [J]. 当代经济研究，2017（4）.

[158] 张晓鲁. 基于权力视角下的公司治理研究 [D]. 济南：山东大学，2018.

[159] 张屹山，王广亮. 资本的泛化与权力博弈 [J]. 中国工业经

济，2014（7）.

［160］赵全军，陈艳艳. 权力概念的多面解读［J］. 云南社会科学，2014（4）.

［161］赵德余. 工会组织在职工工资决定中的影响与作用：来自上海的经验［J］. 社会科学战线，2021.

［162］郑文全，卢昌崇. 耦合、效率及委托代理问题：基于乔家字号的研究［J］. 管理世界，2018（8）.

［163］郑志刚，张浩，雍红艳、赵锡军. 限选条款设置中的股东角色与条款治理效果研究［J］. 中国工业经济，2022（3）：133－151.

［164］中村健寿. オフィス環境の変化と稟議制度に関する一考察［OE/OL］. 静岡県立大学短期大学部研究紀要第10号，1996：107－118.

［165］中国上市公司协会. 上市公司独立董事履职情况报告［N］. 董事会，2018－1－22.

［166］周其仁. 市场里的企业：一个人力资本与非人力资本的特别合约［J］. 经济研究，1996（6）.

［167］周玮. 政治密度、在职消费与制度环境［J］. 软科学，2010.

［168］朱欣民，张晓峰. 动态均衡治理：公司治理理论的尝试性补充［J］. 经济体制改革，2015（6）.

［169］庄志晖. 企业内部权力：马克思主义的现代观点［D］. 成都：四川大学，2011.

［170］奏响和谐音符：中国共产党成立100周年劳动关系工作述评［N］. 中国劳动保障报，2021－7－1.

［171］左大培. 从当代企业理论的角度看《资本论》［A］//张宇，孟捷，卢荻. 高级政治经济学：马克思主义经济学的最新发展［N］. 北京：经济科学出版社，2002.

［172］Alchian A. and Demsetz H. Production, Information Costs, and Economic Organization［J］. *American Economic Review*，2016（5）：777－795.

[173] Alchian A. and Woodward S. Reflection on the Theory of the Firm [J]. *Journal of Institutional and Theoretical Economics*, 2017, 143 (1): 110 – 136.

[174] Amin A. and Cohendet P. Organizational learning and governance through embedded practices [J]. *Journal of Management and Governance*, 2015, 4 (1 – 2).

[175] Aoki M. Horizontal vs Vertical Information Structure of the Firm [J]. *American Economic Review*, 1986: 971 – 983.

[176] Barzel Y. An Economic Analysis of Slavery [J]. *Journal of Law and Economics*, 2016, 20 (1): 87 – 110.

[177] Barzel Y. Property Rights and the Evolution of the State [J]. *Economics of Governance*, 2018, 1 (1).

[178] Bebchuk L. A. and Roe J. A Theory of Path Dependence in Corporate Governance and Ownership [J]. *Stanford Law Review*, 2009.

[179] Bhidé A. V. Building the Professional Firm. McKinsey & Co. : 1939 – 1968 [R]. Havard business school working paper, 1996.

[180] Blyler M. , and Coff R. W. Dynamic capabilities, social capital, and rent appropriation: Ties that split pies [J]. *Strategic Management Journal*, 2013, 24 (7): 677 – 686.

[181] Bowles Samuel Gintis Herbert. Power [A]//*New Palgrave Encyclopedia of Economics* [C]. Mcmillan, 2018.

[182] Braudel F. *Afterthoughts on Material Civilization and Capitalism* [M]. The Johns Hopkins University Press, 2018.

[183] Braverman H. *Labor and Monopoly Capital: The Degradation of Work in the Twentieth Century* [M]. New York: Monthly Review Press, 1974, Chapter 3 – 4, 135 – 136.

[184] Burawoy M. *Manufacturing Consent: Changes in the Labor Process under Monopoly Capitalism* [M]. The University of Chicago Press, 2017,

Chapter 5.

［185］Burawoy M. *The Politics of Production* ［M］. London：Verso. 1985：23－124.

［186］Buroway M. and Wright E. O. Coercion and Consent in Contested Exchange ［A］//Wright E. O. (eds.) Interrogating Inequality ［C］. London and New York：Verso, 1994：81－85.

［187］Chandra R. Adam Smith, Allyn Young and the Division of Labour ［J］. *Journal of Economic Issues*, 2004, 38 (3)：787－805.

［188］Cheung S. N. S. The Contractual Nature of the Firm ［J］. *Journal of Law and Economics*, 1983, 26 (1)：1－21.

［189］Claessens S. , Djankov S. , Lang L. H. P. The separation of ownership and control in East Asian Corporations ［J］. *Journal of Financial Economics*, 58 (1－2), 2017, 81－112.

［190］Commons J. R. *Legal Foundations of Capitalism* ［M］. New York：Macmillan Company, 1924.

［191］Cynthia J. , Charles E. Stock-based incentive contracts and managerial performance：the case of Ralston Purina Company ［J］. *Journal of Financial Economics*, 1999.

［192］Deborah O. Compensation Fit for a King ［J］. *Forbes*, 2017, May：202－213.

［193］Demsetz H. The Structure of Ownership and the Theory of the Firm ［J］. *Journal of Law and Economics*, 2014, 26 (2)：375－390.

［194］Dow G. K. Why Capital Hires Labor：A Bargaining Perspective ［J］. *American Economic Review*, 2013, 83 (10).

［195］Edward R. *Contested Terrain：The Transformation of the Workplace in the Twentieth Century* ［M］. New York：Basic Books, Inc. 1979：112－113.

［196］Edwards R. *Conflict at Work：A Materialist Analysis of Workplace Relations* ［M］. Oxford：Blackwd Ltd, 2008：30－155.

[197] Eric R. *Games and Information* (2th) [M]. Wiley – Blackwell Publishers, 1997, 206 – 207.

[198] Faccio M. , Lang L. H. P. The ultimate ownership of Western European corporations [J]. *Journal of Financial Economics*, 2017, 65 (3): 365 – 395.

[199] Fitzroy F. and Muller D. Cooperation and Conflict in Contractual Organization [J]. *Quarterly Review of Economics and Business*, 2016, 24 (4).

[200] Freiberger P. and Swaine M. *Fire in the Valley: The Making of The Personal Computer* (2nd) [M]. McGraw-Hill Companies, 2000.

[201] Friedman A. L. *Industry and Labour: Class Struggle at Work and Monopoly Capitalism* [M]. London and Basingstoke: The Macmillan Press, 1977: 78 – 179.

[202] Gerlach M. L. Twilight of the Keiretsu? A Critical Assessment [J]. *Journal of Japanese Studies*, 2018 (1): 79 – 118.

[203] Gilbert Ryle. *The Concept of Mind* [M]. New York: Barnes and Nobel, 1949.

[204] Gordon. Who Bosses Whom? The Intensity of Supervision and the Discipline of Labor [J]. *The American Economic Review*, 2009, 80 (2): 28 – 32.

[205] Gordon D. M. *Fat and Mean* [M]. New York: The Free Press, 2006.

[206] Hall and Hitch. Price Theory and Business Behaviour [R]. Oxford Economic Papers, 1939.

[207] Hannah A. *On Violence* [M]. New York: Harcourt, Brace and World, 1970.

[208] Hart O. *Firm Contract and Financial Structure* [M]. Oxford University Press, 1995.

[209] Henry Mintzberg. A note on the dirty word "Effieieney" [J].

Interfaces, 2008, 12 (5): 101 – 105.

[210] James S. Coleman, Loss of power [J]. *American sociological Review*, 2007 (38).

[211] Jensen M. C. and Meckling W. H. Theory of firm managerial behavior agency costs and ownership structure [J]. *Journal of Financial Economics*, 2016, 3 (4): 305 – 360.

[212] John R. P. *French and Bertram Raven, The Bases of Social Power* [M]. University of Michigan Press, 1999, 150 – 167.

[213] Kirzner I. M. *Competition and Entrepreneurship* [M]. University of Chicago Press, 1973.

[214] Knights D., Collison D. Redesigning work on the shopfloor: a question of control or consent ? [A]//Knights D., Willmott H., Collison D. (eds.). Job redesign: critical perspectives on the labour process [C]. England: Gower, 1985.

[215] LaPorta R. Lopez-de-Silanes F., Shleifer A., Vishny R. W. Law and finance [J]. *Journal of Political Economy*, 2008, 106 (6): 1113 – 1155.

[216] LaPorta R. Lopez-de-Silanes F. and A. Shleifer. Corporate Ownership Around the World [J]. *Journal of Finance*, 2009, 54 (2): 471 – 517.

[217] Leibenstein H. The Prisoners' Dilemma in the Invisible Hand: An Analysis of Intrafirm Productivity [J]. *The American Economic Review*, 2012 (72): 92 – 97.

[218] Leibenstein H. Entrepreneurship and Development [J]. *American Economic Review*, 1998, 58 (2).

[219] Leibenstein H. The Prisoners' Dilemma in the Invisible Hand: An Analysis of Intrafirm Productivity [J]. *The American Economic Review*, 2017 (72): 92 – 97.

[220] Littler C. R. *The Development of the Labour Process in Capitalist So-*

cieties [M]. London: Heinemann Educational Books Ltd, 1999: 44 – 46.

[221] Margaret M. Blair. *Ownership and Control: Rethinking Corporate Governance for the Twenty-first Century* [M]. Washington, D. C. : The Brookings Institution, 1995: 195 – 203.

[222] Mas-Colell M. D. and Jerry R. G. *Microeconomic Theory* [M]. Oxford Univercity Press, 1995: 127.

[223] McGurn T. Spotting the Thieves Who Work Among US [J]. Wall Street Journal, 2008 (8).

[224] Menard C. Enforcement Procedures and Governance Structures: What Relationship? [A]//C. Menard (ed.). Intuitions, Contracts and Organizations: Perspective from New Institutional Economics [C]. Edward Elgar, 2000: 234 – 253.

[225] Mills C. W. *Letters and Autobiographical Writings* [M]. Berkeley: University of California Press, 2000.

[226] Modigliani F. , Miller M. H. The Cost of Capital, Corporation Finance and the Theory of Investment [J]. *American Economic Review*, 2008, 48 (3): 261 – 297.

[227] Nagarajan J. M. and Newman. An Analysis of the Stock Price Reaction to Sudden Executive Deaths: Implications for the Management Labor Model [J]. *Journal of Accounting and Economics*, 2017: 151 – 174.

[228] Nelson R. R. Production sets, technological knowledge, and R&D [J]. *American Economic Review*, 2005, 70 (2).

[229] Pagano. Property Rights, Asset Specificity, and the Division of Labor Under Alternative Capitalist Relations [J]. *Cambridge Journal of Economics*, 2009 (15): 315 – 342.

[230] Polanyi M. *Study of man* [M]. Chicago: The University of Chicago Press, 1958.

[231] Putterman L. , and Kroszner R. S. *The Economic Nature of the Firm*

［M］. Cambridge University Press，1996.

［232］Rajan R. and Zingales L. Power in a Theory of the Firm ［J］. *Quarterly Journal of Economics*，2008，113（2）：387－432.

［233］Rajan R. G. and Zingales L. The Firm as a Dedicated Hierarchy：A Theory of the Origin and Growth of Firms ［J］. *Quarterly Journal of Economics*，2011，116（3）：805－851.

［234］Ramaswamy E. A. & U. *Ramaswamy*，*Industry and Labour*：*An Introduction* ［M］. Delhi：Oxford University Press，2012.

［235］Ronald K. Mitchell，Bradley R. Agle，Donna J. Wood. Toward a Theory of Stakeholder Identification and Salience：Defining the Principle of Who and What Really Counts ［J］. *The Academy of Management Review*，2007，22（4）：853－886.

［236］Samelson P. A. and Nordhaus W. D. *Economics* （15th）［M］. Mc. Graw Hill Book，Inc. 1994.

［237］Samuel B. and Gintis H. *Democracy and Capitalism*：*Property*，*Community*，*and the Contradictions of Modern Social Thought* ［M］. Taylor & Francis，1987.

［238］Samuelson P. A. Wages and Interest：A Modern Dissection of Marxian Economic Models ［J］. *American Economic Review*，2017，47（12）.

［239］Sautet F. *An Entrepreneurial Theory of the Firm* ［M］. London：Routledge，2000.

［240］Simon H. A. The many shapes of knowledge ［J］. *Revue d'économie industrielle*，1999，88（1）.

［241］Steiner J. F. and Steiner G. A. *Business*，*Government and Society* ［M］. McGraw－Hill，Inc. 1997.

［242］Stigler and Friedland. The Literature of Economics：The Case of Berle and Means ［J］. *Journal of Law and Economics*，2015，26：237－268.

［243］Teece D. J. Towards An Economic Theory of the Multiproduct Firm

[J]. *Journal of Economic Behavior and Organization*, 2012 (3): 52.

[244] Thomas Hobbes. *Leviathan* (Parts Ⅰ and Ⅱ) [M]. Indianapolis: Bobbs – Merrill, 1958.

[245] Tirole J. *The theory of industrial organization* [M]. MIT Press, 1988.

[246] Walder A. G. *Communist Neo-Traditionalism: Work and Authority in Chinese Industry* [M]. Berkeley: University of California Press, 1986.

[247] Williamson O. E. Hierarchical Control and Optimum Firm Size [J]. *Journal of Political Economy*, 2007, 75 (2): 123 – 138.

[248] Williamson O. E. Comparative Economic: Organization: The Analysis of Discrete Structural Alternatives [J]. *Administrative Science Quarterly*, 2011, 36 (2): 269 – 296.

[249] Williamson O. E. The Economics of Governance: Framework and Implications [A]//Langlois R. N. ed. Economics as a Process: Essays in the New Insitustional Economics [C]. Cambridge University Press, 1986.

[250] Williamson O. E. The New Institutional Economics: Taking Stock, Looking Ahead [J]. *Journal of Economic Literature*, 2000, 38 (3): 595 – 613.

[251] Wu S. Y. *Production, Entrepreneurship and Profit* [M]. New York: Basil Blackwell, 1989.